U0066037

LIAR'S POKER
老千騙局

我在銀行的上班日常

RISING THROUGH THE WRECKAGE ON WALL STREET

MICHAEL LEWIS

洪慧芳——譯　麥可・路易士——著

目次

｜推薦序。劉奕成｜

永遠的老千，金融業的「大亨小傳」

秋的時節自然早起，總覺得空氣中流淌著的涼意分外熟悉，一直想不起來究竟是什麼。後來才赫然想起秋意漸濃的時候，就是回憶的時刻，讓早生華髮的同齡友朋，常常因為秋季，而不由得想起三十多年前大學入學報到時的時光，而我更常想起的是二十二年前從商學院畢業之後，到投資銀行報到時的秋的涼意。要加入一個新環境的憧憬，就和現在的氣味一模一樣。

第一天到投資銀行報到時，懷抱著憧憬行走在往公司的路上，我自在地瀏覽著四周新鮮的風景、嗅賞著路途中的氣味，深怕錯過了什麼。那時候還不知道，未來三年每天都要大清早趕赴公司，然後制約終於成了習慣，接下來的二十多年歲月，我成了早起的人。

在投資銀行的第一份工作，就是在交易室，誠如《老千騙局》所描述的，時時讓人不知所措，卻不知不覺影響了未來的思考。雖然《老千騙局》說的是一九八〇年代的故事，但是進入新世紀還是栩栩如生，畢竟人性自古雷同，我們親眼所見，讓我們相信到現在還是相去不遠。

當「早安財經」囑咐我為《老千騙局》修改序言時，我走到書架前，拿下《老千騙局》和隔壁的《大亨小傳》。這幾年，經過世事的浸淫，我才更明白，原來《老千騙局》這本成名之作，其實就是一九八九年版華爾街的《大亨小傳》。在書架上，我把兩本書放在一塊，相親相愛。

還記得，在展開為期三個月的新生訓練之前。投資銀行會先安排新血參觀企業金融部跟交易部，這不但是華爾街所有投資銀行的兩大主力業務，也正是每個新生訓練的菜鳥未來在華爾街生涯的兩大首選：選擇企業金融部，扮好投資銀行家的貴族角色，或是在交易室工作，擔任交易員或營業員，通往暴發戶的坦途。

這兩個部門有著天壤之別：窗明几淨，桌上纖塵不染，東西擺得整整齊齊的，就是企業金融部，主管年紀比較大，位子也比較大，通常在大樓的角落（Corner Office），新招募的畢業生看來彬彬有禮，每天工作的時間「從九到五」（from 9 to 5），但是不是朝九晚五，是朝九朝五（9 to 5 next morning）。

到了交易室，放眼望去，整排螢幕綿延不絕，有時還往上架到天花板，位子窄狹。交易員跟銷售員年紀看起來很輕，緊挨著彼此坐下，主管也沒有多大歲數，通常也坐不住自己的辦公室。桌上除了凌亂的資料、享用到一半的垃圾食物，偶而還可以看到蟑螂、老鼠跑來跑去。我不是在說交易員是蟑螂或老鼠，雖然的確有不少人這麼說。

金海浮沉，時勢造英雄

就說起落浮沉吧。時勢造英雄是投資銀行最讓人印象深刻的教訓。因為錄取的是特殊的輪調計畫，我在投資銀行第一個工作是商品交易員，販賣貴金屬還有各種名號的原油，那是當時最困蹇的交易部門，彼時油價金屬價格如自由落體直線下滑，商品交易員在公司裡安靜走路，不敢把頭抬起來。十年後風水輪流轉，金屬能源類商品大行其道，坐我身旁的老同事高升投資銀行的副董事長，走路時下巴的高度，應該就是他當年走路時額頭的高度。我輪調到的第二個工作，是信用衍生性商品（Credit Derivatives）部門，部門五個人，光靠設計商品，每年獲利一億美元，比許多金融機構幾千員工一年賺得還多。

如今閉上雙眼，這些傢伙的粗鄙言語，還有囂張不可一世的模樣，歷歷在耳畔在眼前，這個部門的老闆，是當年惹出大禍的ＣＤＯ看板人物，在二〇〇八年金融海嘯後鋃鐺入獄，跟龐式騙局的嫡傳弟子馬多夫（Bernie Madoff），一樣待在南卡羅萊納州的巴特納（Butner）聯邦監獄。

穿著也大異其趣。投資銀行家穿著高雅大方，西裝夾克沒脫掉，領帶一定要配上，襯衫的對稱領跟袖扣是他們服裝創意的極限。交易員通常只穿襯衫，袖子挽到上臂，一副就要幹架的模樣。娛樂也不同，大部分投資銀行家打高爾夫，到洋基球場坐在 Baby Ruth Box 貴賓席看棒球。交易員比較常打獵、玩電玩或生存遊戲，看星期一晚上美式足球，或在麥迪遜花園廣場（Madison Square Garden）為遊騎兵（New York Rangers）冰上曲棍球隊加油，在雙方幹拐子時大聲叫好。

投資銀行的企業金融部門（有時也稱為投資銀行部門）跟交易部門常常打仗，為的是搶奪公司的主導權，爭誰是獲利比較高的部門。這些戰爭在投資銀行中，常被形容為老千對野蠻人的戰爭。因為描述投資銀行家購併活動最有名的書叫《門口的野蠻人》（*Barbarian at Gate*），而描述交易員出格行為的就是這本《老千騙局》（*Liar's Poker*）。

誰贏了？這像是洋基跟紅襪的對決。在歷史上大部分的時光，企業金融部門比較佔上風，而且如果沒有企業金融部門為企業在初級市場發行股票債券，也不會出現交易室進行次級市場的交易。此所以投資銀行叫做「投資」銀行，而非「交易」銀行。同時所謂的「投資銀行家」，往往並不包括交易員及營業員，而是指企業金融部門的銀行家。投資銀行的「大腕」（bulge bracket），向來以高盛、摩根史坦利為首，其實主要是以企業金融的業務多寡來判斷的。

然而本書的作者出身有名的債券商所羅門兄弟，又身處交易熱絡、債券為王的一九八〇年代，因此處處以交易部門的眼光出發，也是理所當然。不過在債券最招搖的時代，最招搖的人物，還不是所羅門兄弟的這些交易員；在一九八九年橫跨債券初級市場及次級市場，終於以內線交易罪名被起訴的米爾肯（Michael Milken），才是真正不世出的奇才。

商品日新月異，原來早已在《老千騙局》中亮相

但進入二十一世紀之後，狀況已有所改變。投資銀行界首屈一指的高盛，在過去幾年中靠交易賺的錢，已經比輔導上市及購併服務還多，也開始被戲稱不過是個「大交易室」（trading house）。這不但令人跌破眼鏡，對於在高盛內部氣勢一直高於交易員的投資銀行家，尤其是藍血投資銀行家，也是不小的打擊。

於是人們開始傳誦：「老千打敗野蠻人」。這幾年交易員的聲勢扶搖直上，年輕的英雄不斷出現，比起要投擲漫長光陰醞釀關係的投資銀行家，交易員賺得多，也享有更大的美名。更重要的是，可以提早退休買座小島度過人生下半場的，多半是交易員。

這隱然的趨勢，跟華爾街金融創新、商品日趨複雜，並且複雜到沒有正常人可以理解有絕大關係。一樁初級市場的交易可以枝葉繁衍，生出無數次級市場的「新」產品，雖然只有天曉得那是什麼東西。交易部門聲勢浩浩蕩蕩，比一九八〇年代債券交易狂潮更令人隨之起舞。有趣也令人傷感的是，產品雖然越來越複雜，但其中的詐騙技法，絕大多數都已經在這本《老千騙局》中提到。如果不是貪婪使人記憶漫漶，就是年輕讓人愚勇魯莽。二〇〇八年的金融海嘯，果然是似曾相識。不知幸還是不幸，因為到處狂印鈔票，資本市場這次康復得很快，金錢遊戲沒多久就借屍還魂。

《老千騙局》早在一九八九年出版，那時作者麥可．路易士還是個三十歲不到的小夥子。本書

讓他從耀眼的債券業務員，搖身一變為作家。然而他所有作品，還是以這本《老千騙局》最為出色。如今近耳順之年的路易士，因為二〇〇八年金融海嘯餵養許多值得寫作的素材，二〇一〇年又出了一本值得一看的作品《大賣空》（*The Big Short*）。在金融海嘯之後，有更多的時間迴看歷史，一直覺得這些現實生活中的場域似曾相識，後來才發現，《大亨小傳》描繪的一九二〇年代紐約，初執國際金融市場的牛耳，浸泡在謊言和恣意放縱之中，終於迎來了經濟大恐慌。《大亨小傳》中的經典名句：「那些匆匆離開的人們，或許從來就沒有打算長留。」書中的紐約生活，原來就是一個又一個「老千」的人設。路易士這幾本書和文學名作《大亨小傳》的紙醉金迷如出一轍，其實更加寫實。

台灣有知名銀行教父，卻沒有半個有名的交易員

《老千騙局》這本被許多人奉為經典的交易室自傳體小說，有太多值得台灣這樣一個小市場學習的。長期以來，投資銀行家多半是上流社會白人，尤其是猶太人主宰了華爾街，到處都可以看到姓氏是 Cohen 或 Cohan，或姓氏以 man 或 berg 結尾的猶太裔投資銀行家。交易員則有各色人種，但清一色是男性。

猶太人是少數民族，也是最有勢力的少數民族，這是猶太人重視教育，長久奮鬥才贏得的碩

果。無論是 Salomon 或 Goldman，都是猶太人創辦的投資銀行，一步一步往盟主寶座邁進。台灣人口有限，又不可能自外於亞洲的經濟體，如果能學習猶太人在美國金融市場的定位，也可以茁壯為亞洲經濟的猶太人，影響深遠，喊水會見凍。

台灣已經不乏享有盛名的投資銀行教父，卻還出不了一個有名的交易員。可見台灣的投資銀行業務離核心有一段距離。於是台灣的大企業老闆，跟代表企業金融部的投資銀行家往來密切，為了顧問費用還得錙銖必較；然而大企業投資部門的基層投資專員，卻跟投資銀行交易部門的銷售人員比較熟悉，買了不少組合成面目全非的新金融商品，每當國際金融市場風吹草動，台灣的企業尤其是金融機構，往往無法置身事外。

這些投資銀行葫蘆裡到底賣什麼藥？以往台灣不斷有人才在投資銀行總部歷練。時序進入新的世紀，由於中國崛起，因此華爾街的工作機會即使只是類似暑期工讀看一看而已，都落到了對岸金融人才的手上，這對台灣的資本市場，將會是一大斲傷，因為越來越少人知道，華爾街不乏比政治更高明的騙術。

或許更重要的是，台灣一直建構不起健全的債券市場。到現在為止，連最基本的殖利率曲線都很難畫出來。但如果沒有債券，其實資本市場就少了拼圖一角。十多年前，自稱的、號稱的債券天王天后，不論是在主管機關或是業界，經過投信反浮動債事件、結構債、連動債以至於ＣＤＯ風波，倉促都鞠躬謝幕。

但是我們依然錯過重建健全債券市場的最好時機。過去十年，台灣的債券市場多了個 Formosa Bond，讓國際投資人以超低發行成本在台灣發債，除了劫掠台灣的低利資金之外，只讓外資投行賺大錢，最近利率反轉，國際企業又紛紛贖回，成了黃粱一夢。

如今國際資本市場出現前所未有的奇葩狀況，動不動出現長天期利率較短天期利率為低的「倒掛」現象，再加上負利率債券已經占了全球ＧＤＰ的兩成，這些特殊現象，提供「老千」們更大的舞台。

這本書所教我們的，其實是資本市場最核心的精髓——「人性」。因此到現在展卷閱讀，依然生動。如果您是交易員，可以直接了解投資銀行老千騙局的奧妙。騙局不是不會拆穿，只是時機未到；如果您是老闆，終於可以發現您旗下的投資專員，了解的不見得比您多，他們所說的，多半不過是他們的勇氣；如果您是主管機關，可以了解國際知名的投資銀行如何以鄰為壑，如何把新金融商品巧妙的賣給台灣的企業及金融機構。

若您以上皆非，只是看熱鬧的——您選對了，這本書，熱鬧得很。

（本文作者為將來銀行籌備處執行長）

作者序

我不再討厭金錢，但也不再期待下一波橫財

我是一名債券業務員，在華爾街和倫敦銷售債券，每天和所羅門兄弟投資公司（Salomon Brothers）的交易員共事。

交易員都是炒短線獲利的高手，過去十年來，有很多暴利都是靠短線炒出來的，所羅門兄弟更是交易圈的霸主。我想寫的，就是描述我在所羅門工作時的所見所聞，談談那個年代特有的事件和心態。

我也許會忘了一些故事的細節，不過這本書從頭到尾都是我的親身經歷。書中談到的那些暴利雖然不是我賺的，謊言也並非我虛構的，因職務之便，我親眼目睹了實況。

那有點像是現代的淘金潮，以前從來沒有那麼多二十四歲的毛頭小子，像我們在紐約和倫敦那十年一樣，在很短的時間內賺進一大筆錢。過去市場的鐵律是投資多少就有多少報酬，現在一切都打破了。我不再討厭金錢，現在當然覺得鈔票是愈多愈好。不過，

我也不再屏息期待下一波的橫財。金融史上，這段經歷只是罕見的意外。

以我們所熟悉的標準來看，我應該算是個成功的人。不僅賺了大把鈔票，公司的高層也常對我說，我晉升管理階層的日子指日可待。嗯，我還是不要太早自吹自擂比較好。不過，話說在前頭，我和以前的老闆並沒有任何過節或交惡。之所以寫這本書，只是因為我覺得說出這個故事，比繼續過那樣的日子好。

老千騙局

第1章
跟你賭一百萬，一把定輸贏！

這是一九八六年初，我任職的所羅門兄弟公司開始走下坡的第一年。我們的董事長約翰．古弗蘭（John Gutfreund），正要離開他在交易室的桌子，四處走動。

交易室隨時都有債券交易員經手數十億美元的交易，古弗蘭只要四處走動，問交易員問題，就能掌握這裡的脈動。他有精準的第六感，可以察覺出哪裡出了狀況，他似乎連哪個位置賠錢都嗅得出來。

交易員一整天神經緊繃，他們最不想見到的人，就是古弗蘭。古弗蘭——Gutfreund的發音跟good friend一樣——喜歡偷偷摸摸地跑到你後面嚇你。他樂此不疲，但你卻一點都不覺得好玩，你正在同時處理好多通電話，忙到焦頭爛額，才沒空回頭理他。其實你也不需要回頭，就能感受到他的存在。因為你周遭會出現一陣騷動，彷佛在緊急病房，所有人裝出一副忙得不可開交的樣子，同時還望向你身後，你會感到背脊發涼，就像小動物看到大灰熊接近時的驚恐，你腦中警鈴大作：一定是古弗蘭來了！古弗蘭來了！古弗蘭來了！

不過這位董事長有時候只是不動聲色地站一會兒，然後就走了，你可能根本沒看到他的身影。我兩次經驗都只看到他在地板上留下的煙灰，我想，那算是他留下「到此一遊」的印記吧。古弗蘭留下的雪茄煙灰，比公司裡其他老闆的煙灰還長，形狀也比較完整。我一直覺得那是因為他抽的雪茄比較貴，畢竟他在一九八一年出售所羅門兄弟的股權時，賺了四千萬美元，他一九八六年的年薪也高達三一〇萬元（比華爾街的其他執行長還高），雪茄應該都是用那些錢買的。

就算心痛，也不能哀嚎、發牢騷或怨天尤人

一九八六年的這天，古弗蘭的舉動有點不太尋常。他沒有故意嚇我們，而是直接走到約翰・梅利韋勒（John Meriwether）的交易桌旁邊。梅利韋勒是所羅門兄弟的董事，也是公司裡最厲害的債券交易員。古弗蘭對梅利韋勒悄悄說了幾句話，附近的交易員都豎起耳朵偷聽。古弗蘭當時說的那句話，不僅成了所羅門的傳奇，也象徵著公司的企業文化，他說：「一百萬美元，一把定輸贏。」

「一百萬美元，一把定輸贏。」梅利韋勒一聽，馬上明白他的意思。美國《商業週刊》曾封古弗蘭為「華爾街之王」，現在這位大王要和梅利韋勒賭一把「老千騙局」（Liar's Poker），賭金是

一百萬美元。

他們兩人幾乎每天下午都和另外六個年輕的債券交易員玩老千騙局，通常都是古弗蘭輸個精光。有些交易員說，古弗蘭根本不是他們的對手，有些交易員則覺得他是刻意放水，至於真相究竟如何，始終是個謎。

古弗蘭這次下的戰帖之所以廣為人知，在於賭注龐大。他平常下注頂多幾百美元，這次一開口就是一百萬美元，簡直是天方夜譚。更何況戰帖的最後一句話是「願賭服輸」，意思是說，輸家就算心痛，也不能哀嚎、發牢騷或怨天尤人，只能忍痛吞下去。

但是，為什麼？為什麼要玩什麼老千騙局？為什麼單挑梅利韋勒，而不是其他比較資淺的主管？這不是自討苦吃嗎？梅利韋勒可說是「老千騙局之王」，打遍所羅門交易部無敵手。如果你不是「華爾街之王」，可能會這麼問。

另一方面，交易員在交易室裡都會學會一件事：像古弗蘭這種贏家，他們的一舉一動肯定都是有道理的。也許理由不夠完美，但他心中一定有個底。我雖然不是古弗蘭肚子裡的蛔蟲，不知道他葫蘆裡究竟賣什麼藥，不過，我知道交易室裡每個人都玩老千騙局，古弗蘭千方百計想躋身其中。

我猜想，古弗蘭這次是想讓大家見識一下他的氣魄，梅利韋勒可能是唯一有財力和膽量和他放手一搏的人，不找他單挑還能找誰？

最厲害的交易高手，賺賠不形於色……

在談這場荒謬的遊戲之前，我們需要先來一段背景說明。梅利韋勒在職期間，為所羅門賺了數億美元。他有喜怒不形於色的罕見功力，這本領對交易員來說非常難能可貴。多數交易員從言行舉止就可以看出是賺是賠，他們要不是滿面春風，就是板起臭臉。但是梅利韋勒完全看不出來，無論輸贏，他永遠面無表情。他能夠完全掌控摧毀交易員的兩種情緒：恐懼和貪婪，具備這種本事的他，明明是在瘋狂追求自己的利益，但你會覺得他崇高又優雅。

所羅門裡很多人都認為，梅利韋勒是華爾街最優秀的債券交易員。在公司裡一提起他大名，每個人都語帶敬畏，大家會說「他是業界最強的高手」、「我見過最善於算計風險的人」、或是「老千騙局的可怕玩家」。梅利韋勒旗下的年輕交易員更把他當神一樣地崇拜，那些交易員的年紀介於二十五到三十二歲之間（梅利韋勒約四十歲），大多有數學、經濟學或物理學博士學位。不過他們一進梅利韋勒的部門，就忘了自己其實是有獨立思考能力的知識份子，全都成了梅利韋勒的信徒，也迷上了老千騙局的遊戲。他們覺得那是圈內人的賭局，都以一種非常認真的態度看待這遊戲。

在這種賭局中，古弗蘭向來不被交易員們當成自己人。儘管古弗蘭曾登上美國《商業週刊》封面，被封為華爾街之王，但這些交易員並沒有把那頭銜放在眼裡。其實，這也是這場賭局的重點所在。雖然古弗蘭是媒體眼中的天王，但交易員認為只有蠢蛋才會經常上媒體版面。古弗蘭曾經也是交易員沒錯，但那就像老太太的青春肉體——早已是陳年舊事了。

古弗蘭自己偶爾也認同這種看法。他喜歡交易，和管理公司比起來，從事交易單純多了。押注後一翻兩瞪眼，不是贏，就是輸。你贏時，公司上上下下都欣賞你、羨慕你，敬畏你，因為你提高了公司營收，理當獲得肯定。然而當你是公司主管時，你雖然也會得到一定程度的羨慕、敬畏和愛戴，但沒多少人對你服氣，認為你沒有為所羅門賺錢，也沒承擔風險，你只是搭順風車，風險全落在他們頭上，他們每天都得證明自己比同業更善於承擔風險。公司的獲利，是梅利韋勒這種風險承擔者賺進來的，而不是古弗蘭。

這也正是為什麼，大家會覺得當古弗蘭以一百萬美元的賭金單挑梅勒韋特，只是想證明自己也是厲害的玩家。如果你想炫耀自己的能力，老千騙局是你最好的選擇。這種遊戲對交易員來說別具意義，梅利韋勒等人相信，老千騙局和債券交易有很多相似之處。這種遊戲可以測試交易員的個性，磨練交易員的直覺。大家都說，老千騙局玩得好，債券交易就做得好，反之亦然。

他到底是在吹牛，還是真的一手好牌？

老千騙局怎麼玩？首先，一群人（少則兩人，多則十人）圍成一圈，每個玩家把一張一美元紙鈔放在胸前，玩法類似「吹牛」。每個人設法誘騙別人相信自己那張紙鈔的序號，第一位玩家先

「叫牌」，例如他說「三個六」，意思是說，在場所有紙鈔的序號中（包括他那張），至少有三個六。

第一個人叫牌後，遊戲就開始順時鐘進行。假設第一個人喊三個六，他左邊的人有兩個選擇：他可以（一）追加（有兩種追加的方法，一種是序號提高，例如三個七、三個八或三個九；另一種是提高數量，例如四個五），或是（二）質疑前者的說法，就像喊出「你吹牛」那樣。

遊戲就這樣進行，直到所有玩家都質疑某一位玩家的「叫牌」為止，這時，所有玩家都公開自己的鈔票序號，看誰在吹牛。在遊戲過程中，高手會滿腦子想著機率問題。例如，在四十個隨機產生的鈔票序號裡，出現三個六的機率是多少？不過，對高手中的高手來說，計算機率還算簡單，難的是解讀其他玩家的表情。當所有玩家都知道如何吹牛和反吹牛時，遊戲又更加複雜了。

這遊戲有點像真槍實彈的債券交易（就像騎馬拿長槍比武，有點像真的打仗一樣），玩家必須思考的問題跟債券交易員很像，例如：冒這種風險，明智嗎？我的手氣好嗎？對手有多狡詐？他知道自己在做什麼嗎？如果不知道，我如何乘虛而入？當他叫的牌很高，他到底是在吹牛，還是真的拿到好牌？他是在引誘我輕敵，還是他真的拿到一手好牌？

每個玩家都想破解別人的弱點、習慣和模式，同時避免自己被別人看穿。高盛、第一波士頓、摩根士丹利、美林和華爾街其他公司的債券交易員，都會玩類似老千騙局的遊戲。不過，拜梅利韋勒所賜，賭金最高的賭局，此刻就出現在所羅門的紐約債券交易室裡。

老千騙局的玩家規範就像西部牛仔一樣，交易員必須接受來自「任何人」的挑戰。這規矩是梅利韋勒自己訂的，他別無選擇，只能硬著頭皮接下古弗蘭的叫陣。梅利韋勒也知道，這種賭法很蠢，對他來說一點好處也沒有——贏了，得罪古弗蘭，輸了，荷包就當場少了一百萬。儘管他是箇中好手，但在只賭一把的情況下，誰也沒把握，只能靠運氣。

不過，梅利韋勒拿手的本事之一，就是不讓自己衝動地亂賭一通，面對這場賭局當然也不例外。

乾脆賭大點，一千萬美元如何？

「不，古弗蘭，」他說：「如果要玩那麼大，那就乾脆賭大一點，一千萬美元，一把定輸贏。」

一千萬美元？大夥兒一聽都愣住了。原來，老千騙局還沒正式開始，梅利韋勒就已經開始叫牌了。這下，換古弗蘭陷入長考，照理說，接受梅利韋勒的提議才像他的作風，畢竟不是每個人都有本錢如此豪賭（有錢真好）。但另一方面，無論當時或是現在，一千萬美元都是一筆為數不小的數字，萬一輸了，名下資產可能只剩三千萬，而他太太蘇珊正忙著用其中的一千五百萬元重新裝潢他們的曼哈頓公寓（梅利韋勒也知道這件事）。

身為大老闆的古弗蘭，顯然不必受梅利韋勒那套規矩的約束。天曉得，也許他根本不知道梅利韋勒有那麼一套規矩，也許他當初提議賭一百萬美元也只是想試探梅利韋勒的反應（就連古弗蘭也不得不佩服梅利韋勒的機智）。古弗蘭最後打退堂鼓，擠出他的招牌笑容說：「你真是個瘋子！」

梅利韋勒心想，我才沒瘋，我只是很厲害。

第2章

噓，絕對別談錢！

我想當個投資銀行家。如果你有一萬股股票，我可以幫你賣掉。我會賺很多錢，我會非常喜歡我的工作，我會幫助別人，我會變成百萬富翁，我會住在大房子裡，那會很好玩。

——明尼蘇達州七歲小男生
〈當我長大後要做什麼〉，一九八五年三月

一九八四年冬季我住在倫敦，即將拿到倫敦政經學院經濟學碩士學位。當時我接到和英國皇太后共進晚餐的邀請函，是一位遠房表親邀我去的，她幾年前不知用了什麼方法嫁給了一個德國男爵。

我不是那種常有機會受邀到聖詹姆斯宮做客的人，不過這位男爵夫人倒是那裡的常客。我租了一套禮服，搭地鐵赴宴。我後來之所以能得到所羅門的工作機會，全要歸功於一連串不可能事件的環環相扣，而這次晚宴，是其中第一環。

我本來以為，那場晚宴上能和英國王室近距離互動，去到現場後我才發現，原來是一場募款餐會，有七、八百位保險業務員參加。大家齊聚在聖詹姆斯宮大廳，坐在深色木椅上，地上鋪著紅色地毯，牆上掛著王室家族的畫像，彷彿是來參加電視影集的臨時演員試鏡。

我的運氣很好，有兩位所羅門兄弟的常務董事也出席了那場晚宴。我之所以知道他們的身份，是因為我碰巧就坐在兩位常務董事夫人中間。

夫人問我，要不要來所羅門的交易部上班？

其中一位常務董事比較資深，他的夫人是美國人。就在我們拉長脖子瞄了一下王室的風采後，她馬上掌握了我們這桌的話題，儼然像是這桌的老大。當她得知我即將踏入職場、想進入投資銀行業時，立即將那個晚上變成一場面試。她千方百計地刺探我、考驗我，整整問了我大概一個小時，才心滿意足地歇手。摸透我這個二十四歲的小伙子、完全掌握我的優缺點後，她問我：要不要到所羅門交易部上班？

我努力按捺心裡的興奮，生怕自己看起來太猴急，會讓她改變心意。我最近才剛看到古弗蘭的一則名言——如果你想在所羅門交易部出人頭地，每天早上起床後必須有「視死如歸」的勇氣，於是我告訴這位常董夫人，照古弗蘭這麼說，感覺這份工作不怎麼有趣。我還說了我想像中的投資銀行工作是什麼樣子，例如在寬敞的玻璃辦公室裡上班、有祕書、充裕的交際費、經常和大老闆們開會等。

其實所羅門裡的確有這種職位，但不是搶手部門，那部門叫「企業金融部」，和業務部、交易部一起，被外界統稱為投資銀行業務。古弗蘭管轄的，是波濤洶湧的交易部，是買賣股票和債券的地方，是整個公司獲利和承擔風險的核心。交易員沒有祕書、沒有自己的辦公室，也不和大老闆開會。相較之下，企業金融部是比較風平浪靜的部門，客戶通常是來借錢的企業和政府單位，他們不必拿資金冒險，在交易員的眼裡是一群軟腳蝦。只是看在華爾街以外的人眼裡，都以為企業金融部是競爭激烈的叢林，充滿了精明強悍的銀行家。

我講完這番話後，這位常董夫人先是默不作聲，接著她告訴我，那些油頭粉面、在企業金融部工作的傢伙，薪水都不怎麼高，她問我：你的衝勁到哪去了？你難道想整天窩在辦公室裡？你是什麼？文弱書生嗎？

顯然她不要聽我的回答，她比較想聽我提問。於是我乾脆直接問她，是否能幫我安排工作？她一聽，就不再質疑我的男子氣概了，當場向我保證她回家後會請她先生處理。

晚宴結束後，當時八十四歲的皇太后蹣跚地走出大廳，大家（八百位保險業務員、兩位所羅門的常董及他們的夫人，和我）靜靜地恭送她離開。我原本以為她從後門出去，結果才想到那應該是正門，我們這群人跟送貨小弟一樣，進場的地方才是後門。

總之，皇太后朝我們這邊走來，她身後跟著一位管家，腰桿打得筆直，穿著燕尾服，繫著白色領結，端著一只銀盤。管家身後跟著一排威爾斯柯基犬，看起來像大老鼠，英國人覺得這種狗很可愛。後來有人告訴我，英國王室外出一定會帶著牠們。

這時的詹姆斯宮大廳陷入一片沉寂，皇太后一路走來，保險業務員紛紛低頭行禮，彷彿在教堂裡做禮拜一樣。後面的小狗也都訓練有素，每十五秒就行屈膝禮，兩隻後腿交叉，老鼠般的肚子都貼到了地面。這一隊人狗終於走到了門口，就站在我們的旁邊。那位常董夫人一臉欣喜，我想我也是，不過她肯定比我更喜形於色，想引人注目的意圖非常明顯。想在八百位保德信保險業務員之中吸引王室的注意，有幾種不同方法，最直截了當的方式就是大聲嚷嚷，只見她大叫：「皇太后，您的狗兒好可愛！」

只見周圍的保險業務員臉色發白，也許我形容得太誇張，其實他們的臉色早就發白了。他們假裝若無其事，眼睛繼續盯著鞋子，皇太后一臉泰然自若，沈著地走出宴會大廳。

在聖詹姆斯宮這個尷尬的時刻，兩大公司的員工都展現出最好的一面。皇太后以不變應萬變，刻意忽略這尷尬場景；常董夫人則憑膽子和本能高聲嚷嚷了幾句，讓現場又恢復原狀。我對王室一向很有好感，尤其是皇太后。不過，從那時開始，所羅門這家公司對我來說也充滿了魅力，畢竟沒人敢在聖詹姆斯宮那麼囂張。我是說真的，雖然對某些人來說，這家公司言行如此粗俗、難登大雅之堂，不過他們要不是這樣，我可能還沒興趣，這種風格才比較像我。我很肯定，這位深受所羅門文化薰陶的女士，一定會說服她先生幫我安排一份工作。

她先生很快就邀我到所羅門倫敦分公司，介紹我認識交易部的交易員和營業員。我喜歡他們，也喜歡那個環境的商業氣息，不過我還沒拿到正式錄取通知，甚至沒接到任何面試。由於這次碰面沒有任何嚴肅的拷問，顯然常董夫人說得沒錯，所羅門的確有意雇用我了，只是還沒人開口叫我去上班而已。

幾天後，我接到另一通電話，問我隔天早上六點半是否願意和來自紐約的所羅門人事主管李奧．柯伯特（Leo Corbett）共進早餐，地點在倫敦的柏克萊飯店。我說，當然願意，於是隔天我痛苦地在五點半提早起床，穿上藍色的西裝去赴商業早餐。但是，柯伯特也沒給我工作，只幫我叫了一盤炒蛋。我們相談甚歡，這實在不太對勁，因為所羅門的人事主管向來以難搞出名。顯然柯伯特希望我到所羅門上班，但一直沒明講。我回家後，脫掉西裝，倒頭就睡了。

後來，我實在是一頭霧水，便把來龍去脈告訴倫敦政經學院的同學。他一心一意想進所羅門工作，所以他很清楚我該怎麼做。他說，所羅門從來不給錄取通知，以免遭到回絕，有失顏面，他們只會暗示當事人。如果我真的收到暗示，確定他們想雇用我，最好是直接打電話到紐約找柯伯特，告訴他我想接受這份工作。所以我照做了，打電話給柯伯特，再次自我介紹一番，然後說：「我想告訴你的是，我願意到貴公司工作。」

「歡迎你加入。」他笑著說。

好，那接下來呢？他說，我會從七月底開始受訓，正式開啟我在所羅門的生涯。同期受訓的新進員工至少有一百二十位，他們大多是從大學和商學院招募進來的，接著他就掛電話了，沒提到我薪水多少，我也沒追問，因為我知道投資銀行圈的人不喜歡談錢。至於原因是什麼，很快我就會知道了。

日子一天天過去，我對交易一無所知，所以也對所羅門的了解有限，畢竟在華爾街的投資銀行中，所羅門是一家由交易員主導的公司。我對它的相關了解都是從報上得知的，據報導，所羅門是全世界獲利最好的投資銀行。

也許是吧，不過被這家公司錄取的過程還真是一次愉快的經驗。剛開始，我因為找到正式工作而樂昏頭，但後來我開始懷疑，自己是否真的那麼想當交易員。我還是想試試企業金融的工作，要不是因為我沒別的工作機會，我可能會寫信告訴李奧（我們已經直呼對方的名字了），我不想加入一個這麼快就接受我的團體。

儘管第一份工作是靠關係錄取的，我決定不去多想，畢竟有工作還是比失業好多了。想從其他管道進入所羅門交易部，必須先橫越重重關卡，例如面試，那年光應徵人數就有六千人。我後來認識的同事，在面試的過程中都被修理得很慘，每個人都有一肚子的苦水。相較之下，我除了記得所羅門的董事夫人曾經貿然對待英國王室的詭異小插曲以外，絲毫沒受到委屈，還覺得有點不好意思。

實在太累了，溜到廁所坐在馬桶上打盹

好吧，我承認，我之所以緊緊地抓住這次所羅門的工作機會還有一個原因：我經歷過華爾街求職的黑暗面，不想再遇上第二次。

一九八一年我念大四，也就是我在聖詹姆斯宮突然找到工作的三年前，曾到銀行應徵工作。我知道華爾街的人對事物的看法一向不同，但沒想到他們對我的履歷看法竟然都很一致。有些人看到我的履歷表時居然笑了出來，幾家頂尖的銀行說我不合適從商，當時我還擔心，這句話的意思是說我會窮一輩子。

我一向不善於改變自己，尤其這次的改變特別大，當時的我根本想都沒想過有一天會穿上西裝。此外，我也沒見過金髮的銀行家，我看過的金融界人士都是深色髮或禿頭，而我兩者都不是，所以面試時才會一直碰壁。我到所羅門上班後發現，四分之一的同事是大學畢業後就來上班，所以他們都通過了我當初沒通過的面試。我還是很納悶他們是怎麼辦到的。

當時，我根本沒想過要當交易員，這種想法在大四學生中並不特別。一般大四學生即使聽過交易部，也會以為那是專門訓練菜鳥的部門。一九八〇年代的一大轉變，是英美兩地的高學歷人士逐漸改變這種心態。我一九八二年從普林斯頓大學畢業時，我們那一屆算是最後一批老派觀念的人，所以我們都沒去交易部應徵，而是一心想著爭取企業金融的工作。其實那裡待遇反而比較差，起薪

一年二萬五千美元，外加紅利獎金。換算起來，大約是時薪六美元，頭銜是「投資銀行分析師」。

這種分析師其實不做分析，美國企業發行股票和債券時，企業金融的人只負責協商細節和準備文件（但不負責交易和買賣），分析師只是幫這些企業金融的人打雜。在所羅門裡，分析師是下等人；在其他的投資銀行裡，分析師也只是高級人力的最底層，總之，都是低下的工作。分析師負責影印、校對、整理超級無聊的證券文件，每週工作可能超過九〇個小時。分析師必須表現得特別出色，才能變成老闆眼中的紅人。

不過，當紅人也不見得是好事，老闆會要求他最喜歡的分析師隨身攜帶呼叫器，以便隨傳隨到。幾位特別優秀的分析師才工作幾個月，就已經徹底放棄正常的生活作息。他們完全把生命奉獻給老闆，日以繼夜地工作。他們睡眠不足，臉色慘白，工作績效愈好，離死神愈近。我有一位朋友，一九八三年在添惠公司（Dean Witter）當分析師，幹得有聲有色，當時我還很羨慕他在職場上很吃得開，不過，他實在是忙到心力交瘁，上班時間比較有空檔時，他會溜到廁所坐在馬桶上打盹。他幾乎每晚和週末都加班，卻還是覺得自己做得不夠而深感內疚。他甚至會假裝便秘，以免有人注意到他在廁所裡待得太久。

一般來說，分析師通常只幹兩年，接著就進商學院深造。很多分析師後來都坦承，大學和商學院之間的那兩年，是他們人生中最難熬的歲月。這位分析師因為眼界太窄，一心只想賺錢，根本就像作繭自縛，他並不想嘗試其他出路，只希望在人前風光（我之所以這麼說，是因為我也差點就像他一樣。要不是有幸逃出，我鐵定還在裡面，和其他同儕一樣繼續力爭上游）。

大家都看得出來，一九八二年要出人頭地，只有一個可靠的方法——主修經濟學，在華爾街找份分析師的工作，利用分析師的經歷申請進入哈佛或史丹福大學商學院就讀，以後的人生等以後再擔心。所以，一九八一年秋季到一九八二年春季，我和同學幾乎都一心想著：如何成為華爾街的分析師？

清高很好，但也等於自絕於華爾街之外

這個問題，衍生了幾個奇怪的結果。第一個、也是最明顯的現象，就是求職時人滿為患，一位難求。我可以舉個統計數字來證明，耶魯大學一九八六年共有一千三百人畢業，其中就有四成的人到第一波士頓（First Boston）求職。我想那是一種從眾心理，**參與的人數愈多，就愈容易自欺欺人**，以為自己做了明智之舉。我後來在交易部學到的第一件事就是，無論是股票、債券或是工作，愈多人追求同樣的東西，那東西的價值很快就高估了。可惜，當時我連交易部都沒看過。

第二個現象，當時我覺得滿扯的，那就是大家一窩蜂地修經濟學。以哈佛大學為例，一九八七年經濟學原理課就開了四十個班，共有一千名學生修課，十年內修課人數成長三倍。在我的母校普林斯頓，我念大四那年，經濟學破天荒成為校內最熱門的科系。愈多人修經濟學，華爾街就愈愛把

經濟學學分列為求職的必備條件。

這現象其來有自，因為經濟學滿足了投資銀行家兩項最基本的需求。首先，投資銀行家想找務實的人，亦即願意把所學運用在未來職業生涯上的人。儘管經濟學愈來愈深奧難懂，衍生出許多沒有明確用途的數學公式，但是對投資銀行來說，那像是一種為他們量身訂製的新人篩選標準。但經濟學的教學方式並無法激發想像力，我的意思是說，很少人真的宣稱他們很愛讀經濟學，我們很少看到有人為了經濟學而廢寢忘食。

念經濟學比較像是一種不得不遵循的儀式，我當然無法證明這點，那只是我以經濟學家所謂的「隨機經驗主義」（casual empiricism）為基礎所得出的結論。我看著許多朋友為了經濟學持續消耗生命，我常問這些立志進入銀行界的聰明人，為什麼要修經濟學？他們說經濟學是最務實的學科，即使他們都在畫一些奇怪好笑的小圖。當然，他們說的一點也沒錯，所以這又更氣人了。經濟學的確很務實，它是求職的敲門磚。不過，這只是證明他們深信經濟是生活的重心這種說法而已。

投資銀行家就像高級俱樂部的會員一樣，他們也想相信自己的人才招募標準無懈可擊，於是只吸收同一掛的人進入自己的圈子。這種自負的心理，和他們自覺可以掌握未來命運的想法不謀而合，不過我們之後會看到，其實他們也無法掌握未來。投資銀行的人事部可以直接比較應徵者的經濟學成績，這流程唯一令人覺得莫名其妙的是，經濟學理論雖是經濟學學生必須了解的東西，但是對投資銀行裡的每一個部門都幾乎毫無用處，他們只是把經濟學當成一種類似智力測驗的考核標準。

在這股經濟學的狂熱中，我沒跟著大家一窩蜂。我決定不修經濟學，部分原因是我覺得大家並非真心想念經濟學。不過別誤會我的意思，我知道總有一天我需要謀生，但我總覺得不好好把握念大學這段期間研讀自己真正感興趣的東西實在很可惜。所以，我選了校內最冷門的科系：藝術史。

藝術史和經濟系天差地遠，沒人希望自己的履歷表上出現這個科系。一位經濟系學生告訴我：「藝術史是那些從康乃狄克州來的千金小姐念的。」藝術史最大的經濟價值，是幫經濟系的學生拉抬成績的平均值。他們只要來我的系上花一學期的時間修一門課，就可以用那一門課的成績拉高履歷表上的平均分數（GPA）。

對很多人而言，藝術史可以提升自我、教育的目的是提升修養而不是為了工作賺錢這類說法太不切實際，對於即將畢業的大四學生來說更是如此。有些同學明顯對我流露出同情之意，彷彿我是殘障人士，或是注定一輩子當窮光蛋的傢伙。清高很好，但也等於自絕於華爾街之外。

不過，主修藝術史只是我一連串問題之一而已。我修「物理學入門」被當，寫在履歷表上的專長是「調酒」和「跳傘」。在美國南方成長的我，一直到第一次求職面試的幾個月前才聽到「投資銀行」這名詞，我們老家應該沒這種東西。

話說回來，華爾街似乎是當時最可能去的地方。畢竟這世界不需要更多的律師，我也沒有本事當醫生，我原本想自行創業，生產狗用排泄袋——綁在狗屁股上，以免牠們在曼哈頓的街上隨地解放（我連廣告詞都想好了：「屎不落地」），可惜一直找不到人投資。或許，我之所以緊抓著這次機會不放，根本原因在於我深怕自己錯過通往華爾街的快車，因為我認識的每一個人似乎都占好了車上的位子，我擔心這班車一走，就再也沒有下一班了。

據說有人抓起椅子，砸向窗戶

大學畢業時，我的確不曉得自己要做什麼，像我這種一無所長的人，至少還可以去華爾街領高薪。我的動機很膚淺，其實也無所謂，搞不好還是個優點，我只要把這份工作想成是我應得的就好，但偏偏我又覺得自己不夠格。我有很多同學為了進華爾街工作，在修課時做了很多犧牲，我卻一點也沒犧牲到。換句話說，別人有心種花，花未必開；我是無心插柳，柳成蔭。我這個南方來的孩子，穿著白色亞麻質料西裝，誤打誤撞地闖進這個戰場，裡面大多是系出東北部貴族學校的畢業生。

總之，踏上投資銀行業對我來說完全是瞎貓碰上死耗子。我是在一九八二年去了第一場面試（面試的公司是雷曼兄弟）之後，才領悟到這點。當時為了獲得面試機會，我和五十名學生在積雪六吋的雪地上排隊，等著普林斯頓大學的學生就業輔導室開門。那整個冬天，輔導室就像麥可傑克森演唱會的售票口一樣，學生們在外徹夜排隊，只希望能拔得頭籌。等輔導室的門一開，大夥兒一湧而上，搶著把名字填進雷曼兄弟的面試時間表。

雖然我沒準備好進投資銀行業，不過還滿努力準備面試的。普林斯頓的學生有一套投資銀行面試的題庫，我背了不少考古題。投資銀行對應徵者的水準要求很高，例如，至少在一九八二年那年，應徵者必須知道以下詞彙的意思：商業銀行、投資銀行、抱負、努力工作、股票、債券、私募、合夥、葛拉斯—史迪格法案（Glass-Steagall Act）等等。

葛拉斯—史迪格法案是美國國會通過的一項法案，對金融業而言，它就像是老天爺把人類分成兩種性別一樣。由於這個法案，從一九三四年起投資銀行與商業銀行成了兩門生意，投資銀行負責買賣證券，例如股票和債券，商業銀行（例如花旗銀行）只負責存放款業務。這法案實際上創造了投資銀行這個產業，他們告訴我，那是史上最重要的事件。

法案實施後，多數銀行員工都歸入商業銀行。我沒認識半個商業銀行的人，不過據說他們就只是一群沒什麼企圖心的上班族，每天的工作就是借錢給南美洲國家，上頭還有好幾級的長官，都只是奉命行事。商業銀行裡的員工就像漫畫《白朗黛》中的白大梧（Dagwood Bumstead），是平凡的上班族，有個老婆、一輛旅行車、平均有二．二個子女、還有一隻狗會在他六點下班回家時啣著拖鞋給他。我們都知道，絕對不能對投資銀行的人透露我們也去應徵商業銀行的工作，儘管大家暗地裡都這麼做。畢竟，商業銀行的工作也算是鐵飯碗。

投資銀行家是完全不同的類型，他們是成交高手，擁有過人的本事和膽識。如果他有一條狗，那會是一隻張牙舞爪的狗。他如果有兩台紅色跑車，會還想再買兩台。為了達到目的，他們會不擇手段。例如，他們很愛惡整像我這種大四學生。投資銀行界有一種所謂的「壓力面試」（stress interview），如果你被找去雷曼兄弟紐約總部面試，主考官可能會命令你打開窗戶，但問題是，你所處的辦公室裡俯瞰著瓦特街的四十三樓窗戶，根本是封死的！這正是測試的重點：他想看你為了達成他的要求，會努力到什麼程度——你會對著窗戶用力又拉又扯，搞得滿頭大汗，最後像洩了氣的皮球那樣認輸，還是像某位傳說中的應徵者：拿起椅子，砸向窗戶。

還有一種壓力面試是所謂的「沉默情境」（silent treatment）：你走進面試的辦公室，主考官坐著不發一語。你向他打招呼，他依舊不說話，只是直楞楞地看著你。你表明你來面試，他還是盯著你看。你說了一個冷笑話，他瞪了一眼，然後搖搖頭。你心裡開始七上八下，接著他拿起一份報紙（或是更恐怖的：拿起你的履歷表）唸了起來。他這麼做，是在考驗你臨場反應的能力。我猜想，也許在這種情況下，拿起椅子砸向窗戶應該是正確的做法之一。

「我想在投資銀行工作，雷曼兄弟是最好的投資銀行，我想賺大錢。」面試當天，在預定的時間，我坐在面試的房間外頭，搓著濕答答的雙手，努力想著該想的事情，例如前面那句話。我迅速檢查一下裝備，就像太空人準備升空一樣——我有什麼優點？我能力過人，不斷地挑戰自我，擅長團隊合作，人緣不錯（管它代表什麼意思）。我有什麼缺點？我太賣力，動作老是比別人快。

成功的投資銀行面試，就像修道院唱的讚美詩

終於輪到我了，雷曼兄弟的主考官有兩位，但我連一個主考官都應付不來了，更何況是兩位。還好，雷曼兄弟派了一男一女來普林斯頓，我不認識那位男士，但那位女士是普林斯頓的校友，我以前認識，沒想到會在這個場合碰面，或許這次我能順利過關吧。

但問題是，當我走進房間時，她沒對我笑，一副不認識我的樣子。事後她告訴我，那樣做才是專業的表現。我們握手時，她彷彿是個先禮後兵的拳擊手，接著她坐到房間的一角，彷彿等鈴聲一響，就要上場應戰。她穿著藍色的套裝，打著小領結，靜靜地坐著。她的同伴是一位壯碩的年輕人，大約二十二歲，手上拿著一份我的履歷表。

他們兩人在投資銀行界的資歷，加起來也不過兩年。投資銀行到大學校園徵才時，最荒謬的一點就是派來面試的主考官，很多進華爾街還不到一年，舉手投足卻已經學會華爾街那種習性。他們開口閉口就是講「專業」，而所謂的專業，就是正襟危坐，握手有力，說話俐落，啜飲冰水。大笑或抓胳肢窩，都是不專業的行為。此刻，我的朋友和她的同事就是完美展現了前述的「專業行為」。他們進華爾街還不到一年，就已經被徹底改造了。七個月前，我這位朋友可能還在校園內穿著牛仔褲以及印上愚蠢字眼的T恤，暢飲啤酒。換句話說，她當時是個典型的學生，如今她看起來就像歐威爾小說裡的人物。

接下來，那位壯碩的年輕人開始面試我。以下是我記憶所及的對話內容：

壯漢：能不能請你解釋一下商業銀行和投資銀行的差別？

（這時我犯了第一個錯誤，沒把握機會吹捧投資銀行的人士，並乘機奚落一下工作時間短又沒企圖心的商業銀行人士。）

我：投資銀行負責承銷證券，就是股票和債券。商業銀行只承作放款。

壯漢：我看到你主修的是藝術史。為什麼？你不擔心找不到工作嗎？

我：（搬出普林斯頓藝術史系慣用說辭）我對藝術史最感興趣，敝校的藝術史又是一流的。而且普林斯頓不提供職業培訓，所以我覺得選什麼系對找工作沒什麼影響。

壯漢：你知道美國的國民生產毛額（ＧＮＰ）是多少嗎？

我：我不太確定確切數字，大約是五千億美元吧。

壯漢：（對我的朋友使了一個眼色）應該是三兆美元。我們每個職務都要面試數百位應徵者，你和許多經濟系的學生搶同一個位子，你為什麼想進投資銀行？

我：（很明顯，最誠實的答案應該是：天曉得。但我又不能這樣回答，閒扯了一兩句後，我說出我覺得他會想聽的答案）這個嘛，老實說我很想賺大錢。

壯漢：這不是個好理由。這份工作的時間很長，你還需要錢以外的動機才能激勵你投入。我們的待遇的確和付出成正比。不過，坦白講，我們會勸那種只在意金錢的人別進這一行。就這樣吧。

「就這樣吧？」這話在我耳邊不斷繚繞，等我回神過來，已經冒著冷汗站在辦公室外，聽到下一位應徵者正在被拷問。我一直以為，投資銀行家愛錢是天經地義的事，我以為他們以賺錢為志業，就像福特公司製造汽車一樣的理所當然。即使分析師的待遇不如資深的投資銀行人士，我還是以為他們本來多少都有些貪念。為什麼一提到錢，雷曼兄弟那位壯漢就露出一副我冒犯他的樣子？

一位後來進入雷曼工作的朋友告訴我：「這是禁忌。他們問你為什麼想進投資銀行時，你應該要談這個工作的挑戰、成交的刺激感，和優秀人才共事的喜悅。總之，絕對不能談錢。」

學這套謊言很容易，但真的這麼想又是另一回事了。此後每次投資銀行家問我入行動機，我都會乖乖回答「標準答案」——為了挑戰、優秀的同仁、成交的刺激感。過了幾年後，我才說服自己勉強接受這樣的說法（我想當初我應該也對所羅門常董的夫人講了類似理由）。當然，說什麼錢不是重點，其實都是屁話。

不過，一九八二年在普林斯頓就業輔導室裡，你不會讓真話壞了你的求職之路。我們表面上吹捧這些銀行家，私底下卻不齒他們的虛偽。我的意思是，即使在那個純真的年代，應該沒人會懷疑金錢在華爾街的重要性吧？不齒他們的行徑，算是一種自我安慰，因為我的確需要自我安慰，剛從普林斯頓畢業時我一直沒找到工作（當時所羅門根本沒給我面試，就把我刷下來了）。接下來的一年內，我換了三個工作，彷彿是在證明自己真的不配當投資銀行家，我知道自己有這種下場並不意外，我只是不喜歡這種感覺。

我收到一堆華爾街的拒絕信，卻不曾從這些拒絕中學到什麼，我唯一領悟到的一點是，投資銀行不需要誠實的人或像我這樣的人（這兩者之間並沒有關係）。他們面試都有固定的題庫，也有固定的答案。成功的投資銀行面試就像修道院唱的讚美詩一樣，不成功的面試就像是走音。我的雷曼面試經驗並非特例，一九八一年以來，十幾家投資銀行到數十個大學校園裡面試了數千位大學生，大家的面試經驗都一樣。

一九八四年初，交易員和企業金融人員之間的惡鬥，終於搞垮了雷曼兄弟。但交易員雖然贏了，公司內部人心惶惶，元氣大傷，已經不值得留戀。於是資深合夥人向美國運通集團旗下的協利銀行（Shearson）求援，請他們收購雷曼，從此公司易名為「Shearson Lehman/American Express」，華爾街再也看不到印有「雷曼兄弟」字樣的名片。我在《紐約時報》看到這消息時心想：「好爽！」

好啦，我知道，身為基督徒不該如此幸災樂禍。倒是雷曼兄弟走到這步田地，是否和它不願承認自己就是愛賺錢有關，我就不得而知了。

| 第3章 |

金融菜鳥受訓筆記

發揮獸性，就能擺脫身為人的痛苦。

——薩繆爾・詹森（Samuel Johnson）

第一天到所羅門上班的感覺和景象，我還記得很清楚。

我過慣了養尊處優的學生生活，這天難得早起，身體上下冷得直打哆嗦，就算醒來也還以為自己仍在睡夢中。

這是有原因的，雖然上班時間是七點，我卻特意起了個大早，先在華爾街附近繞了一圈才進辦公室。這是我第一次走進華爾街，華爾街一頭是河流，另一頭是墓園，中間就是著名的曼哈頓，這是一條又深又窄的峽谷，黃色計程車穿梭其間，壓過排水孔蓋、坑洞和垃圾。

了解市場，就是了解別人的弱點

大批穿著西裝的人湧出萊辛頓大道地鐵站（Lexington Avenue），個個神色匆忙，大步邁向彎曲的人行道。他們雖然收入高，但看起來似乎不太開心，表情嚴肅，至少和我當下的心情相比是如此。我對於即將展開的新生活，只有一點戰戰兢兢的感覺。怪的是，我當時並不覺得自己是去上班，那感覺比較像是去兌領中彩券的獎金。

我人還在倫敦時，所羅門就寫了封信通知我，說我雖然沒有ＭＢＡ學位（企管碩士），但他們還是會給我跟ＭＢＡ一樣的起薪，也就是第一年年薪四萬二千美元，六個月後還有六千美元的紅利獎金。當時我覺得年薪四萬八千美元還不賴，而且相較於英國的待遇，更顯得所羅門財大氣粗。倫敦政經學院一位見錢眼開的資深教授一聽到我的起薪，瞪大了眼睛，直嘸口水。那金額足足是他年薪的兩倍，他四十多歲，已經爬上教職的頂層，而我二十四歲，才剛入行而已。這世界還真沒公理，我真感謝老天的厚愛。

或許我應該先在此解釋一下，薪水為什麼可以那麼高——儘管當時我倒是沒多想到這一點。我告訴你但你別說出去：一九八五年的所羅門是全世界獲利最好的公司，至少那時大家一再灌輸我這樣的想法。我也懶得去查證，因為看起來顯然是如此。華爾街那時財源滾滾，而我們是華爾街上的金字招牌。

華爾街是買賣股票和債券的地方。一九七〇年代末期，正值美國政治和現代金融開始放縱馳蕩的那些年，所羅門是華爾街上最精通債券的公司，包括如何評價、交易、推銷債券等等，幾乎完全主宰了一九七九年的債券市場。唯一的例外是垃圾債券，這部分我們稍後會談到，那是另一家公司的專長——德崇證券（Drexel Burnham），他們在很多方面都和所羅門很像。

不過，在一九七〇年代末期和八〇年代初期，垃圾債券只占債市的極小部分，所羅門其實壟斷了整個債券市場。華爾街其他公司覺得讓所羅門稱霸債市交易也無所謂，因為那個市場沒有暴利，也不是很體面。業界暴利最多的地方，是為企業籌資（發行股票），真正體面的工作是認識很多的企業執行長，所羅門在社會地位和獲利方面都不是業界的主流。

總之，大家是這樣告訴我的，而這一切又很難證實，因為這些都是大家口耳相傳的資訊。不過，從一件小事大概可以看出一些端倪。

從一九四〇年代中期到一九七〇年代末期，所羅門的席德尼・荷姆（Sidney Homer）一直是華爾街首屈一指的債券分析師。一九七七年三月，他到華頓商學院演講，開場白令人莞爾，他說：「我的工作令我感到失落。在雞尾酒會上，美女常靠過來問我對市場的看法，可當她們一聽到我是搞債券的，就悄然離開了。」或者，光是找不到證據這點，就足以證實這個說法。如果你到紐約公立圖書館資料庫，以債券的英文「bond」（另一含義為化學鍵，一種粒子間的結合模式）搜尋，可以找到二百八十七本相關書籍，其中大多是化學書。只有少數幾本的書名沒有令人倒胃的數字，例如《平穩債市》（*All Quiet on the Bond Front*）、《低風險投資策略》（*Low-Risk Strategies for the Investor*）等。換句話說，這種書不會讓你看得興致盎然或愛不釋手。自認為對社會有影響力的人，通常會想留下回憶錄或軼事趣聞，例如股市就有數十種這類的書籍，但債市則完全看不到。

在「善用人類無知」這一點，他們個個都稱得上是博士

在外界眼裡，債券市場就好像人類學家眼中的亞馬遜未開化部落一樣。這部分原因在於，以前債市裡受過高等教育的人不多，由此也可見過去債券多麼不受青睞。一九六八年，所羅門最後一次統計員工的學歷，二十八位合夥人中，有十三位沒唸過大學，有一位甚至連初中都沒唸完。古弗蘭在這群合夥人中算是高級知識份子，他雖然沒申請到哈佛大學，但還是從歐柏林學院（Oberlin）畢業了，只是成績不怎麼樣。

大家對債券交易員的最大迷思，是以為他們靠承擔龐大的風險獲利。這樣的迷思，導致外界對一九八〇年代華爾街前所未有的榮景，產生了很大的誤解。沒錯，有些債券交易員的確承擔了很大的風險（所有交易員多多少少都得承擔風險），但多數交易員其實只是收取手續費而已。馮內果有句話（這句話其實是在形容律師）一語道盡了他們的財富來源：「賣方把好東西拿出來，但還沒交到買家手中，精明的律師（此處可代換成債券交易員）趁著這段短暫的空檔，撈點好處，然後再交

給買家。」也就是說，所羅門從每筆交易中分得些許的獲利，積少成多。

舉個例子來說，所羅門的業務員把價值五千萬美元的ＩＢＭ債券，賣給退休基金甲，負責這筆買賣的債券交易員，可以賺到千分之一．二五的佣金，相當於六萬二千五百美元（他也可能會抽更高的佣金，債市和股市不同，佣金沒有標準行情）。

接下來才是關鍵。交易員已經知道是誰買了這筆ＩＢＭ債券，也知道買家的目的是想賺錢，於是他可以不需費吹灰之力，就知道怎麼讓這批債券（好東西）再次轉手。例如，他可以請業務員去說服另一家客戶（假設是保險公司乙），說這批ＩＢＭ債券的實際價值比退休基金甲出的價錢還高（至於是真是假都無所謂）。接著交易員向甲買進債券，再轉手賣給乙，又賺進千分之一．二五的佣金；退休基金甲能在短時間內轉手獲利，也會很高興。

在這個流程中，只要買賣雙方都不知道債券的真正價值，就可以一直進行下去。交易室的人也許學歷不高，但在「善用人類無知」這一點，他們個個都稱得上是博士。在任何市場中，就像任何牌局一樣，一定都有個傻瓜。投資大師巴菲特喜歡說，如果投資人看不出來誰是市場中的傻瓜，恐怕自己就是傻瓜。一九八〇年債券市場風起雲湧期間，許多投資人、甚至連華爾街的銀行都不知道，誰是這場新賭局裡的傻瓜。所羅門的債券交易員則心知肚明，因為這就是他們的工作。了解市場，其實就是了解別人的弱點。

他們說，**所謂的傻瓜，就是願意以低於合理價賣出債券，或是以高於合理價買進債券的人**。至於債券的合理價格，就是能評估債券價值的人願意支付的價錢，而所羅門，正是那個能夠評估債券合理價格的公司。

但這一切仍無法解釋，為什麼所羅門在一九八〇年代的獲利特別好。其實，在華爾街賺錢有點像是在吃塞進烤火雞肚子裡的餡料——要先靠政府把餡料塞進火雞肚子裡才行，而一九八〇年代的餡料正好特別多，所羅門倚仗著自己在債券的專業，趁其他公司發現好料上桌以前，就已經先吃了兩、三盤。

其中一個負責塞餡料的單位，是聯準會，這點倒是滿諷刺的，因為沒人比當時的聯準會主席保羅．伏克爾（Paul Volcker）更痛恨華爾街的狂熱現象。一九七九年十月六日，伏克爾在一場罕見的週六記者會上，宣布貨幣供給將不再隨著景氣循環波動。以後貨幣供給會固定不變，改成利率浮動。我覺得那場記者會為債券交易員開啟了黃金年代。若非伏克爾徹底改變了貨幣政策，這世界就少了許多債券交易員和這本回憶錄。因為實務上，貨幣政策改變意味著利率將大幅波動。債券價格走勢和利率正好相反，讓利率大幅浮動，等於讓債券價格大幅波動。

在伏克爾召開記者會以前，債券屬於保守投資，是不喜歡在股海中浮沉的投資人投入積蓄的標的。但伏克爾一宣布政策變動後，債券成了投機工具，不再只是保值而已。一夕之間，債券市場從一灘死水變成賭場。所羅門的債券交易量暴增，為了應付暴增的新業務，所羅門開始大舉招募新人，起薪都是四萬八千美元。

伏克爾讓利率浮動後，緊接著負責塞餡料的是美國借款人。一九八〇年代，美國政府、消費者、企業舉債的速度加快，債券發行數量爆增（換個角度來看，也可以說是投資人比過去更願意出借資金了）。一九七七年，前述三者的負債總額是三千二百三十億美元（但其中主要仍是商業銀行的放款，而不是債券），但到了一九八五年，負債總額一口氣暴增為七兆美元，其中債券的比例較過去高出許多。

所以，不僅債券價格波動較大，債券交易量也增加了。所羅門債券交易員的本事還是像過去一樣，唯一差別是交易量和頻率暴增。過去所羅門業務員每週幫交易員交易五百萬美元債券，現在則變成每天經手三億美元。交易員和公司都賺翻了，他們決定拿出部分獲利，招募一些像我這樣的人進公司。

你只是菜鳥，千萬別穿得像個銀行家

所羅門的總部位於曼哈頓東南方，培訓中心在二十三樓。我抵達這裡，展開我的職業生涯。我踏進公司的第一個念頭是：不妙，因為其他新人好像都已經抵達好幾個小時了。為了搶得先機，多數學員已經提早好幾週來報到。我走到培訓中心，只見他們三五成群在走廊或教室後面的休息區聊天，就像家族聚會。他們都是舊識，位置最好的置物櫃也都被人佔了。他們用眼神打量新來的學員，估計著哪些人有前途（進得了所羅門交易室），而那些人沒有。

休息區的角落，有一群人圍成一圈玩遊戲，當時我不知道他們在玩什麼，後來才知道是老千騙局。他們的舉止，似乎是模仿著交易員們的架式。他們都繫皮帶，但我一看到皮帶，就知道我無法融入這群人。

那天，我本來還特地把握機會，繫上紅色吊帶，帶子上印著大大的美元燙金符號。我本來心想，該是打扮得像投資銀行家的時候了。結果：大錯特錯。後來一位好心的學員告訴我：「別讓人看到你在交易室穿成那樣，公司裡只有常董能繫吊帶。要是看到你也繫吊帶，他們會說：『他媽的，這傢伙以為自己是誰啊？』」

我還記得，那天早上我走進培訓中心的休息區時，其中一位女學員正對著電話大聲說話，大概是因為電話通訊不良吧。當時是七月大熱天，但這位矮胖的女人卻穿著三件式的米白色軟呢套裝，配上大得不相稱的白色蝴蝶結，要不是她對著電話大吼，我還不會注意到她。接著她一手摀住話筒，轉頭對身旁一群女學員說：「各位，六套套裝算你們七百五十美元，真的很有質感，物美價廉，你們不可能再找到更便宜的了！」

原來，她之所以穿軟呢套裝來，就是因為她自己在賣這東西。她是對的，這班學員本身就是一個市場——這些人願意花錢，貪便宜，又想要模仿高階人士的打扮。她向一家亞洲血汗代工廠批了一堆冬裝，看到我之後，她說給她一點時間，她「也可以做男人的生意」。當然，她不是在說什麼黃色笑話，我只是沒想到第一個開口和我說話的同事，竟然一開口就想賺我的錢——這還真是所羅門風格。

這時，休息區最陰暗的角落讓我眼睛一亮，感覺所羅門裡其實還有別的樣貌。有個胖小子呈大字形躺在地板上，我判斷他是睡著了。他襯衫沒紮進褲子裡，皺巴巴的，鈕釦也解開了，露出像鯨魚背一樣的白肚皮。他嘴巴張得大大的，好像在等一串葡萄似的。他是英國人，我後來得知，他已經內定調到倫敦分公司上班，所以不太擔心自己的飯碗。相較於菜鳥學員，他算老油條了。總是抱怨公司把他當成小孩子看待，他在倫敦金融圈已經待了兩年，覺得自己根本不需要受訓，所以乾脆把曼哈頓當成他的夜間遊樂場，白天用來養精蓄銳。他灌下一壺又一壺咖啡，在培訓中心的地板上補眠，讓許多新人留下了難忘的第一印象。

一九八五年，共有一百二十七位學員參加培訓。那些年，每年都有一批又一批新人湧進這個全球獲利最好的交易廳。我們是歷來人數最多的一屆，隔年人數又多了近一倍。公司裡，助理人員相對專業人員的比例是五比一（信不信由你，我們在公司裡算是「專業人員」），所以一百二十七位學員要對應六百三十五位助理人員。以一家員工總數三千多人的公司來說，這種擴張的程度相當驚人，終究會壓垮公司，連我們都覺得這現象不太尋常，感覺就像撒太多肥料在一棵植物上。怪的是，管理階層似乎不這麼想。

如今回顧過往，顯然我到所羅門上班時，正是這家傳奇公司走下坡的開始。不管走到哪裡，我都會發現這地方已開始崩解。我不是說，自己重要到可以加速一家公司的毀滅，而是他們連我這樣的人（還有一些像我一樣的貨色）也錄取，其實就是一個警訊。警鈴老早就該響了，他們已經走偏了方向。他們以前招募員工會精挑細選，現在老招錯人才，就連比較有商業頭腦的同屆學員（也許我應該說，特別是那些有商業頭腦的學員），例如那位賣套裝的女學員，也不打算為所羅門賣命，我當然也不想。

很多人之所以來應徵，除了想賺大錢之外，還有一個原因——其他工作更不值得做。大家對公司都沒什麼忠誠度可言，三年後，我們之中有七五％會離職（相較之下，前幾年錄取的人在進來三年後，還有八五％留在公司裡）。公司加入那麼多無意久留的怪人後，開始出現動盪，就好像身體吃進了大量異物，根本無法消化。

我們這群人其實很矛盾。公司找我們進來負責市場上的買賣，希望我們比別人更精明，也就是說，他們是找我們進來當交易員。你可以去問任何精明的交易員，他都會告訴你，他做過的最棒交易都是不按常理的，優秀的交易員通常都不按牌理出牌。然而，我們這群人都是想法普通的平凡人，我們之所以來所羅門工作，只是因為一般愛錢的人都會這麼做。如果我們面對自己的人生都無法跳出框架，又怎麼可能在市場上出奇制勝？

進了所羅門，把知識份子特質和學識拋到九霄雲外

和台上擔任講師的大人物相比，我們顯得微不足道，不過話說回來我們本來就不怎麼優秀。

整個下午都由他講課，也就是說，他必須站在教室前面那條十碼長的講台上三個小時，前面是一張長桌和講桌，背後是黑板。他在講台上走來走去，就像在球場邊線上來回踱步的教練一樣。他有時盯著地板，有時兇巴巴地瞪著我們。我們坐在像學校那種桌椅相連的座位上，共二十二排，成員大多是穿著白襯衫的白人男性，中間偶爾點綴著幾位穿著藍色套裝的女性、兩位黑人，以及一小撮日本人。教室的牆壁和地板都是單調的乳白色，正好反映了裡面的氣氛。有一面牆上有一排小窗，可以遠眺紐約港和自由女神像。不過，你得坐在窗邊，才能把美景盡收眼底，但即使你坐在窗邊，也不該欣賞風景就是了。

總之，整個教室比較像牢房，而不是辦公室，裡頭又悶又熱。椅墊是糟糕的綠色尼龍材質，坐了一整天後，褲子會黏在椅子上，也會緊貼著你。我中午吃了一個又大又油膩的起司漢堡，對這位講師又毫無興趣，整個人昏昏欲睡。這還只是五個月培訓期的第一週而已，但我已經累死了，整個人癱陷在椅子上。

這位講師可是所羅門的頂尖債券業務員，只要債券市場一出現反常的騷動，教室前面桌上的電話就會響起。他走路時，手臂緊貼著身子，以免露出胳肢窩下那片愈來愈大的汗漬。他是講得太賣

力？還是太緊張？可能是緊張吧。這也難怪，因為他正在吐露肺腑之言。我是少數覺得他有點囉唆的人，其他人倒是聽得入迷，連後排學員都專心聆聽，沒人在玩《紐約時報》的填字遊戲。講師正在講述公司內部的求生祕訣，他說：「你得把所羅門想像成一座叢林。」只不過他的口音很重，聽起來像是：「你爹把所囉門香想成一座叢林。」

他又說：「交易室也是一座叢林，你的頂頭上司是指引你的叢林嚮導。你能否在這出人頭地，就看你知不知道如何在叢林中生存。你必須跟著老闆學習，他才是關鍵。想像一下，假設我把兩人放進叢林裡，一人有叢林嚮導，另一人沒有。叢林裡充滿了毒蛇猛獸，走出叢林後，有一台電視，轉播著美國大學聯賽的決賽，還有一台裝滿百威啤酒的大冰箱……」

這位講師似乎發現了掌控我們這屆學員的訣竅——抓住後排學員的注意力和好感。後排學員從受訓第三天開始，就瀕臨混亂狀態。即使他們對講師沒特別好感或反感，上課時要不是睡覺，就是向前排好脾氣的同學丟紙團。如果後排學員根本不甩講師，那就鬧翻天了。

這下現在不同了，後排學員露出罕見的專注表情，彷彿史前人類的狩獵隊突然發現新工具一樣，他們第一次坐在椅子上身體前傾，發出「嗚—啊—」的讚嘆聲。

只要擺平後排學員，就等於掌控了全班，因為前排都是自動自發的學員，他們和全世界坐在前排的人一樣，而且有過之無不及。從哈佛商學院畢業的新人大多坐在前排，每次新來一個講師，其中一位哈佛畢業生就會畫一張組織架構圖，那張圖看起來像聖誕樹，樹頂是古弗蘭，樹根是我們這些人，中間有許多小方格，像掛在聖誕樹上的飾品。他先辨別講師的階級，畫出他在階層中的位置，把他的名字填進適當的方格裡。

這種圖很詭異，比較像是暗黑魔法，而不是組織架構圖。在交易室裡，階級不太重要。所羅門的組織架構只是個笑話，賺錢才是重點，公司其實是看賺錢實力論獎賞，但是前排學員對這點不太肯定，後排學員倒是很確定這一點。前排那麼在乎組織架構，其實是在為自己避險，以免所羅門真的和學校教過的管理學一樣以階級為重。

「……一台裝滿百威啤酒的大冰箱。」那位講師又說了一次，「有嚮導的傢伙很可能先走出叢林，觀賞電視節目，享用啤酒。其他人當然也有機會走出來，只不過……」他停下腳步，還特意看了全班一眼，「他會渴得要命，抵達時發現，已經沒啤酒了。」

這就是關鍵：啤酒。後排學員就喜歡聽這些，他們一邊大笑，一邊互相擊掌，就像一群西裝筆挺的白人模仿黑人哥兒們的互動方式一樣可笑，他們開心又興奮。

但如果講師講的不是這些，他們的反應就不是這樣了。有一位講師個頭矮小，胸前口袋的塑膠套裡（nerdpack，又稱「書呆套」，一種用來裝筆的塑膠套，以免衣服被墨水弄髒）插了一排細字原子筆，他教我們如何把半年期的債券殖利率換算成一年期的殖利率。後排學員對這種內容毫無興趣，他們說：「去你媽的鬼債券數學，講些叢林故事來聽聽。」

有些較嚴肅的高階管理者來授課時，看到後排學員一點也不像有領導投資銀行潛力的精英人選，反倒像一群剛打完球賽的放肆球員，讓他們相當困惑不解。既然公司甄選前後排學員時，花費的時間和心力一樣多，理論上全班應該一樣專心，表現良好，像一支軍隊一樣整齊畫一才對。

更怪的是，這種破壞紀律的亂象是隨機發生的，毫無脈絡可尋，因此很難控制。哈佛商學院的畢業生大多坐在前排，不過也有少數人坐在後排。後排學員中不乏耶魯、史丹福、賓州大學等名校的畢業生，他們的頭腦至少都有一定的水準，為什麼會有這樣誇張的行徑？

我始終不明白，所羅門為什麼會坐視這種事情發生？公司的管理高層規畫出整套訓練課程，毫無保留地付出，然後講完一走了之，不再聞問。後來接連發生的混亂狀態，導致劣幣驅逐良幣，惡霸排擠弱小，蠻力勝過智力。

後排學員有一個共同的特質，或許大家都沒注意到——他們覺得進了所羅門後，必須拋除知識份子的人格特質和學識。這不是有意的，比較像是一種反射動作。他們誤信了一種所羅門裡廣為流傳的迷思：交易員是野蠻人，愈優秀的交易員愈野蠻。其實這說法並不正確，交易室裡的確有印證這種迷思的實例，但是也有反例。大家都是選擇性地相信自己願意相信的東西。

還有一個原因，可以解釋這種脫序行為。所羅門新人的培訓生活就像每天被鄰居欺負一樣，久而久之，你也會變得愈來愈惡劣粗暴。除了我這種幸運兒之外，所羅門新人的錄取率是六十比一。你好不容易擠進這道窄門後，心想終於可以輕鬆一下了，其實不然。公司從來不會把你拉到一旁拍拍背，告訴你今後一切都會很順利。事實正好相反，公司的制度就是要磨練學員，他們讓這些面試進來的贏家在課堂上相互較勁。

要有相當的自信，相信大家都很好騙

培訓課程結束後，交易室旁邊的黑板上會列出職務分發的結果。我們來報到時都以為每個人一定都有職位，後來才發現你有沒有工作可做其實仍是未定數。不只一位講師說：「看看你們旁邊的同事，他們可能一年內就滾蛋了。」

職務分發的黑板上方，列出交易室裡各部門的名稱：市政債券、公司債、政府公債等。黑板的另一側則列出各地的分公司：亞特蘭大、達拉斯、紐約等等。光是想到自己可能被分發到這矩陣中某個鳥不拉屎的地方，或根本連個職位都沒有，就足以讓學員感到壓力很大。他們都覺得自己不是單憑運氣擠進所羅門的，光靠好狗運的人根本就不會進到這裡。在所羅門的學員眼中，只有大好和大壞這兩種極端的結果——到亞特蘭大銷售市政債券，是令人難以想像的爛缺，在紐約交易抵押債券，則是令人垂涎三尺的肥缺。

我們報到幾週後，公司各部門的管理者開始對我們品頭論足、打分數。不過，這些管理者骨子裡也是交易員，他們談論任何人事物時，都是三句不離本行，把什麼東西都當成交易看待，所以他們開始把學員當成奴隸那樣交易。某天，你可能會看到三位管理者一起翻閱一本厚重的藍色資料夾，裡面都是我們的照片和履歷表。隔天，你就會聽到他們拿你交換一位前排的學員，外加從下次培訓課程中先挑人選的機會。

這種壓力愈來愈大，例如，誰偷聽到誰說了誰的內幕、誰已經談妥條件了、還剩哪些職缺等等。這種職務分發流程就像選秀賽一樣，有贏家和輸家，但是挑選過程相當主觀，能力的衡量毫無客觀標準，想獲得好工作，除了憑運氣與機緣，還要知道門路，懂得如何適時地拍馬屁。前兩項不是你能掌控的，所以大家通常會把焦點放在第三項。你需要一座靠山，光是和一百一十二位常董打好關係還不夠，你還必須找一個有權有勢的常董。

當然，這有個小問題，老闆不見得想和學員有任何交情。畢竟，這對他們來說有什麼好處？除非常董認為你是大家都想搶的熱門人選，否則他不可能對你感興趣。一個常董能從其他常董手中搶走熱門人選，就等於是為自己加分，所以很多學員的做法，就是製造自己很搶手的假象。老闆爭取他不是因為他有多優秀，純粹是因為別的老闆也在搶他，結果導致一種「人氣龐茲騙局」。

為了製造人氣假象，你首先需要有相當的自信，相信大家都很好騙——其實這正是我採用的方法。幾週後，我和交易室的一位員工變成朋友，不過他不在我想加入的部門，他一直勸我進他的部門，所以我讓其他的學員知道有部門有意拉攏我，他們又告訴在交易室裡認識的朋友，於是其他部門的人開始對我產生興趣。最後，我希望加入的部門主管也聽到別人在談論我，便邀我共進早餐。

如果這方法聽起來太狡詐、不光明正大，還有其他的方法。例如我可以把自己的命運交給管理部門來決定，不過據我所知，管理部門對於笨到把命運交由他們擺佈的人並沒有同情心。又或者，我也可以直接找上我想跟的常董，拍他馬屁。我有些朋友就是用這招，他們臣服在老闆的腳下，像家臣一樣，竭盡所能地阿諛奉承，例如「我是你謙卑忠誠的僕人，大人啊，雇用我吧，我願意為你做牛做馬。」他們希望常董會熱情回應，或許回他們一句「年輕人，平身，不用害怕，只要你忠心耿耿，我就會保護你，不會讓你遭到邪惡勢力和失業的打擊。」有時這招可能奏效，但萬一無效你就完了，你會變成沒人要的滯銷品。

受訓學員之間有人在爭論，為了職位分發，需要如此卑躬屈膝嗎？彷彿所羅門的培訓制度，就只是想看誰在壓力下會作賤自己一樣。

上課時公然看報紙被趕出教室，卻讓我人氣大漲

每位學員都必須自己決定要走哪一條路，所以大夥兒分成兩大陣營。一開始就決定走卑躬屈膝路線的人，在五個月的受訓期間都坐在前排，竭盡所能地諂媚。自尊心比較強的人（或是覺得保持距離比較好的人）則坐在後排，裝出一副不在乎的樣子，還會朝常董丟紙團。

當然，也有些學生不屬於這兩大陣營。有兩、三位學員在受訓一開始就已經和常董談妥條件，想選的工作已確定無虞。他們在學員間神出鬼沒，像一群奴隸裡的自由人，大家都覺得他們是老闆

派來臥底的。有幾位學員雖然有後排學員的心態，但是家裡還有妻小要養，不得不為五斗米折腰。他們對公司沒有忠誠度，對前排學員的行徑感到不屑，也因為責任感而疏離後排學員。

當然，我也覺得自己是例外。有些人說我屬於前排，因為我喜歡坐在那位哈佛商學院畢業生旁邊，看他畫組織圖，我一直在想他最後會留下來嗎？（結果他被刷掉了。）另一個原因是，我問了太多的問題，他們覺得我是刻意迎合講師，就像前排的學員一樣。但那都不是真的，為了向後排學員證明我發問只是出於好奇，我傻傻地學他們對幾位紅牌交易員扔紙團。後來一位交易員來講課時，我公然看報紙，因此被趕出教室，這件事讓我在後排的人氣大漲。不過，後排學員從來沒把我當成自己人看待。

不過，所有的例外裡面，就屬日本人最大膽了。日本人完全是另一掛的，不適用上述任何分析。他們六位全坐在前排打瞌睡，頭前後晃動，有時還會倒向一邊，臉頰和地板平行。聽說日本生意人常閉目傾聽，但他們的樣子實在不像在聽課，最客氣的解釋是，他們聽不懂英文。

他們也不和大家打交道，所以你永遠不確定他們的英語程度和動機。他們之中的老大叫「阿吉」（Yoshi），每天上午和下午後排學員都會打賭，阿吉在幾分鐘後會睡著。他們覺得阿吉是善於權謀的傢伙，也是他們的英雄。每次阿吉不支睡倒時，後排都會響起一陣歡呼，除了因為有人贏錢以外，也因為他們實在很佩服敢在前排睡覺的人。

日本學員是保障族群，我想，他們自己也心知肚明。他們的祖國靠貿易順差累積了龐大的盈餘，也買了許多美國公債及其他美元的投資標的，可以把很多錢從東京引回美國。所羅門為了擴充東京分公司，想在當地招募一些老手。但問題就出在這裡，日本人習慣一輩子都待在同一家公司裡，能力強的人通常不會想跳槽到美國企業。加入所羅門，等於是放棄了壽司和工作保障，選擇了漢堡和雅痞，很少人願意這麼做。

所以，所羅門對於自己能爭取到的少數日本人，都視為稀世珍寶，個個身價非凡，講師對他們的囂張行徑從來不吭一聲。此外，儘管所羅門向來不太重視外國文化，但他們都很清楚日本人本來就大不相同。這不表示他們對日本人的不同有普遍共識，我的意思是說，即使日本人每天早上摩擦鼻子，行同濟會（Kiwanis Club，類似獅子會的服務性社團）握手禮，大家肯定都覺得沒什麼好大驚小怪的。

不過，日本人只是培訓課程中的小插曲而已，後排學員才是決定上課氣氛的主力，他們集體行動，形成一股密不可分的浩大聲勢。後排學員為了安心，走到哪裡都是成群結隊，早上和下午一起上課，快下班時一起到交易室，晚上一起上夜店，隔天早上再一起來上課。他們因為沆瀣一氣，當他們認同一位講師時，他們會集體站起來在教室後方跳波浪舞。

他們很喜歡此刻站在講台前的講師。講師突然停了下來，彷彿閃神似的（當然這是不可能的事）說：「你們現在可能覺得自己很了不起，等進到交易室工作後，你就是被人家踩在腳下的那一個！」

有必要說這麼難聽嗎？他原本深得後排學員的喜愛，但現在卻冒著讓這群混混不爽的風險，說他們不想聽的話。我以為會有人丟紙團，結果沒有。這位講師已經在他們心裡奠定了足夠的份量，大家不覺得他講錯話，後排學員還頻頻點頭，或許他們覺得講師剛剛那番話是說給前排學員聽的。

把那人渣埋了，讓他永不見天日

關於這點，其實他說錯了。新人根本不會被踩在腳下多久，債券交易員和業務員老化的速度跟狗一樣——在交易室做一年，相當於在其他公司待七年。你只要當交易員或業務員一年，就會開始有名氣，沒人會在乎年資。交易室可貴的地方，就在於大家完全不重視年資這種東西。

新人一進交易室，會先分到兩支電話，幾乎是立刻上戰場。如果你能靠這些電話賺進數百萬美元，就會被封為「大尾的」。通常，每當有人完成了大筆債券買賣，為公司進帳數十萬時，常董都會親自打電話給他：「嘿，大尾的，幹得好！」直到今天，這話還是會讓我聯想到甩來甩去的象鼻子，咻，咻，咻。在叢林裡，任誰看到象鼻，都得靠邊站。

每一個人都覬覦這「大尾」的頭銜。不過重要的不是頭銜，而是企圖心。當然，沒有人會明說「我要當大尾」，大家都只是心照不宣，女性也不例外。就連前排學員在弄懂「大尾」的意思後，也想當大尾。不過，後排學員認為前排學員的問題在於他們不知道該怎麼當大尾。大尾的人面對壓力時會從容不迫，那是前排學員學不來的。

這時前排有人舉手了（一如往常，一定是前排舉手），是一位女性。她直挺挺地坐在她平常的位子上，就在講師的前面。講師講得正起勁，後排學員都起立跳波浪舞，講師並不想現在就停下來，更何況是為了前排學員暫停。他一臉老大不願意的樣子，但是這隻手就舉在眼前，他又不能視而不見，於是他只好點了她的名字：莎莉・芬德蕾（Sally Findlay）。芬德蕾說：「能不能告訴我們，您的成功關鍵？」

這實在太過分了，她要是問什麼無聊的理論性問題，或許沒人會介意她的白目。但是現在她這麼一問，連講師都笑了，他的笑容就好像是在對後排的學員說：「嘿，我還記得自己受訓時，坐在前排那些馬屁精的德性，我也記得自己多看不起那些欣然被拍馬屁的講師，所以我要讓這位小姐好好地丟人現眼一番，嘿，嘿，嘿。」這時，後排學員爆出有史以來最大的笑聲，有人刻意把音調拉高，模仿芬德蕾說：「對啊，快告訴我們，您為什麼那麼成功？」接著有人大喊：「安靜點，小鬼！」好像在責罵太興奮的獅子狗一樣；另一位則是把兩手拱在嘴角兩邊大喊：「死去達拉斯股票部啦！」

可憐的芬德蕾。一九八五年職位分發的選項中，有很多沒人想去的爛缺，其中最爛的爛缺就是「達拉斯股票部」。在我們這個小圈子裡，沒有什麼工作比到達拉斯當股票業務員更糟的了，股票部在所羅門裡毫無地位，而且達拉斯離紐約市非常遠，所以「達拉斯股票部」也成了我們培訓中心的暗號，意指「把那人渣埋了，讓他永不見天日」。這時，教室後方傳來「埋了她！埋了她！」的叫囂聲。

講師不屑回答她的問題，他在後排學員失控前迅速結束了那堂課。「你花了很多時間自問：市政債券適合我嗎？聯邦政府公債呢？還是公司債比較適合我？你花了很多時間想這些問題，你的確是應該多想想。不過，你也應該想想下面這點：找位合適的叢林嚮導，可能比挑選產品重要，謝謝大家。」

大家立刻做鳥獸散，休息時間是十五分鐘，兩群人各自從習慣的前後門離開教室，前排學員走前門，後排學員走後門，大家衝出去搶著用外頭的四部免費長途電話。

菜鳥學員，是比海底鯨魚排泄物還低下的東西

所羅門的高層希望，培訓課程可以把我們訓練得更像他們，但什麼叫做「更像他們」？

一直以來，所羅門兄弟是一家敢做敢衝的券商，主要靠承擔龐大風險的能力和意願稱霸業界。他們必須靠承擔風險獲利，不像摩根士丹利等同業還有企業客戶的付費營收。所羅門給外界的印象是由一群向心力強大的猶太人組成，精明但誠實，比別家公司更願意深入經營債券市場。當然，這說法有點誇張反諷的意味，但大致說對了所羅門的特色。

如今，所羅門希望轉型。董事長兼執行長古弗蘭的社交生活，可說是公司集體轉型的領先指標。他娶了一個小他二十歲的太太，這女人有旺盛的社交企圖心。她常辦派對，邀請八卦專欄作家與會。她的邀請函打著小蝴蝶結，由專人送達，那邀請函的份量似乎隨著我們公司的股價起伏。她還聘請顧問，確保媒體對她和她先生做出正確的報導。儘管她還不至於要求所羅門的員工都穿得像她先生一樣體面（她幫先生換了全新的行頭），但是在公司裡，這種對外表的重視以及裝模作樣，一定會產生上行下效的效果。

儘管所羅門近來有些波動，但這裡的培訓課程無疑是踏入華爾街最好的起點。完成培訓的學員跳槽到華爾街其他公司的交易部，薪資可以馬上變兩倍。根據華爾街的標準，他已經熟悉了專業，由此可見在華爾街要當「專家」有多快。很多銀行都沒有培訓課程，我覺得最極端的例子是德崇證券，他們甚至叫一位應徵者去和所羅門的學員交朋友，以便拿到所羅門培訓課程的講義。只要有講義，他就能替德崇證券效勞了。

不過，講義其實是培訓課程中最不重要的東西。兩年後我還記得的培訓重點，其實是所羅門口耳相傳的傳統，也就是講師的實戰經驗。在長達三個月的時間裡，許多頂尖業務員、交易員、金融家和我們分享他們的經驗。他們毫無保留地傳承實戰智慧，例如資金如何在全球流動、交易員的感受和行為、如何和客戶打交道等等。上了三個月的課程後，我們接著會到交易室實習兩個月，然後正式上場。自始至終，這個培訓課程都有一個沒說出來的目的：把學員變成十足的「所羅門人」。

他們讓學員了解，第一，「學員」在所羅門裡——正如一位交易員所說——是比海底鯨魚排泄物還低下的東西；第二，在所羅門就算地位卑賤，也還是比在別的公司好多了。

短期內，這種洗腦方式幾乎都很管用，但長期就沒效了。想綁住人，必須讓人相信自己別無選擇才行。但是我們等一下會看到，新人不僅覺得自己身價不凡，對公司也沒有永久的忠誠度。有些投資銀行也有培訓課程，但除了高盛（Goldman Sachs）以外，沒有一家像所羅門這樣充滿了企業文宣。

《紐約時報》一位女記者追蹤我們的培訓課程三個月，看到我們對公司一致的態度，令她嘖嘖稱奇，後來她報導的標題就是〈頂尖ＭＢＡ的新兵訓練營〉。不過，就像所有關於所羅門的報導一樣，那篇文章很快就遭到否定，後排學員說：「那賤貨根本不知道自己在胡扯什麼！」班上一些比較單純的學員被記者套話，結果報導中出現這樣的說法：「所羅門不需要為我們加油打氣，我們就已經氣勢高昂了！」任誰都知道，這種話說太早了。

不過那篇文章倒是透露了不少內情，因為這是外人首度獲准進入公司內部，深入了解員工領取高薪的原因。一位剛拿到芝加哥大學ＭＢＡ的後排學員告訴《紐約時報》：「這就是供需問題。我妹的工作是教導有學習障礙的兒童，她和我一樣都熱愛自己的工作，但是她的薪水少很多。如果更少人願意擔任那種教職，她的收入自然就會增加了。」

你很可能不同意這種說法，有《紐約時報》的讀者的確提出反駁。那篇報導中提到，有六千多人爭取那一百二十七個受訓的位子。即使很多人願意領較少的薪水做那份工作，所羅門的薪資還是節節攀升，在投資銀行裡，供需理論似乎不太成立。

不過，分析我們為什麼薪水可以這麼高，是個有趣的話題，我還滿佩服那位同事竟然端出商學院的理論來回答，過去沒人那樣講過。為什麼公司會付這麼高的薪水，給這麼多毫無經驗的人？答案是：我們只要一上線接聽電話，就可以替公司賺進更多的錢。那麼，我們毫無經驗，怎麼替公司賺錢？答案是：在投資銀行賺錢，靠的不是技巧，而是一些無形的東西——天分、堅持、運氣。這些人格特質真的那麼罕見、需要花大錢才請得到嗎？答案：可以這麼說，但也不是絕對，這正是最關鍵的問題。我們對公司百依百順的最高表現，就是從一開始就完全不過問資金的流通為什麼那麼順暢，以及這種情況還能維持多久。所羅門的交易室可能是華爾街裡最容易找到答案的地方，但多數人無意去找答案。

有人找主管玩3P，有人在電梯裡不肯出來

每天上完課，大約是下午三到五點，公司的人會催我們從二十三樓的培訓中心往四十一樓的交易室移動。一兩天沒去是無所謂，但如果你太少去交易室，大家會逐漸忘了你這號人物。在所羅門裡，被人遺忘等於失業，想被錄取就要積極，因為職位分發是由部門管理者挑人，不是由你來挑部

門。我們那年受訓結束時，有三名學員離開：一位被分派到達拉斯，但他拒絕接受；另一位是神祕消失，外傳他找一位高階女主管玩三Ｐ（所羅門容忍性騷擾，但不接受濫交）；第三位最有意思：他不敢走出電梯進入交易室。他每天下午就站在電梯裡上上下下，我覺得他確實想走出電梯，只是害怕。後來培訓課程的負責人也耳聞了他的怪異行徑，親自到四十一樓的電梯口觀察，目睹這位嚇壞的學員站在電梯裡一個小時，跟著電梯上上下下、開開關關一個小時，有一天他終於離職了。

你膽子比較大的時候，會在交易室裡走動，尋找願意收你為徒的老闆，我們稱之為師父。去交易室也是為了學習，一般來說，你會想要直接踏進交易現場，挑一位不錯的老師，請他指導你。但這通常很難做到，第一，學員本來就毫無價值。第二，交易室裡有很多隨時可能引爆的地雷，最好不要逕自走過去打招呼，以免誤觸地雷。這樣說或許不公允，其實很多交易員還滿客氣，如果你跟他打招呼，他們頂多是不理你而已。

但萬一你誤觸地雷，你們的對話可能像下面這樣：

我：你好！

交易員：你他媽的是從哪顆石頭裡冒出來的？老喬、老鮑，快來看這傢伙的吊帶！

我（漲紅了臉）：我只是想請教您幾個問題……

老喬：他以為他是誰啊？

交易員：老喬，我們來考考這個傢伙好了！來我問你：利率走高時，債券價格的走勢如何？

我：會下跌。

交易員：好極了，你拿了個A！我要去忙了……

我：您什麼時候有空……

交易員：你以為這裡是哪裡，當我在開慈善機構嗎？我在忙！

我：我幫得上忙嗎？

交易員：幫我買個漢堡，要加番茄醬。

所以，我總是小心翼翼，這裡要注意的小規矩成千上萬條，但我一無所知。交易室裡到處都是業務員、交易員、管理者，一開始我根本分不出來。當然，我知道這三種工作的基本差別。業務員是面對投資人的窗口，交易員負責下單，管理者抽著雪茄。但除此之外，我就搞不清楚了。多數人都是同時講兩支電話，緊盯著全是數字的綠色小螢幕。他們先對著一支電話大喊，接著再對另一支電話大叫，然後向對面的人嚷嚷，接著又回到電話上，最後指著螢幕破口大罵：「幹！」在同一件事情上專注三十秒就算很長了。身為學員，亦即所謂的人下人，我做了每位學員都做的動作——站到一位忙碌的交易員旁邊，不發一語地觀察，當個隱形人。

證明自己的價值之前，你只是個領乾薪的人

當隱形人實在很尷尬，不過這正是訓練的目的。有時我站了一個小時，才有人正視我的存在，有時只要站幾分鐘就行了。但即使只是幾分鐘，感覺都像一輩子那麼漫長。我心想：「誰正在看我這副狼狽的模樣？別人對我不理不睬，我都無所謂嗎？求求你們關心一下我這隱形人好嗎？」我動也不動地站著，交易員卻忙得不可開交，這種對比令人特別難受，更突顯出我的無能。但一旦我站到某位交易員旁邊，在他沒有正式回應我以前，我很難就此離開。離開等於是承認失敗。

其實，在交易室裡也沒別的地方可去，交易室的長度約是足球場的三分之一，有一排排相連的桌子。交易員排排坐形成一道人牆。兩排桌子間的走道很窄，兩個人必須側身才能擦身而過。學員在裡頭亂走，可能會惹惱這些工作中的大將。從董事長古弗蘭以下的管理高層都喜歡在交易室裡巡邏。在一般企業裡，中級主管會以笑臉迎接學員，因為學員代表公司的未來。但所羅門不是一般企業，學員在證明自己的價值以前，大家都覺得你是領乾薪的人。既然有這樣的原罪，學員都不想撞見老闆。可惜，這由不得你，老闆無所不在。他只要看到你繫著的紅色吊帶，上面還鑲著金色的美元符號，一眼就能看出你是個乾領薪、毫無貢獻的學員。

縱使你不繫紅色吊帶，刻意保持低調，別人還是很容易一眼就看穿你是學員。學員和交易室的步調顯得格格不入，交易室和金融市場的動態同步，彷彿綁在一起。例如，每次美國商務部發表重

要的經濟指標時，債市都會震盪，債券交易室也會跟著騷動。市場決定哪些資料重要，哪些不重要；這個月是美國貿易逆差，下個月是消費者物價指數。重點在於交易員知道這個月該注意哪個經濟指標，但學員不知道。

上午八點半，所羅門的交易室可能屏息以待重要的經濟數據，現場氣氛焦躁又充滿期待。大家隨時準備好起身大喊，買進或賣出數十億元的債券，為公司帶進數百萬元的獲利或虧損。這時總會有學員正好進來，搞不清楚狀況，脫口就問：「我要去買早餐，有沒有人要我順便帶點什麼？」總之，學員就是白癡。

有一位學員運氣很好，不需要忍受這種磨練。他叫米倫．山姆斯（Myron Samuels），和市政債券部門的主管老早就談妥了。所以我進公司時，他已經和兩位常董及一位資深交易員共乘上下班。據傳，他和公司高層有親戚關係，另一說法則說他是天才。總之，他完全善用了這個優勢，在交易室裡大搖大擺地走動，展現連交易員都罕見的自信。

由於山姆斯沒有工作壓力，他可以開心地來上班，就像親子日來公司參觀的孩子一樣。他可以到市政債券部找個位子坐下來，打電話叫擦鞋工來，再打長途電話給朋友，點根雪茄，把沒擦的鞋子放在桌上。常董經過他身邊時，他會像老友一樣吆喝打招呼，沒人敢像他那麼囂張。一般來說，愈高層的主管對山姆斯愈客氣，我想是因為愈高層的人愈清楚他的來歷。不過，還是有少數人看不下去，但無論如何，沒人敢在市政債券部門動他一根寒毛。有一次我經過那裡，聽到兩位副總在談他，一人說：「我真受不了那個傢伙！」另一人說：「我也是，但又能怎樣？」

為了避免去交易室時被修理，我都會刻意保持不動，最好是站在角落。我對交易室裡的臉孔都很陌生，唯一例外是古弗蘭，我在雜誌上看過他的照片，對我來說他比較算是名流，而非企業家。因為我不認識他們，要躲人更不容易，很多人都長得很像，他們大多是白人男性，都穿棉質襯衫。有位日本學員告訴我，他一輩子分不清楚這些人誰是誰。

所羅門紐約總部的四十一樓是公司的權力核心，不僅目前的高階主管在這層樓，未來的管理高層也從這裡拔擢。你得從他們走路的模樣，判斷你應該接近誰、避開誰。在交易室待這麼久，我覺得愈自在嗎？或許吧。不過，即使我在公司裡站穩了陣腳，每次走進四十一樓，還是會有些許的恐懼。不過，我可以感覺出自己進步了。有一天我在扮演隱形人時，原本覺得自己是下等人，這時突然衝進一位財務部的人員，穿著西裝，和交易室的風格格格不入，因為這裡沒人穿西裝。他應該是第一次來交易室，他站在混亂的交易室裡東張西望。有人突然撞到他，還不客氣地罵他走路不長眼。

長眼？他本來就一直站在那兒啊。他當時的樣子，似乎覺得全世界都盯著他看一樣，他開始慌了起來，彷如忘詞的演員。他可能忘了自己來這裡的目的，然後他就走了。我看到這景象時，腦中突然有個低級的念頭，糟糕的想法，不可原諒的意念。不過，那個念頭證明我已經進化了。當時我心想：真是個窩囊廢，完全搞不清楚狀況！

第4章
前輩們現身說法

過了四週以後，學員們開始進入狀況。上課前，會悠哉地打混開玩笑，在教室裡吃貝果，喝咖啡，看《紐約郵報》，針對當晚的球賽下注。《紐約時報》的填字遊戲已經印了一百二十六份，發送到大家手裡。有人拿教室前那支電話打紐約色情專線，接上擴音喇叭，教室裡充滿了淫聲浪語。我習慣利用這一小時的時間吃猶太餡餅。

啪！麥可斯・強森（Max Johnson，前美國軍戰鬥機駕駛）冷不防地把紙團丟向四眼田雞李奧納・布利克（Leonard Bublick，印地安納大學的ＭＢＡ）的頭。這種事經常發生，所以布利克應該不會感到意外才對，但他一副想找出是誰幹的樣子。「布利克，髮型不錯喔！」一位後排學員把腳舉到強森旁邊的椅子上。

「幼稚！」布利克罵道。

這時蘇珊・詹姆斯（Susan James）剛好走進教

室，打斷了這齣鬧劇。詹姆斯的角色很奇怪，她是我們的保姆兼培訓計畫的規畫者，怪的是，如果她做得很好，公司給她的獎勵竟然是允許她參加未來的培訓課程。她和大家一樣，也想進交易室工作，只不過她與交易室的距離比我們遠了一步。

也因為她離獲利核心遙遠，所以她對我們來說毫無威信可言。她頂多只能去打小報告，但其實她也不敢隨便告密，因為我們是她未來的老闆，她想和我們維持良好關係。等我們進了交易室，她變成學員以後，她就得來求我們給她工作了。學員都知道，她頂多就像代課老師一樣無足輕重，所以大家要不是消遣她，就是壓根兒不鳥她。不過，現在她有個重要的訊息要宣布。

「各位別鬧了！」她近乎哀求大家，就像營隊輔導員在父母即將來訪前一樣，「吉姆・麥錫（Jim Massey）馬上就要來了，你們這一班在公司裡的名聲已經夠糟了。」這倒是實話。幾天前，一位後排學員用紙團丟債市研究部主管的頭，讓那個主管氣得臉色漲紅，足足大罵了五分鐘。他一直找不出是誰幹的，所以下課前，他揚言要報復我們全班。

被開除的最快方法，就是吹噓自己賺了多少錢

詹姆斯已經對我們強調不下十次，麥錫來講課雖然只有半小時，但他對我們的印象，會影響我們這輩子的職業生涯——也就是薪水！我們當時都以為，麥錫是幫古弗蘭扮黑臉的人。在美國企業

裡，這是一種老闆心腹負責的特殊任務，用膝蓋都可以想像他會怎麼修理那些不聽話的學員。他有個特色，就是不苟言笑。他的正式職務是所羅門執行委員會成員，負責銷售業務，也握有我們的生殺大權，主宰交易室旁那片職務分發的黑板，只要他大筆一揮，你的名字就可能從紐約飛到亞特蘭大。學員都很怕麥錫，對此他似乎也頗為得意。

表面上，麥錫是來回答我們有關公司的問題，我們才來受訓幾週，應該對公司都有一些疑問。其實我們必須提問才行，詹姆斯說：「你們最好問出一些好問題。切記，第一印象很重要。」

麥錫留著一頭短髮，下巴有稜有角，幾乎可以切開蛋糕。他穿著灰色的西裝，前胸口袋不像其他董事還塞了手巾。他的穿著樸實，舉止像個優秀的運動員，不拖泥帶水，彷彿在儲備精力，以待需要時爆發出來。

他簡短地說了幾句話，重點是強調所羅門的企業文化非常獨特，值得讚賞。是的，我們都知道所羅門是全世界最好的投資銀行之一。沒錯，我們所羅門強調團隊合作（哪家公司不是？）沒錯，我們知道所羅門向來很低調，你想被公司開除的最快方法，就是上媒體吹噓自己賺了多少錢。或許大家都聽過所羅門洛杉磯分公司那傢伙的下場了，他悠閒地躺在游泳池畔，向《新聞周刊》吹噓他的身價有多高——沒錯，他後來被開除了。沒錯，我們知道所羅門有三十億美元的資金，是金融市場上最強大的勢力。沒錯，我們知道無論我們多有成就，都不配和交易室的人喝咖啡。沒錯，我們知道我們不需要太擔心自己的前途，讓公司（也就是麥錫）來將我們分配到不同部門就行了。

麥錫就像所羅門其他高階主管一樣，一九八五年因公司連續幾季盈餘都創新高而意氣風發。那不單是所羅門的紀錄而已，更是整個華爾街的紀錄。他不可能出錯，從他那番話聽來，公司也不可能出錯。不過，他請大家提問時，現場鴉雀無聲，大家都嚇得不敢吭聲。

我當然什麼也不會問。他絕對知道很多我想知道的事，但我覺得他要大家發問其實不是真心的，有這種想法的人不只我一人。例如，沒人敢問，為什麼你要求我們必須對媒體三緘其口，但國內各大商業雜誌的封面上卻常可見到古弗蘭圓滾滾的臉？也沒人敢問那一個大家真的想知道的問題：未來幾年，我們會賺多少錢？還有一個沒人敢問的明顯問題是：他會不會擔心公司擴張得太快了？（沒錯，這點連學員都看得出來。）我們全都默不作聲，不知道該問什麼。那一刻我記下了當下的感想——這就是公司和學校的差別所在，麥錫要的不是有求知慾的人，而是狂熱的信徒。

詹姆斯坐在前排，就在我的旁邊，看起來像個不知所措的保母，「拜託，你們快提問啊！」終於，我右邊有一位前排學員舉起手來。我看清楚那人是誰後，不禁閉上了眼睛，等著看他出糗。

他沒讓我失望。這位一心想賺大錢的年輕人問：「請問公司有考慮在東歐地區設立據點嗎，例如布拉格之類的？」

例如布拉格之類的！要是台上講者不是執行委員會的成員，這時教室恐怕已經紙團滿天飛，一群人鬼叫一通了。不過，後排還是傳來怪聲，彷彿十幾位年輕人努力憋著不笑出來似的。所羅門成立七十五年來，可能沒想過到布拉格開分公司吧。

不過，麥錫卻像國務院的發言人一樣，一本正經地回答這個問題。他顯然比較希望有人問他：「你覺得你在所羅門成功的祕訣是什麼？」不過今天他恐怕得自認運氣不好了。

你們這些學員真他媽的不知天高地厚

麥錫離開後，隔了一個月，才有他那個層級的高階主管來培訓班講課。也許他回去以後告訴他們那幫人，我們這一班很糟吧。不過，後來連續來了幾位大老，包括很受大家歡迎的執行委員會成員戴爾．霍洛維茲（Dale Horowitz），緊接著董事長本人也來了。

霍洛維茲是老派的投資銀行家，五十多歲，手腕靈巧，人脈亨通。有朝一日時機成熟時，他應該是開設和經營布拉格分公司的不二人選。他個頭高大，經常搖頭晃腦，那張臉總是讓我想起卡通人物瑜珈熊（Yogi Bear）。

他來講課前，我只知道他和古弗蘭一樣都是靠市政債券闖出名號，我有幾位猶太裔的朋友很崇拜他。他展現出最典型的大老形象：慈祥睿智，愛抽大雪茄，大家都叫他「戴叔」（Uncle Dale）。他不願站在講台上，而是坐在教室前方的椅子上，張開雙臂。他說，家庭遠比事業重要，我想這番話應該是多數學員在受訓期間聽過最奇怪的話。接著他以低沉溫和的聲音說，他願意回答我們想問的任何問題。真的沒關係，不要客氣，大家盡量問。

好幾隻手舉了起來。我想這會是大家期待已久的「百無禁忌問答時間」。教室中央有人提出當天第一個好問題：「為什麼阿拉伯人把所羅門列入黑名單？」戴叔皺起了眉頭，他反問：「你為什麼會想知道？」他一臉不悅，像隻生氣的瑜伽熊。阿拉伯人的黑名單是個禁忌話題，不過我想不通原因。即使不是大偵探，也可以發現我們名列黑名單（不過想知道如何從黑名單上除名，倒是需要〇〇七情報員的本事，這顯然要派外交使團到大馬士革才有用）。所羅門和大宗物資交易商菲利普兄弟（Phillips Brothers）合併時，阿拉伯人就切斷了和所羅門的關係。我聽說，菲利普兄弟和以色列有關聯。我想，油價崩盤後，黑名單應該已經沒多大的殺傷力了。阿拉伯人如今的開支比收入多，現在油價每桶只剩十二美元，他們身為客戶，地位已經大不如前。這不算什麼企業機密，不過你幾乎可以看出，剛剛提問的學員已經被列入所羅門的黑名單了。

這下子，我們這群毛頭小子不敢再造次了，剛剛的安全感完全是一種錯覺，我們馬上意識到了這點。教室裡原本舉起的手紛紛消失，大家都趕緊把手抽離陷阱。不過，有個可憐的傢伙反應太慢，被霍洛維茲點名發問。

「為什麼我們可以容忍南非一家公司當我們最大的股東？」他問道：「難道公司不考慮股東的道德形象嗎？」

霍洛維茲狠狠地瞪了他一眼，那表情好像在說：「你們這些學員真他媽的不知天高地厚，還真敢問！」不過，這次他轉了轉嘴角的粗大雪茄，眼睛瞇成一條縫。南非的米洛高礦業公司（Minorco）持有十二%的所羅門股權。這次戴叔的回答是：沒錯，道德形象是一項考量因素（你能想像投資銀行家說道德無關緊要嗎？）但除此之外，他不願多談這個問題。

虧他還聲稱要我們「盡量發問」。

舉止怪異，是發了橫財後的自然表現

幾天後，換古弗蘭本人來了。這時我們已經知道，絕對不能對管理高層打開天窗說亮話，幾位學員打算在古弗蘭來講課的那個早上，乾脆以睡過頭為理由不來了。詹姆斯擔心在場的學員不夠多，冷落了大人物，還特地請祕書在清晨打電話到學員家裡，警告我們那天要是翹課就會被處罰。對我來說，這倒是沒必要，我本來就不想錯過那堂課，就像女星瓊·考琳絲（Joan Collins）要是來演講，我也一定會到場一樣。我並沒有預期古弗蘭會談什麼新鮮事，但我覺得應該可以從他的談話中學點東西。

常有人說古弗蘭講話故意學英國腔，不過以他現在的身分，他唯一像英國腔的語言是稱其他人為「夥伴」，例如「麥錫是個很有才氣的夥伴」。但我覺得，即使他那樣說也不算是學英國人講話，而是美國東北部的說法。我不覺得他是裝的，他唯一看得出來的裝腔作勢，是政治人物般的沉著冷靜。他冷靜從容到令人不舒服，也讓人起疑。每次我們問他問題後，他都會先沉默好一段時間才回答，似乎真的想知道我們提問的動機似的。一位學員問到所羅門對慈善公益活動的政策，古弗蘭沉默地站了良久到令人坐立不安的地步後，才皺著眉頭說，慈善公益是很難拿捏的議題，他希望我們能多多參與。

原本大家以為，古弗蘭是一位脾氣暴躁、講話粗俗的交易員，不過這天他展現出來的政治人物身段，倒讓人覺得意外可親。他不僅講話像政治人物，看起來也像政治人物。他圓滾滾的身材像邱吉爾，日漸稀疏的白髮像杜魯門，氣度恢弘像戴高樂（只是沒那麼高）。至於傳說中那個每天早上都準備好「一口咬掉熊屁股」，在華爾街以蠻狠出名、讓大夥兒聽了不寒而慄的人到哪去了？我們不知道，我想大家也沒興趣知道。他的名氣太大，大家反而忽略了他高傲的氣勢和意味深長的沉默。我們因為聽多了他的傳聞，不可能和他在辦公室裡閒聊聯合勸募之類的話題。沒人知道他去哪裡學會那副睿智政治家的風格，不過也沒人相信他那樣子是真的，只是讓人覺得危險罷了，就像眼鏡蛇勾魂的凝視一樣。

古弗蘭沒說多少話，只讓我們近距離看到世界一流金融家的風采，然後就走了。他也是最後一個來課堂上講話的所羅門管理高層。

我覺得，管理階層這些怪異的舉止，其實是意外發了橫財後的自然表現，他們仍沉醉在伏克爾和美國瘋狂舉債所帶來的好日子裡。這群人原本純樸，只能靠別人留下的殘羹剩飯過活，突然間，有人塞給他們一隻肥大的火雞。他們的工作還是跟以前一樣，但時來運轉，收入一夕之間暴增，生活方式也變了。

如果你平常循規蹈矩，也不怎麼關心存摺上的數字，當有人突然開了一張上千萬元的支票給你，你的反應可能和中了樂透頭彩一樣，因為自己的好運而開心極了，做夢也會笑。不過，如果你平常就非常沉迷於追求財富，你可能會覺得理所當然擁有這筆財富，認為這筆財富象徵著你的非凡特質。你會開始展現高貴舉止，談到所羅門獨特與企業文化時也不忘吹噓自己。

華爾街的人都很認真看待自己的收入，不管錢從哪兒來，我們的老闆也不例外。只不過，所羅門裡有些資深主管對錢的看法比較複雜，不是因為他們覺得自己的身價太高，而是因為他們對美國舉債暴增的現象感到不安。一般而言，他們愈清楚先前經濟大蕭條的景象，就愈擔心美國嚴重的舉債問題。

國家債台高築，我們正是幫兇

我進公司時，所羅門債券研究部的主管亨利．考夫曼（Henry Kaufman）就是最積極質疑這現象的人。他是債市大師，也是所羅門的良知。他告訴投資人，哪些迅速流通的債券會漲或跌，而且預測通常都很準，所以他縱使不是英語世界裡的名人，至少對《華爾街日報》的讀者來說名氣也非常響亮。然而考夫曼卻有「末日博士」之稱，所羅門因為有他而在債市裡成果輝煌，但他似乎希望這榮景趕快結束。

一九八七年七月，他在《機構投資人》（*Institutional Investor*）裡寫道：一九八〇年代最引人注目的一件事，就是債務的爆炸性成長，遠超過歷年來的水準。無論從債務相對於國民生產毛額（GNP）的比率，或是相對於貨幣供給擴張的比率來看，那數字都超乎尋常。我覺得這是金融體系自由化的結果，我們鼓吹金融創業精神，但缺乏適度的紀律和防護機制，這就是我們的現狀。

這就是我們的現狀——不顧後果地瘋狂舉債，如今債臺高築。所羅門正是這群金融創業家中的領導者，考夫曼的意思是說，我們正是幫兇。

美國人大多把華爾街當成股市的代名詞，但是為一九八〇年代的華爾街定調，並主導華爾街態勢的，其實是債券市場。所羅門當時正值轉型的關鍵期，憑藉著優異的債券買賣技巧，再加上天時地利，因此日進斗金。但在此同時，所羅門只是盲目地買賣，並不知道債市的爆炸性成長會出現什麼結果。對於這些橫財該怎麼處理，大家的意見不少，交易員原本就對什麼事情都愛說幾句，但通常他們不是自以為是就是在自嗨。從一九八〇年開始，所羅門搭上美國企業史上最浩大、最多油水的熱潮，對自己的表現亦頗為自豪。

切記：在市場上，言者不知，知者不言

上了近八週的培訓課程後，我開始把講師的面孔都混在一起了，分不清誰是誰。不過，一位有布魯克林口音的交易員倒是很特別，他乾咳個不停，坐在前排一邊抽菸一邊講課。他和一般的交易員很不一樣，但一開始我也說不出個所以然，後來我恍然大悟，差別在於：皺紋。

這人看起來年紀很大，他對工作的態度，看在我們眼裡多了一份情感。他不時會說出一些妙言雋語，例如「做交易時，我從來不會停下來沾沾自喜。因為我一得意忘形，接下來通常是樂極生悲，那一點都不好玩。」有人問他成功的關鍵時，他說：「在盲人的世界裡，獨眼龍也能稱霸。」最棒的是，他對於市場上的消息提出了一條法則，我後來覺得受益良多：「言者不知，知者不言。」

他指的，是股市。他隸屬的股票部門，是個宛如一灘死水的地方，裡頭包含「達拉斯股票部」那種毫無前途的單位，大家都不想去。想避免被丟到達拉斯分行交易股票，最重要的一件事，就是千萬別和股票部的人打交道。只要不讓他們相中你，他們就不會把你找去他們的部門，所以，當股票部的講師來上課的那一週，大家都會盡量壓低身子，希望下課後永遠不會再碰到他們。

這麼說，並不是批評股票部門的同仁不夠優秀（其實所羅門是華爾街首屈一指的新股承銷商，股票交易量也名列前二或前三名），只不過在所羅門裡，股票部的人算是次等公民，相較之下他們賺的錢比較少。

所羅門的主要交易室在四十一樓，但股票交易部在四十樓。四十樓的樓身很低，沒有窗戶，猶如機房。那裡除了股票交易員以外，還有許多債券業務員，只有大尾業務員才在四十一樓。就像在夜間森林裡，你會聽到響個不停的蟋蟀聲，在四十樓你也會聽到上百位交易股票和債券交易員兜售、叫囂的聲音此起彼落。四十一樓的人還會透過擴音器，對著四十樓的業務員吼叫，要他們多賣點債券。有一次公司銷售雷佛柯（Revco）連鎖藥局的債券時，我正好經過，聽到擴音器傳出這麼一句話：「拜託！我們賣的是債券，不是真相！」雷佛柯後來破產了，無法清償那些債券。總之，四十樓的日子不容易混。

四十樓離權力核心四十一樓的距離，遠比實際上的一樓之隔更遠。四十樓另有一部專用電梯，儘管四十樓和四十一樓的人整天通話，卻從來不打照面。公司的通訊系統相當先進，但人際關係卻相當原始。達拉斯業務員和四十一樓的距離，可能跟四十樓的業務員感覺一樣，或許達拉斯的業務員在某些方面還離權力中心近一些。至少他造訪總部四十一樓時，因為遠道而來，常董還會跟他打招呼。

你想看人家臉色，還是讓人家看你的臉色？

人生總是風水輪流轉，這點從股票部門看得最清楚。股市曾是華爾街最大的收入來源，買賣佣金優厚、固定，而且不能議價。每次股票一轉手，股票經紀人就可以抽取可觀的佣金。而且交易不需要太多人工處理，經手一筆兩百股的單子和經手一筆一百股的單子，前者的抽佣是後者的兩倍，但工作量完全一樣。一九七五年五月一日，固定佣金制結束（經紀人稱這一天為「五月變天」），此後佣金一如預期大幅下滑。哪家經紀商的收費低，投資人就找那家交易，這導致一九七六年華爾街的營收銳減了六億美元，原來可靠的印鈔機就此停擺。

就在這時候，債市開始出現爆炸性的成長。跟債券部比起來，股市業務員和交易員的收入相形見絀。他們的獲利還是不錯，但和債券部相比猶如小巫見大巫。例如，股市交易員就絕不可能玩一把一百萬美元的老千騙局——他們哪有那麼多錢？

我們這些學員一心只想賺大錢，所以股票部門得想辦法說服我們加入才行。債券部門的講師對我們愛理不理，但股票部門的講師都會大力推銷他們的部門。他們的言談給人一種可憐的乞求感，讓我們更不想加入。我們這些學員或許很多方面都反應遲緩，但在觀察風向這件事情上，倒是相當敏銳。我們知道，一般而言我們愈想去的部門，講師對我們的態度就愈冷漠。從這裡我們得到的啟示是：想獲得最好的工作，就得學會逆來順受。

就這一點而言，客戶其實就和我們這些學員一樣。股票部的人得討好我們，也必須討好客戶才能拉到生意。美國股市競爭非常激烈，投資人可以透過所羅門買進ＩＢＭ的股票，也可以透過其他四十家券商購買。相反的，債券部門的講師可以不把我們放在眼裡，就像他們吃定客戶那樣，因為所羅門在特定的債券市場幾乎是獨門生意。

從我們受到的對待，就可以推知每個市場的行為標準，以及所羅門在那個市場裡的主導程度。學員雖然沒有明講，但大家都心知肚明——加入股票部門，就得看人臉色；加入債券部門，可以給人臉色看。

電視主播說今天市場上漲二十四點，他是指哪個市場？

儘管如此，股票部的人似乎都過得挺快活的，不過我是認識他們一陣子以後才了解原因。他們覺得自己的工作壓力不像債券交易員和業務員那麼大，他們就像布洛蓋爾（Breughel）田野畫作裡的農民一樣，已經學會隨遇而安，對單純的生活感到心滿意足。在紐澤西岸的房子也不錯，不必住高級的漢普敦。去佛蒙特州滑雪也不賴，不必遠赴瑞士策馬特。我雖然不太能理解他們的想法，不過股票部的人的確有所謂的生涯規劃，他們經歷過多頭市場、空頭市場、牛皮市場。只要他們心愛的股市還在，他們並不在意收入較少。他們拚命向我們傳達工作的熱情，還在培訓課程一開始就發給我們每人一本書，裡面收錄了許多詩句和名言。可惜，那本書一翻開，就是以下這段股市人寫的文字，標題是「交易員回憶錄」：

> 他後來發現，市場就像大海，必須對它抱著敬畏之心。你在平靜的仲夏日出海，航行在平順的海面上，微風徐來，你快意地在海中游泳，徜徉在陽光下，在輕輕擺動的洋流中昏昏欲睡。突然間，一陣冷風襲來，烏雲籠罩，陽光隱沒，雷電交加，波濤洶湧，脆弱的船身在波浪間顛簸，大浪打進了船內，把半數船員都掃落大海……你被沖上了海岸……衣不蔽體，筋疲力盡。你癱倒在沙灘上，慶幸自己撿回了一條命……

股票部不僅經歷驚濤駭浪，也得忍受回絕的痛苦，令人看了辛酸。每天股票部的主講人拉斯羅伯靈伊（Laszlo Birinyi）都會對我們大力推銷股票部的優點，試圖打動我們，但每天都沒有效果。伯靈伊的宣傳重點，就是提出以下這個問題：傍晚六點半打開電視時，主播丹・拉瑟（Dan Rather）說今天市場上漲二十四點，你認為他是指哪個市場？

伯靈伊說：「你以為他說的是A級公司債嗎？哈！他說的是股市！」也就是說，加入股票部門，你媽媽才會知道你在做什麼工作。

伯靈伊也會強調股市的悠久歷史和文化。他說，從諧星威爾・羅傑斯（Will Rogers）到經濟學家約翰・高伯瑞（John Kenneth Galbraith），大家都投資股市。加入股票部門，就等於加入比我們龐大許多的東西。我不確定大家是否都懂他所謂「龐大許多的東西」是什麼。即使大家都懂，那東西也肯定不是股市，所以伯靈伊的訴求不曾奏效。股市的歷史和文化都不曾讓我們動心，伯靈伊的說法總是在無意間讓股市顯得更沒吸引力。那整本書的文字，都像那篇「交易員的回憶錄」一樣虛假，例如其中引用一句渥特・古特曼（Walter Gutman）的話：「股票行情系統就像女人一樣瞬息萬變，常令人失望，但偶爾又會展現意想不到的熱情。」想起自己性愛風流史的男學員，看到這些文字可能會臉紅心跳，但天曉得女學員會怎麼想？

不過，股市人的骨子裡本來就不重視書本與學校教育，他們比較在乎的是實務經驗。他們引用股市傳奇人物班傑明・葛拉漢（Benjamin Graham）的話，來支持自己的論點：「股市中，愈複雜難懂的數學公式，得出的結論愈不可靠，也愈危險……只要看到微積分或高等代數，你都應該把它當成警訊，因為這意味著操盤的人想以理論取代經驗。」

對班上八十位企管碩士和十五位博士來說，這一點實在很荒謬。如果法律規定必須用弓箭打獵，就算給你火箭筒又有什麼意義？股票部門似乎非常落後，他們也意識到自己的宣傳論點不合時宜，所以有一天他們乾脆不鼓吹了，改派部門內的「青年才俊」來現身說法。

他們派出的那個人，是股票部當紅的新人，他的任務是以才華讓我們刮目相看，以技術讓我們目眩神迷。他在股票部中最新、最熱門的單位工作：程式交易小組（後來被認定為一九八七年十月股災的罪魁禍首）。他先向學員說明他的專長，接著讓大家提問。芝加哥的MBA法蘭奇・賽門（Franky Simon）先上場修理他。

賽門問他：「你交易股票選擇權時，會針對γ（gamma）和θ（theta）避險嗎？還是只針對Δ

（delta）避險？如果你不針對γ和θ避險，那是為什麼？」

那位股票選擇權專家一直點頭了約十秒，我不確定他是否聽得懂問題。這個問題很刁鑽，我們學員也不懂，但我們覺得，有自尊心的選擇權交易員都應該避免被學員考倒。這位選擇權交易員不得已，只好以自嘲的方式化解尷尬。他說：「其實我不知道答案，或許正因為如此，我交易股票時都沒問題。我會去找答案，明天再回覆你，我不太精通選擇權理論。」

賽門說：「那就是你待在股票部的原因。」

這句話，根本是公然打臉，但股票部這位青年才俊並沒有反擊，他只是縮起身子，強忍著痛苦——被學員公然鄙視，真的很丟臉！到後來，我們甚至認為一個人在股票部出沒，都是一件很丟臉的事。所以當股票部展開招募活動時，可以想見我們有多恐慌。

客人講的笑話再冷，我們都得大笑回應

伯靈伊堅持要和我們每個人共進晚餐，這一來，似乎每個人都有可能分發到達拉斯股票部，大家一聽都慌了。

很多人設法讓自己變成股票部避之唯恐不及的人物，但即便如此，也沒人敢保證自己是安全的。據傳股票部列了一份他們「感興趣」的學員名單，接著又丟出一個震撼彈，聽說股票部正在規

畫遊艇出航計畫，他們打算邀請名單上的學員參加，進一步了解他們。

這是真的嗎？沒錯。伯靈伊已經鎖定六位學員，只是這六人是誰，我沒打聽出來。後來股票部發出邀請函時，答案終於揭曉了。其中四位是後排學員，顯然這世界還是有公理正義存在，另一位是山姆斯，不過他大可一笑置之，因為他已經確定可以加入市政債券部門。至於第六位，就是我。

我彷彿是透過媒妁之言成親的新娘，結婚那一天才第一次看到新郎的可怕面貌，除了驚聲尖叫，別無選擇。我對自己在所羅門的前途幾乎無權置喙，我的影響力薄弱又不直接，頂多只能靠常董幫我說話。想要脫身的唯一辦法，就是刻意冷落股票部門的人，同時設法說服其他部門的常董邀我加入。但我可能會因此得罪股票部，他們可能會想辦法讓我離職。他們權力不大，但是要開除我並不需要多大的權力。

遊艇從曼哈頓的南端出發，股票部的人開始對我們展開緊迫盯人的策略，大力推銷股市的優點。學員們四處閃躲，像應賽的拳擊手一樣。在船首待三分鐘後，移到船尾三分鐘，然後再移到機房，就這樣團團轉地閃躲。遊艇似乎變得愈來愈小，尤其在航行一小時後，你會感覺整艘遊艇就像救生筏一樣小。當海水拍打船身時，我想，很快就有人開始背誦〈交易員的回憶錄〉那段文字了。

股票部根本就是霸王硬上弓。他們盯上你之後，先灌你幾杯威士忌，等月亮高掛在華爾街上，他們就把遊艇停在看得見證交所的方向。接著一位常董搭著你的肩，說你是個不可多得的人才，何不加入注定讓你前途大放異彩的股票部，一展長才呢？想想股市的歷史！再想想股市的文化！

不過，當時我腦海裡只想到在華爾街生存的法則：千萬別在別人的船上答應任何事情，否則隔天早上一定會後悔莫及。我靈機一動，想出一個脫身之計。

山姆斯形容搭遊艇出航的隔天早上，是「土狼早晨」（coyote morning）——在衝動下的一夜風流後，你第二天早上醒來，才看清楚床邊女人的長相。你的手臂枕在她的頭下無法抽離，你又不敢驚動她，只好像掉入陷阱的土狼一樣，為求脫困而咬斷手臂，溜之大吉。

那天早上在陽光的照射下，股票部果然看起來就像麻子臉一樣噁心。

儘管如此，股票部從來沒放棄，他們會邀我們和股票部的最大客戶一起比賽壘球。前一天晚上還在我耳邊說盡好話的常董，今天居然已經忘了我的名字。他忙著跟客戶陪笑臉，沒時間顧及其他事。我們（所羅門隊）在這場球賽裡似乎只許失敗，不許成功。此外，客人講的笑話再冷，我們都得大笑回應。我擔任游擊手，故意漏接了幾個滾地球，還自己笑得跟傻子一樣——我們的客戶居然是這種德行！

我很慶幸，昨晚在船上把自己鎖在廁所裡。

像老兵一樣沉默，只關心獲利和鈔票

隨著培訓課程接近尾聲，後排學員對「老千騙局」愈來愈熱衷，班上有一半以上學員都想進債券交易部，他們已經不像一般人那樣喊「買」和「賣」，而是喊「出價」（bid）和「要價」（offer）。每個想當交易員的人，只要碰到能量化的東西，都想拿來賭一把。從巨人隊的得分，到日籍學員上課多久後會打瞌睡，甚至連《紐約郵報》最後一版的字數都可以拿來賭。每天早上都有一位學員在教室前面大喊：「我出價二十五美分，買你的甜甜圈。」

大家滿腦子想的都是債券。不想交易債券的學員，則想銷售債券。這群人裡有幾位女性學員，她們原本想當債券交易員，但所羅門只有男性交易員，女性只能負責銷售。從來沒有人質疑這種性別歧視的做法，不過大家都可以一眼看出公司為什麼不准女性當債券交易員——不讓女人接近權力核心。

交易員是代表所羅門下單，業務員則是交易員對外的窗口。業務員負責接觸退休基金、保險公司、儲貸業者等法人機構。這兩種工作需要的基本技巧截然不同，交易員必須熟悉市場，業務員必須善於人際互動，不過最優秀的交易員通常也是出色的業務員，因為他們必須設法讓業務員說服客戶買進甲債券，或賣出乙債券。一流的業務員也是頂尖的交易員，他們會找到願意把投資組合交給他們管理的客戶。

交易員和業務員的差別不僅在功能上而已。交易員掌握大權，原因不難明白。業務員的年終獎金是由交易員決定的，而交易員的年終獎金要看他的交易獲利多少。業務員拿交易員沒輒，但交易員可以完全掌控業務員。這也難怪公司裡常看到年輕的業務員緊張兮兮地跑來跑去，年輕的交易員則悠哉地抽著雪茄。在這種模式下，交易員日益囂張跋扈並不令人意外。

而且交易員是最接近資金的人，公司的高階主管都是交易員，古弗蘭也是交易員出身的。偶爾會有謠傳指出（可能是交易員自己捏造的），公司要開除所有的業務員，只留下交易員彼此愉快地買賣——誰需要他媽的客戶！

優秀的債券交易員腦筋靈活，精力過人。他們每天盯盤十二個小時，有時甚至多達十六個小時。而且他們不只觀察債市，還要注意數十個金融市場和大宗物資市場，例如股票、石油、天然氣、外幣以及其他可能影響債券市場的資訊。他們早上七點就坐定位，一直待到天黑才離開。他們大多不願意談自己的工作，像久經戰爭洗禮的老兵一樣沉默寡言。他們只關心獲利和鈔票，尤其是鈔票和鈔票能買的東西，以及有錢人享有的聲望。

一個名詞、動詞、形容詞都是髒話的人

我剛進所羅門時，對未來的生涯毫無具體規畫，所以什麼工作我都願意嘗試。不過，我認識許多債券交易員，發現他們都和我完全不同，所以我很快就知道自己沒辦法成為債券交易員。我覺得要成為交易員，就像把我變成中國人一樣困難。

看來，我只能當業務員，但我也發現當業務員也沒比債券交易員好到哪裡去，我進所羅門以

後，充滿了不適應，更慘的是隨著培訓課程逐漸接近尾聲，我對於在交易室工作愈來愈害怕。來幫我們上課的四十一樓債券業務員，理論上都是公司裡的精英，我或許可以把他們當成榜樣，但是他們看起來冷漠到難以親近。除了銷售債券以外，他們幾乎對任何東西都不感興趣，也鮮少提及所羅門以外的生活。他們的生活似乎都以四十一樓為重心，從這裡開始，也從這裡結束。我開始懷疑自己是否還沒準備好踏入這塊「陰陽魔界」。

在交易室裡表現優異的類型，比我原本所想的還要多元。有些來講課的人其實很糟糕，他們踩著別人往上爬，騷擾女性，羞辱學員。他們眼中沒有顧客，只有受害者。另外一些人則不然，他們令人敬佩，鼓勵周遭的同仁，公平待客，善待學員。重點不在於「大尾人物」本質上是邪惡的，關鍵在於，只要他持續為公司賺很多錢，好壞善惡根本無關緊要。四十一樓的惡人不會因為惡行惡狀而得到報應，他們都是愈過愈好（不過，他們的成功究竟是因為天性本惡，還是因為這一行本來就鼓勵惡形惡狀，那又是另一回事了）。交易室裡沒人在乎善行義舉，因為那不會獲得獎賞，也不會受罰。你想那樣也行，不那樣的話當然也可以。

公司裡最有野心抱負的人都集中在四十一樓，再加上公司對名利的追求毫無管制，所以這裡的人總是一副背腹受敵的樣子，就連最肆無忌憚的狠角色也是如此。這地方有個簡單的共識，不擇手段地追求一己私利是正當的，這是個弱肉強食的世界，你不吃人就等著被吃。四十一樓的人工作時會隨時留意周遭的人，提防別人暗捅一刀，因為你不知道手下是否正覬覦你的工作，想取而代之。

所羅門裡可接受的行為範圍很廣，由此可見自由市場的原則如何把大家的行為塑造成社會可接受的模式。這是最原始的資本主義，終將自我毀滅。

所羅門的學員當然不太擔心道德的問題，你不過是想在叢林裡生存罷了。能和永遠威風凜凜的人同屬一個團隊，你感覺無比榮幸。就像莫名其妙和校園惡霸結為朋友的小孩一樣，你通常會刻意忽略他們的缺點，以求庇護。身為學員，我們總是假設這些五花八門的人物很成功，接著再去了解他們成功的原因。我就是在這種心態下，首次發現「食人王」的存在。

食人王授課的主題，是政府公債，不過他對資金的運作瞭如指掌，其實談什麼主題都一樣駕輕就熟。他是唯一能讓債券交易員緊張的債券業務員，因為他比交易員還了解他們的工作。只要交易員對他報錯價格，他通常會用擴音器羞辱對方一番，其他業務員看他修理交易員時都很開心。

食人王個頭矮壯，像橄欖球隊裡的鉤球員。他最不尋常的特徵之一，是臉上永遠只有一種表情，他的黑眼珠很少轉動，就像黑洞一樣，即使動起來也像潛望鏡一樣緩慢。他的嘴形似乎從來不變，講話時嘴巴只按比例擴張和收縮，嘴型依舊。他開口閉口就是談利潤分析，不然就是出口成髒。

食人王那天講課是從痛批法國政府開始，法國政府發行一種債券，名叫季斯卡（Giscard）。沒錯，就是湯姆．沃爾夫（Tom Wolfe）《走夜路的男人》（*The Bonfire of the Vanities*）裡的季斯卡。沃爾夫是從所羅門交易員的身上得知季斯卡這種東西。事實上，沃爾夫為了幫他筆下虛構的債券業務員做研究，還來所羅門四十一樓待了一陣子，就坐在食人王的附近。

季斯卡讓食人王很頭痛，這是瓦勒里・季斯卡・德斯坦（Valéry Giscard d'Estaing）執政時的產物，一九七八年法國政府發行這種債券，籌募了約十億美元的資金，但這不是問題所在。問題在於，這債券在特定條件下，可以每盎司三十二美元的價格兌換成黃金。換句話說，持有價值三千二百萬美元的債券，可以不兌現，而是兌換成一百萬盎司的黃金。

食人王說：「這些法國佬臉都綠了。」因為債券可兌換時，黃金價格是每盎司五百美元，法國政府因此虧了很多錢。法國佬的愚蠢讓食人王看了就噁心，他說那是因為法國佬下午五點就下班，歐洲人的工作倫理 bêtenoire（可惡至極）。有一次所羅門的英國人和歐陸人抱怨加班時間太長，食人王還罵他們是「歐洲娘炮」（eurofaggot）。

食人王說完法國債券的故事後，拿出一些圖表說明公債套利的方法。他講課時，前排學員愈來愈緊張，後排學員開始咯咯笑，這讓前排學員又更緊張了，他們擔心食人王會修理我們全班。食人王說起話來髒話連篇，例如他會說「你他媽的在該死的交易中買進這債券的話，你他媽的就完了」，或是「你他媽的要是不注意該死的兩年期債券，你就等著被婊吧」。他的名詞、動詞、形容詞都是髒話，髒字無所不在。他的世界裡都是一些生物在幹來幹去，不然就是說誰被婊了。而且他是經常把這些話掛在嘴邊，猶如顏面抽搐一樣。他每次一開罵，後排學員就咯咯笑個不停。食人王是哈佛畢業的，覺得自己的行徑沒什麼大不了，他一向我行我素。

今天ＬＩＢＯＲ多少？ＴＥＤ多少？

公司的三大債券部門（政府公債、公司債、抵押債券）各派出幾十位業務員和交易員來為我們講課，我只記得其中幾位。食人王來自政府公債部門，滿嘴髒話的不是只有他一人，所羅門的交易室全都是這副德行。另一位來自公司債部門的人，用字遣詞更另類，他威嚇我們的方式更直接。食人王只嚇到前排學員，後排學員基本上沒在怕他。但這個來自公司債部門的傢伙，卻嚇壞了全班。

培訓課程進入第九週時，有一天早上他突然出現在教室裡，他名叫……呃，我們就姑且叫他「冷血人」吧。他講話帶點英國腔，一開口就讓現場氣氛冷下來。他個頭很高，可以一眼看遍全班（一排十二人，大約十五排，教室裡有一條從前面通往後面的台階走道）。他進教室後，一分鐘內不發一語，只是冷冷地瞪著一百二十七位神經緊繃的學員，讓人覺得度日如年。

冷血人走上台階走道，這時後排學員都嚇得魂不守舍，你可以聽到他們竊竊私語：「他到後面來幹嘛？他不能這樣，他……想……幹……什……麼？」但是他還沒走到後排就停住了，叫了一位坐在中間走道旁邊的學員，問道：「你叫什麼名字？」

「榮恩．羅森堡（Ron Rosenberg）。」學員答。

「好，榮恩，今天ＬＩＢＯＲ是多少？」冷血人問。

ＬＩＢＯＲ？ＬＩＢＯＲ？十幾位後排學員開始交頭接耳，「他媽的，什麼是ＬＩＢＯＲ？」

ＬＩＢＯＲ是倫敦銀行同業拆款利率（London interbank offered rate）的縮寫。在倫敦時間上午八點或是紐約時間凌晨三點會出現報價，所以我們七點上課以前，有整整四個小時可以找出ＬＩＢＯＲ的數據是多少。冷血人希望我們對ＬＩＢＯＲ和債市的其他數據都瞭若指掌。

羅森堡說：「今天早上的ＬＩＢＯＲ是七．二五％，比昨天高出二十五個基點。」這也未免太巧了吧，冷血人剛好問到班上知道ＬＩＢＯＲ的人，班上至少有一半的人不懂什麼是ＬＩＢＯＲ，更別說知道今天的報價了。

不過，冷血人無動於衷，他也沒恭喜羅森堡答對了，而是繼續往後排走，他每跨出一步，現場氣氛就愈緊張。

「你，」他對一位後排學員說，「叫什麼名字？」

「比爾．路易士（Bill Lewis）。」學員答。

「比爾，今天早上的ＴＥＤ利差是多少？」現場氣氛變得更加緊繃了。

ＴＥＤ利差是ＬＩＢＯＲ和美國三個月國庫券利率的差額。國庫券利率在上課前半個小時才出現報價，這還不打緊，路易士根本就不知道ＴＥＤ是什麼東西。他經常在狀況外，這時他臉紅了，咬著下唇，大膽地看著冷血人說：「我不知道。」

「為什麼不知道？」冷血人馬上反問。

「我今天早上沒看。」路易士說。

賓果！這正是冷血人走到後排想找的傢伙。他告訴我們，無知、懶散是所羅門無法接受的工作態度。古弗蘭喜歡強調，所羅門的學員必須掌握最新動態、能幹稱職。難怪交易室對我們的印象很差，他說完這些話就走了。不過，在離開以前，他告訴學員，他隨時會再回來。

我要知道，你到底睡過幾個女人？

後來我發現，四十一樓的人中，我最喜歡冷血人和食人王，他們從來不多說廢話，講話雖毒，但還算合理。四十一樓的問題都是那些蠻橫無理的人造成的，許多學員私下說他們是「囂張的混蛋」。你只要知道自己該做什麼，就能通過冷血人和食人王那兩關。但是，對於那種每次經過他的桌子、就會拿話筒砸你的交易員，你能怎麼辦？女性員工一落單，就會有已婚常董上前騷擾，她能怎樣？

有時候，講師中也會有人願意現身說法，讓我們更清楚了解四十一樓有多可怕。

這位講師是一位年輕的債券業務員，他去年才結訓，目前在四十一樓工作，他名叫理查·歐葛拉迪（Richard O'Grady）。歐葛拉迪一走進教室，就先關掉平常錄下教室實況的攝影機，接著關上門，然後檢查二十三樓窗外有沒有人偷聽，之後才坐下來。

他首先告訴我們，他是怎麼進所羅門的。他本來是所羅門的外部律師，通常當這些律師知道交易員原來這麼好賺後，會改行跑來當交易員。當時，是所羅門主動邀請歐葛拉迪申請加入的，他第一次面試是在某個週五下午，面試官是常董李．金麥爾（Lee Kimmell，我撰寫本書時，他已升任執行委員）。歐葛拉迪走進金麥爾的辦公室時，金麥爾正在看他的履歷表，金麥爾抬起頭來說：「名校安默斯特學院（Amherst）的優等生榮譽學會會員、運動健將、哈佛法學院，你應該上過很多女人吧？」

歐葛拉迪笑了笑。（不然還能怎麼反應？）

「有什麼好笑的？」金麥爾問。

「因為你說我上過很多女人。」歐葛拉迪說。

「那句話並不好笑，」金麥爾說，口氣變得有點不懷好意，「你究竟上了多少女人？」

「這是個人隱私。」歐葛拉迪說。

金麥爾用拳頭搥了一下桌子，「少跟我來這一套，我想知道，你就得告訴我，懂嗎？」

後來歐葛拉迪耐著性子熬過連串的面試，最後終於遇到柯伯特，就是當初面試我進公司的那個人。

「歐葛拉迪，如果我說請你來上班，你會怎麼回答？」柯伯特問。

「我很想來所羅門上班，但也想先回家考慮一、兩天再說。」歐葛拉迪說。

「你的口氣聽起來比較像律師，而不是交易員。」柯伯特說。

「柯伯特先生，我不是在做交易，而是做一筆投資。」歐葛拉迪說。

「我不想聽你們哈佛法學院的油嘴滑舌，我開始覺得我們可能找錯人了……我現在先離開，十分鐘後回來。回來時，你就要給我確切的答覆。」柯伯特說。

歐葛拉迪說，他當下的第一個反應是自己判斷錯誤，而且是天大的錯誤。接著，他以一般人的角度重新思考（歐葛拉迪給人的感覺如此清新，是因為他和四十一樓的其他人不一樣，他真的有人性）。今天是所羅門邀他來面試，這些豬頭憑什麼逼他立刻決定？歐葛拉迪愈想愈氣，柯伯特又不只離開十分鐘，讓他更加不爽。

「你的決定是……？」柯伯特一回來就問。

「現在你就算把全世界的錢都給我，我也不想到所羅門上班了。」歐葛拉迪說，「我這輩子從來沒見過這麼多混蛋，這份工作你收回去塞屁眼吧。」

「我終於聽到我中意的話了，這是你今天第一次講對話。」柯伯特說。

歐葛拉迪氣沖沖地衝出所羅門，到華爾街的另一家公司上班了。但這只是故事的開始。

歐葛拉迪說，他叫柯伯特把工作收回去塞屁眼後一年，所羅門又打電話給他，先對之前的行為致歉。這招還滿聰明的，因為現在歐葛拉迪不僅是頂尖的債券業務員，也是交易室裡罕見又亟需的善類代表（我記得我還看過他施捨零錢給乞丐）。所羅門再次打電話給歐葛拉迪並不奇怪，怪的是歐葛拉迪竟然會答應聽聽他們的說法。有位智者說過，我們從歷史中學到的唯一教訓是，我們無法以史為鑑。這次，歐葛拉迪答應跳槽到所羅門上班。

對付混蛋的祕訣是什麼？舉重與空手道

接下來，他要開始講我們想知道的事情了。「你們想知道怎麼應付這些混蛋，對吧？」大家點了點頭。

歐葛拉迪說，他比多數人更早發現與老鳥們周旋的方法。進公司不久後，他就記取了一個教訓。他說，一開始他是一位資深債券業務員的跟班，這人叫潘・金恩（Penn King），高頭大馬，一頭金髮，是所謂的「大尾人物」。有一天金恩叫歐葛拉迪幫摩根擔保公司（Morgan Guaranty）這家大客戶找出四種債券的價格。於是，歐葛拉迪去問負責這些債券的交易員。但交易員看到歐葛拉迪時問他：「他媽的你要幹嘛？」

「我只是要幾個報價。」歐葛拉迪說。

「我很忙。」交易員說。歐葛拉迪心想，好吧，我自己用報價機（Quotron）找看看有沒有報價好了。

歐葛拉迪操作報價機的鍵盤時（那是類似個人電腦的機器），金恩開始催他：「他媽的，我不是叫你去拿報價嗎？」所以歐葛拉迪只好小跑步去剛剛那位交易員的位子，交易員說：「媽的，拿去，自己看報表。」他丟給歐葛拉迪一張債券的報價單。歐葛拉迪回到自己的位子後，才發現報表上沒有他要的債券報價。

「他媽的報價在哪裡？」金恩問。

歐葛拉迪向金恩解釋他和交易員的對話經過。

「聽好，我告訴你怎麼做。」金恩發火說：「你去找那個混蛋，對他說：『聽好，你這個混蛋，我第一次來要報價時，你他媽的幫了個倒忙。現在你可以給我摩根擔保公司的該死報價了吧。』」

所以歐葛拉迪又回去找那位交易員，他覺得可以稍微修飾一下措辭，拿掉髒話，他腦中已經想好一套純淨版的說詞。歐葛拉迪打算這麼說：「不好意思，又來麻煩你了，不過摩根擔保是我們最大的客戶，我們需要你幫個忙……」

但當他走到交易員旁邊時，交易員起身對他大吼：「你他媽的又回來幹嘛？我告訴過你：我！很！忙！」

「混蛋！你給我聽著！」歐葛拉迪說，這下完全把純淨版的說辭拋到九霄雲外，「我第一次來要報價時，你他媽的幫了個倒忙，這次你可以給我摩根擔保公司的該死報價了吧，我現在就要。」這下換交易員跌坐到椅子上，歐葛拉迪的塊頭又正好是那交易員的兩倍大，他低頭盯著交易員一分鐘，又喊了一次：「混蛋！」交易員嚇得半死，對著辦公室另一頭的金恩大喊求救：「金恩！他媽的這傢伙是怎麼回事？」

金恩無辜地聳聳肩，完全置身事外。歐葛拉迪走回位子時，三、四位剛剛目睹整個過程的債券業務員起立鼓掌，金恩也咧嘴而笑。果然，兩分鐘不到，那位交易員就拿著報價過來了。

歐葛拉迪對著聽得入神的學員說：「從此以後，他就不敢再惹我了。」可想而知，他這麼一說，後排學員都歡欣鼓舞了起來，就像滿壘時擊出全壘打，看台的觀眾群起歡呼一樣。前排學員則聽得目瞪口呆，說不出話來。從先天個性和後天訓練來看，歐葛拉迪都是個溫和優雅的人。他的確有愛爾蘭人那種凶悍的性格，但是要對付四十一樓那種野蠻人的方式，也只有他這樣的人有辦法。

這故事給我們什麼啟示？很簡單，即使你曾是名校安默斯特學院的優等生榮譽學會會員、從哈佛法學院畢業、是運動健將、很有女人緣，但如果想在四十一樓立足，一定要給人下馬威才行。

對付混蛋的祕訣是什麼？

「舉重或練空手道。」歐葛拉迪說。

緊接在歐葛拉迪之後，下一個講師來自抵押債券的交易部，他讓我們更加確定上述的說法。所羅門最狂妄的大尾人物裡，可能除了梅利韋勒以外，就是抵押債券的交易員。抵押債券部是所羅門最賺錢的部門，也是學員最想去的單位，他們大可對學員惡劣一點也無所謂。我們的培訓課程也在抵押債券部講完課後結束。

抵押債券的交易區在四十一樓，介於電梯和我平常躲藏的角落之間，我躲的地方是我精心挑選的角落，那裡有一位和善的常董，他的小團隊裡大多是和善的人。這位常董其實已經答應我，不會讓我被分到達拉斯股票部，他也提供我臨時的棲身處。每天我搭電梯到四十一樓，準備衝向那位罩我的常董時，得決定是否要經過抵押債券部。而每天，我都覺得還是別經過那裡比較好。抵押債券的交易員散發出一種令人聞之喪膽的氣勢，我每天下午都得繞一大圈迴避他們。即使抵達角落，我的心裡還是七上八下。這些交易員喜歡拿話筒砸學員的頭，據說他們還特地安裝特長的電話線，以便拉大射程。我後來發現，他們也會對資深同仁扔話筒。在公司任職多年的人，即使經歷過各種羞辱，也不願經過抵押債券部。華爾街每家公司都有最惡劣的傢伙，所羅門裡，就屬他們最惡劣。

像我這種人加入公司，代表公司病了

抵押債券部的交易員雖然讓我敬而遠之，但我對他們的工作和老闆勒維・藍尼爾里（Lewie Ranieri）還是相當好奇。

其實每位學員都對藍尼爾里相當好奇，他是作風粗野，是個天才，也是所羅門的傳奇人物，從收發室小弟開始做起，一路爬上交易室，一手在美國開拓抵押債券市場，現在也在英國開始開拓類似的市場。大家常舉藍尼爾里為例，說明所羅門與眾不同的地方，他也證明了要在交易室立足，全憑實力。在所羅門裡，很多事情因為有藍尼爾里在，原本無法達成的事都達成了。我從來沒見過他本人，但以前看過他的相關報導，聽說他也會來幫我們上課。

結果他沒出現，而是派三位資深交易員代表他的部門來講課，他們三人加起來隨便都有四百公斤。他們一字排開，站在教室前面，中間那位抽著我看過最大的雪茄，便宜貨，但很大一根。三人中我只記得他。

他沒說些什麼，學員提問時，他都只是哼一聲，笑一笑。有數十位學員想進抵押債券的交易部，所以他們問了很多問題，但都沒得到答案。後來有位學員問了一個有點蠢的問題，這次抽雪茄的那位終於開口回應了，他說：「就憑你也想當抵押債券交易員啊。」接著那三位交易員一起大笑，好像三艘拖船一起鳴放汽笛一樣。

那位倒楣的學員和其他幾位學員都想成為抵押債券的交易員，但是最後只有五位中選，不包括我。我倒是無所謂，我後來被派到倫敦擔任債券業務員，後面會提到我在倫敦交易室所受的訓練。不過，這裡應該繼續說明抵押債券交易員的故事，因為他們不僅是公司的靈魂人物，也是一九八〇年代華爾街的縮影。

金融教科書裡提到曾為金融界帶來徹底改變的東西時，抵押債券市場是其一。我雖然人在倫敦，但仍密切注意這些抵押債券交易員，主要是因為我很好奇，這些面目猙獰的傢伙為什麼可以把生意做得那麼好。我也對藍尼爾里這號人物很感興趣，他和手下的交易員連續幾年都是華爾街最賺錢的人。我一點也不喜歡他們，但這可能也證明了他們有過人之處。

他們的存在是公司穩健發展的指標，就像我這種人加入公司代表公司病了一樣。我想，萬一他們離開所羅門，這家公司應該也差不多玩完了，只會剩下一群沒什麼衝勁的溫和派。

第5章
最大的敵人是……自己

我不是在做善事，而是在累積別人欠我的人情。
——西西里古諺

一九八五年一月，哈佛大學畢業的麥帝·歐利瓦（Marty Oliva）剛結束所羅門的培訓課程。值得慶幸的是，他被分發到大家夢寐以求的抵押債券交易部，但不幸的是，接下來的一整年，他將成為該部門惡整的對象。

許多資深交易員認為，幫助菜鳥開竅最好的方法，就是惡整菜鳥，給他們一點苦頭吃，他們才會知道自己是菜鳥。這些交易員，正是導致歐利瓦日後命運悲慘的罪魁禍首。

有幾位交易員常叫歐利瓦幫他們買午餐，他們會對他大喊：「嘿，菜鳥，拿點吃的東西來吧！」心情比較好的時候，態度會比較客氣：「歐利瓦，時候差不多了吧？」不過，對歐利瓦無需客氣，畢竟他是奴隸。他們不必告訴他要買什麼，因為每位學員都知道，抵押債券的交易員無時無刻都能吃下任何東西。

有些人是討厭的酒鬼，抵押債券交易員則是貪吃鬼。他們最不爽的事，除了吃東西被打擾外，就是沒東西吃。當你被派去買食物時，只要盡量多帶點食物回來就對了。

就在這個要命的一月天，可憐的歐利瓦從交易室爬了五層樓到自助餐廳。被其他學員看到自己變成部門奴隸是很丟臉的事，畢竟其他學員的處境都還稱得上自由。歐利瓦迅速在塑膠餐盤裡裝滿薯條、漢堡、可樂、糖果，以及幾十包巧克力餅乾，華爾街都知道，這些產品的生產工廠常收到紐約市衛生局的警告。

接著，歐利瓦趁警衛不注意時偷偷溜出餐廳，分文未付。你可以說，他這麼做是想證明自己的能力，或自我肯定，或是一位備受折磨的人想藉機發洩一下，也可能只是為了省錢。吃霸王餐在所羅門的餐廳裡並非罕見行徑，偷食物不是什麼滔天大罪。歐利瓦的最大錯誤，是他居然向一個的交易員吹噓這件事。

你慘了，證管會要來調查你偷走的食物

當天下午，歐利瓦接到一名男子打來的電話，那人自稱在證券交易委員會（SEC）特案組工

作，並表示ＳＥＣ有權監管華爾街各大公司的自助餐廳，他正在調查一件竊案，有人投訴所羅門的自助餐廳有三盤食物失竊，他想知道歐利瓦是否知情。

歐利瓦說，最好是啦！這位官員說，不，我們是認真的，華爾街的道德標準需要全面監督，不分層級高低。歐利瓦笑著掛上電話。

第二天早上，歐利瓦進公司後，發現常董麥可．莫塔拉（Michael Mortara）在等他。莫塔拉是抵押債券交易部的主管，當初就是他代表部門來為我們講課。交易室的人喜歡很模仿莫塔拉，有人模仿起來像電影《教父》（*The Godfather*）裡的馬龍．白蘭度（Marlon Brando），有人像電影《慾望街車》（*A Streetcar Named Desire*）裡的馬龍．白蘭度。

莫塔拉一臉不悅，他把歐利瓦叫進他的辦公室。「歐利瓦，我接到ＳＥＣ特案組的電話，不知如何是好。你從公司的餐廳偷東西，是真的嗎？」他問。

歐利瓦點點頭。

「你在想什麼啊？我現在真的不知道會出什麼事。好吧，你先回座位，我會再找你談，這事情很麻煩。」莫塔拉說。

接下來那一整天，歐利瓦像中了樂透頭彩、卻遺失彩券的得主一樣焦急。歐利瓦雖然年輕、老被惡整，但他畢竟日後也會是交易室的大尾人物。美國抵押債券市場是世界上成長最快的資本市場，所以交易抵押債券是所羅門裡最好的工作。所羅門的交易室主導整個華爾街，所以一九八五年所羅門最好的工作，很可能也是整條華爾街上最好的工作。

在所羅門交易室待上兩年，年輕的抵押債券交易員就會成為各方爭搶的紅人，美林、貝爾斯登、高盛、德崇、摩根士丹利等公司都想來分一杯羹。他們開出的薪資條件，至少都有五十萬美元的底薪保證，外加交易利潤的抽成。歐利瓦當交易員才一年，等他做到第四年，又做得不錯時，稅前年薪應該會有一百萬美元的水準。對二十二歲的人來說，這是個最佳時機，也是最理想的工作，歐利瓦憑著運氣和努力，踏上了自己想走的成功之路，但現在卻被SEC逮得正著，眼看這一切就要毀了。這情況究竟有多嚴重？其他的抵押債券交易員看著他發愁，放他一整天好好思考人生的大逆轉。

隔天早上，有人通知歐利瓦去古弗蘭的辦公室報到。歐利瓦從來沒見過古弗蘭，以前也沒理由會見古弗蘭。一位抵押債券交易員告訴歐利瓦：「古弗蘭不和基層員工打交道。」如果古弗蘭想見他，看來這件竊案非同小可。古弗蘭的辦公室離歐利瓦的座位約十八公尺，裡面通常沒人。有些人在所羅門愉快地工作好幾年，恐怕都還沒進過那間辦公室。這個辦公室的暗處傳出的壞消息，通常是落在比歐利瓦更有本事為自己辯護的人身上。

歐利瓦原本還對於古弗蘭的召見抱著一絲希望，但當他看到莫塔拉就坐在古弗蘭旁邊時，希望整個幻滅了。他硬著頭皮走了進去。古弗蘭一開口就指責歐利瓦從餐廳偷起司漢堡的行為，接著他說：「歐利瓦，我剛和公司的執行委員會開了漫長的會議，經過痛苦的討論，我們決定，」他停頓了好久，「讓你暫時留任。我現在只能說，我們還得和ＳＥＣ處理進一步的問題，我們會再找你過來。」

在市場上，一個人最大的資產就是言而有信，亦即信譽。古弗蘭每年都會這樣告誡學員，歐利瓦還是新人，當然不疑有他。總之，歐利瓦覺得自己的前途完了，只要他繼續留在華爾街裡，這起竊案的陰影就會一直跟著他。只要ＳＥＣ來查內線交易或偷食物的案子，他已經有前科，以後永遠是大家懷疑的嫌犯，大家會在背後竊竊私語。

歐利瓦回到座位時一臉失魂落魄。其他二十多位交易員再也忍不住了，他們都躲到報價機後面竊笑。歐利瓦環顧四周，發現大家不僅都在笑，而且都是在笑他，原來他被整個部門惡整了！

這是莫塔拉的點子，還說服古弗蘭參一腳，讓整個惡作劇更有說服力。歐利瓦作夢也沒想到，古弗蘭這種不太可能惡整別人的人，竟然也參與其中。「史上最大的惡搞！」一位交易員對著他喊。這也再度證明學員真的很好騙，你想想，「ＳＥＣ到餐廳抓人！」連這種事他也信。

歐利瓦覺得這一點也不好玩，他的表情就像剛歷經假死刑的折磨一樣，一臉驚恐錯愕，接著哭了起來。然後，他衝出交易室，搭電梯下樓，打算再也不回交易室了。現場沒人攔阻他，交易員個個笑得前俯後仰，古弗蘭和莫塔拉一起在古弗蘭的辦公室裡大笑。最後，資深交易員安迪·史東（Andy Stone）基於職責，下樓去找歐利瓦。他覺得自己有責任找回歐利瓦，不是因為同情，而是因為歐利瓦是歸他差遣的奴隸，他也是交易員中比較有人性的一位。史東在紐約廣場一號大廳請歐利瓦喝啤酒，安慰他整起事件是大家喜歡他的一種表現——大家看得起你，才開你玩笑。歐利瓦在街上閒晃了幾小時後，決定回公司。

我只能想像歐利瓦在曼哈頓南端徘徊時的心情。他平靜下來後，一定是想到自己別無選擇，所羅門抵押債券部就像金手銬一樣銬住了他。那些惡整哈佛畢業生的交易員，壟斷了美國三分之一的債券市場，他們可能是全美收入最高的員工，他們可以教歐利瓦如何像他們一樣控制市場。史東說交易員是看得起你才整你，其實不然，他們對每個人都這樣。有些惡整是對事不對人，猶如一種入會儀式。一年後，歐利瓦也會成為整人大隊的一員，新來的菜鳥哭出來時，他也會躲在報價機後面竊笑。在一九八五年一月，世上沒有一個地方比莫塔拉領導的這一小幫抵押債券交易員更賺錢。

儲貸業務瘋狂暴漲的年代

時間：一九七八～一九八一年。

華爾街是一個撮合「借」（提供資金的金主）與「貸」（借款人）的地方。一九七八年春季，所羅門成立華爾街第一個抵押債券部門。在那之前，所謂的「借款人」，是指大企業，以及聯邦、州和地方等各級政府，不包括申請房貸的購屋族。

所羅門的合夥人羅伯．達爾（Robert Dall）覺得這沒道理，畢竟，當時成長最快速的借款族群不是政府或大企業，而是購屋族。從一九三〇年代初期開始，美國法令就提供許多誘因，鼓勵美國人貸款購屋，其中最具體的一項措施，就是房貸利息的繳付可用來抵稅，其次則是儲貸業的蓬勃發展。

一般美國人的房貸主要是向儲貸業者申請，這些業者會獲得政府的層層補助與保護，包括存款保險和稅負減免等等，降低了儲貸業者的資金成本，也間接降低了抵押貸款的利息成本。在華府為儲貸業者遊說的人士，提出民主、國家和美國價值觀等訴求，希望這些獎勵措施能通過立法實施。他們說，他們支持住者有其屋，這樣才符合美國精神。在國會裡反對住者有其屋，就像叛國一樣不智。在此公共政策的推動下，儲貸業因此迅速成長，未償還抵押貸款金額從一九五〇年的五百五十億美元，膨脹到一九七六年的七千億美元，一九八〇年一月總金額更高達一．二兆美元，使抵押貸款市場超越美國股市的總值，成為世上規模最大的資本市場。

然而，一九七八年，華爾街還沒料到抵押貸款市場的規模會變得如此龐大，當時和抵押貸款有關的一切看起來都很小，微不足道，至少對經常向執行長和政府官員提供建言的人來說是如此。抵押貸款市場裡的重要人物，是儲貸銀行的總裁。這些總裁大多是小社區裡的大老，社區有慶典時，遊行花車大部分都是他們贊助的。他們穿著平價西裝，年收入五位數美元，每天工作不到十小時。他們是獅子會或扶輪社會員，也隸屬於儲貸圈一個名為「三六三俱樂部」的族群，意指以三％的利率借入、以六％的利率貸出、下午三點前已經到高爾夫球場報到。

所羅門有四位銷售債券給德州儲貸銀行的債券業務員，他們每年都會到培訓課堂表演短劇。其中兩位扮演所羅門的業務員，兩位扮演儲貸銀行的經理，劇情如下：

所羅門的業務員進入這家儲貸銀行時，兩位經理正要離開，一人拿著網球拍，另一人揹著高爾夫球袋。兩位經理穿著格子長褲，大翻領平價格子西裝，打扮滑稽。兩位業務員不計形象地巴結這兩位經理，誇讚一位經理的西裝翻領，另一位經理聽了有點不太高興，他以濃濃的德州腔說：「你們稱這玩意兒為翻領？這種小東西？除非從後面都看得到，否則不叫翻領。」然後他轉身，他的西裝翻領果然很大，就像肩膀上多了一雙翅膀一樣。

所羅門的業務員拍完客戶的馬屁後，開始推銷。他們建議儲貸銀行的經理買十億美元的利率交換（interest rate swap），經理顯然不懂什麼是利率交換，他們彼此互看一眼，聳了聳肩。一位業務員想進一步說明，但經理並不想聽，他們想去打球。業務員死命地纏著經理，不讓他們走。最後經理拗不過他們，只好說：「給我們十億美元的利率交換就是了，我們可以走了吧。」短劇結束。

抵押貸款業務員就是那樣的人，和華爾街的牛仔明星相比，他們不過是牧羊人。這些牛仔明星負責交易公司債和政府公債，而且還可以隨心所欲地痛宰肥牛，他們站在交易室裡大喊：「我有一千萬的ＩＢＭ八．五（意指八．五％債券），以一〇一出售，現在就得脫手。」他絕對不會想到自己喊出：「我有馬文．芬柯堡的抵押貸款，價值六萬二千美元，以一〇一出售，二十年期，利率九％，地點在紐沃克市郊，有三間小臥房，買到賺到。」

交易員不能痛宰房貸客戶，這不是因為他們瞧不起美國的中產階級，而有更基本的原因。抵押貸款並非可交易的憑證，它們不是債券，而是儲貸銀行貸出的款項，大家從來沒想過可以把它轉讓給第三者。華爾街習慣經手的金額都很龐大，單筆房貸對華爾街來說過於繁瑣，交易員或投資人都不想到郊區鑑定房屋所有權人的信用。想把抵押貸款變成債券，必須先消除個人因素。

最基本的做法，是把儲貸銀行貸放出去的數千筆房貸集中在一起，讓交易員和投資人可以參考統計數據投資。根據大數法則，債務人違約的比例很小。儲貸銀行可以發行書面憑據，讓憑據持有人按比例取得這個貸款集合的現金流量，亦即固定比率的收益。這種貸款集合可能有數百萬個，每個集合各有自己的特色，集合裡的貸款性質雷同。例如，貸款金額低於十一萬美元、利率十二％的房貸。這憑證的持有人每年可獲得十二％的固定收益，還可按比例獲得購屋族償還的本金。

這種憑證標準化之後，就可以銷售給美國退休基金、東京信託公司、瑞士的銀行，或躲在蒙地卡羅港灣裡、住在遊艇上避稅的希臘航運大亨，只要有錢投資的人都可以購買。標準化的憑證也可以買賣，所有交易員都只認債券，他們只想看到債券，債券才可以隨心所欲地交易。所以市場中央出現一條永遠無法逾越的線，線的一邊是貸款的購屋族，另一邊是投資人和交易員，兩方從不相見。這看起來有點奇怪，因為一邊是放款給一般人買房子，購屋族只會接觸當地的儲貸銀行經理，從經理手中貸款，未來也是把錢還給經理。另一邊的投資人和交易員則只看到憑證。

達爾為所羅門合夥人威廉．西蒙（William Simon）工作時，第一次對抵押貸款感到好奇。西蒙後來在吉羅德．福特（Gerald Ford）總統任內擔任美國財政部長，之後又向美國政府便宜買進儲貸銀行，賺進十億美元。西蒙在所羅門工作時的任務之一，是追蹤抵押貸款市場的發展，但達爾說：「他其實根本不在意這一塊。」

一九七〇年代初期，西蒙為所羅門交易公債，他喜歡站著工作，喝著一壺又一壺冰水。當時除了所羅門以外，其他地方都不流行以大聲喊價的方式交易債券。他告訴作家戴維斯（L. J. Davis）：「我剛入行時，交易員不受尊重，我這輩子從來沒找過商學院的傢伙來我的交易團隊，我以前都告訴手下的交易員：『你們若不是在這裡交易債券，可能是在開卡車。在市場上別自做聰明，好好地完成交易就對了。』」

資金通常是在最糟的時機回到你手中

西蒙不是哈佛大學畢業的，他從拉法葉學院（Lafayette College）輟學，憑著實力爬上高層。他去大專院校和商學院求才時，都無法找到胸懷大志的交易員，因為那些地方沒這種人。《紐約時報》或《華爾街日報》對他的所作所為也不感興趣，一九七〇年代誰在乎公債？

不過，他還是覺得自己的工作很重要，表現出來也是如此，只要所羅門認定他優秀就好了。在所羅門裡，公債交易員的地位最高，美國公債是所有債券的指標，能隨心所欲地交易美國公債的交易員，就是所有交易員中的老大。

一九七〇年西蒙曾和政府全國抵押協會（Ginnie Mae，俗稱吉利美）發生爭執，所以對抵押貸款市場有些反感。吉利美為財力較小的老百姓擔保抵押貸款，等於是授予他們等同美國公債的信用。有資格取得聯邦住宅和榮民管理局（FHA/VA）抵押貸款的購屋族（約十五%的美國購屋族），都可以獲得吉利美的認證。吉利美打算把這些房貸集合起來，再以債券出售，這裡就是西蒙擅長的地方。他是最懂債券的美國政府顧問，打造抵押債券市場的重責大任自然由他來負責。

吉利美擔保的房貸和多數房貸一樣，貸款者必須逐年償還本金，也可以隨時還清全部本金。西蒙認為，這是吉利美抵押債券的致命缺點。買進這種抵押債券的投資人，在某個關鍵方面，比投資公司債和政府公債還糟——他不確定這種債券何時到期。萬一某區的購屋族都清償了房貸，投資人原本以為自己投資的是三十年期的抵押債券，結果卻提早收到一大筆閒置的現金。

更常見的情形是，利率下降，整區的購屋族都借新債還舊債，以低利重貸三十年期的固定利率房貸，導致當初購買抵押債券的投資人提早獲得大筆現金。如果投資人能以同樣或更高的利率投資這筆現金，那倒也無所謂。

偏偏利率下降時，這筆錢通常無法再獲得和以前一樣的投資報酬率。利率下滑時，購屋族當然會借新還舊，以減少利息支出。換句話說，對抵押債券的投資人來說，資金通常是在最糟的時機回到手中。

西蒙試圖說服吉利美保護抵押債券的投資人（亦即放款者）。他提議，房貸組合不該只是把貸款者的還款交給債券投資人，而是應該仿效一般債券，有固定還款期間，否則誰願意買這種債券？誰願意購買到期日不確定的債券？誰想投資隨時都可能收回資金的東西？

但吉利美不理會西蒙的建議，於是西蒙也不想再理會吉利美。他指派所羅門的企業金融分析師——在所羅門，企業金融分析師被視為下人——負責主導新抵押債券市場的事宜。一般來講，下人沒權力可言，換句話說，這件事等於沒人在負責。

達爾的工作是調度資金，以支應西蒙的公債市場交易。不過實際上，達爾是在「交易」資金，亦即用最便宜的成本借入資金，再以最高的利率貸出，而且借貸都在當天完成，第二天又從頭開始。交易資金和交易債券不同，向來不是吃香的工作，連在所羅門裡都不是。在所羅門買賣的商品中，資金是波動最小的商品，因此風險最低。

儘管如此，交易資金仍是一種交易，至少膽子要大，依循的原則也和債券交易一樣。以下就是一個實例：達爾早期交易資金時，有一天他想在市場買進（借入）五千萬美元，他四處詢價，發現貨幣市場的利率是四％／四．二五％，意思是以四．二五％的利率買進（借入），或以四％的利率賣出（貸出）。不過，當他決定以四．二五％買進五千萬美元時，由於金額龐大，驚動了賣家，利率馬上跳升至四．二五％／四．五％。於是，達爾改出價四．五％，市場利率再度上揚成四．五％／四．七五％。他多次提高出價，結果都一樣，他只好告訴西蒙，他買不到資金，因為賣方都跑光了。

「那就換你來當賣方。」西蒙說。

所以，達爾改當賣方，儘管他其實是需要資金。他以五．五％賣出五千萬美元，接著又以五．五％再賣出五千萬美元，結果一如西蒙的預期，市場嚇到了，大家都想賣出資金，但市場上沒有買家。當市場利率跌到四％時，西蒙說：「現在開始買進。」所以達爾不僅能夠以四％的超低利率買進五千萬美元，還從之前以較高利率賣出的交易中獲利，那就是所羅門債券交易員的思考模式：**暫時不管自己的原先目標，先抓住市場的脈動**。如果市場煩燥不安，大家驚慌失措或特別悲觀，交易員會**把這群驚魂未定的羊群集中到角落，讓他們為自己的恐慌付出代價**。他在場邊靜候市場出現獲利的商機後，再來思考他原本追求的目標。

達爾很喜歡交易，他雖然對吉利美不負任何正式責任，但他開始交易他們的抵押債券，畢竟這工作還是要有人做。一九七七年九月，達爾已經成了所羅門的抵押債券權威。他和史蒂芬．約瑟夫（Stephen Joseph，亦即德崇證券執行長弗瑞德．約瑟夫之弟）一起發行第一檔抵押債券，他們說服美國銀行以債券格式將房貸賣給他們，再說服保險公司之類的投資人，購買這種抵押債券。美國銀行因此拿回原本貸放給購屋族的資金，可以再做其他放款。貸款的購屋族持續償還房貸給美國銀行，但這些錢是轉給購買美國銀行抵押債券的所羅門客戶。

乾坤大挪移，把工業帶的資金借給陽光帶的購屋族

達爾相信，這是未來的趨勢，他認定住宅需求會超越房貸資金的供給。由於美國人口逐漸老化，每棟房子裡的居住人口減少，美國人的財富增加，愈來愈多人想買第二棟房子，但是儲貸業的成長趕不上民眾的貸款需求。

他也發現，美國人口持續由較北邊沒落中的工業帶（Rust Belt）移往南方的陽光帶（Sun Belt），陽光帶的儲貸業者資金有限，但是買屋者的貸款需求持續增加；相反的，工業帶的儲貸業者有龐大的資金，但民眾的貸款需求不高。於是，達爾想出了一個點子——工業帶的儲貸業者可以購買陽光帶儲貸業者發行的抵押債券，這樣就可以把工業帶閒置的資金借給陽光帶的購屋族了。

在所羅門執行委員會的要求下，達爾撰寫了一份三頁的備忘錄，說明他對市場前景的看法。這份備忘錄促使古弗蘭把吉利美債券的交易從公債交易部獨立出來，另外成立抵押債券部。那時是一九七八年春季，所羅門創辦人之子威廉·所羅門才剛任命古弗蘭接任董事長一職。於是，達爾不再負責交易資金，而是移到離原來座位幾呎遠的新座位，開始思考未來的發展方向。他知道他需要一位財務專家，負責和銀行及儲貸業協商，說服他們像美國銀行那樣出售他們承作的貸款，這些貸款可以轉變為抵押債券。史蒂芬是不二人選，因為他們兩個曾一起執行美國銀行的案子。

達爾也需要一位交易員，負責為史蒂芬創造的債券造市。這部分比較棘手，因為交易員的好壞

是成敗關鍵。交易員負責買賣債券，知名的交易員可以增加投資人的信心，光有他坐鎮交易，就能讓市場成長。此外，交易員也是為所羅門賺錢，所以他必須是大家景仰和關注的人物。達爾一直以來都是抵押債券的交易員，但他現在擔任管理者，他必須從公司債或公債部門借將。這下問題來了，在所羅門裡，除非別的部門也想擺脫那個人，否則不可能放人離開，所以從別的部門得到的人，通常是你不想要的人。

不過，在古弗蘭的幫忙下，達爾順利獲得他的第一人選——藍尼爾里。藍尼爾里交易公用事業債券（utility bond）已長達三十年（公用事業債券交易員和能攻善守的內野手〔utility infelder〕不同，他不在主力球員受傷時遞補上場，而是交易公用事業債券，例如路易斯安那電力公司的債券），他轉往抵押債券部，象徵著債券交易員黃金年代的起始點。一九七八年中，他開始負責抵押債券的交易，所羅門在抵押債券市場的傳奇就此展開。

最重要的是，他勇於築夢

達爾很清楚自己挑選藍尼爾里的原因：「我需要一位強勢的交易高手，藍尼爾里不只是一位交易員而已，他有心、也有能力開創市場，而且沉得住氣，必要時，他敢隱瞞一百萬美元的虧損，不讓部門經理知道。他不會讓道德觀牽著鼻子走。當然，道德觀這個字眼用在這不太恰當，但你懂我想表達的意思。他是我見過腦筋動得最快的人，最重要的是，他勇於逐夢。」

古弗蘭告訴藍尼爾里，公司把他調往新成立的抵押債券部擔任首席交易員時，藍尼爾里慌了起來，他說：「我是公司債部門裡業績最好的交易員，我不懂公司為什麼要調動我。」這項人事異動把他調離了活動的核心。公用事業的債券部獲利突出，雖然交易員的收入不是採抽佣方式，但每年年底還是可以指著大量盈餘說：「這是我的，是我為公司賺的。」幫公司賺的錢愈多，愈有權力，在公司的地位也跟著節節攀升。藍尼爾里覺得，轉到抵押債券部以後，年底就無法領到高額獎金，在公司的地位也無法再提升了。

如今回顧起來，他當時的擔心實在荒謬的可笑。六年後，亦即一九八四年，藍尼爾里應該會說，他的抵押債券部門當年的獲利，粗估比華爾街其他公司的利潤總和還多。他提到部門的成就時，應該會相當得意。公司也會任命他為副董事長，職權僅次於古弗蘭。古弗蘭也會經常宣稱，藍尼爾里可能是他的接班人。但在一九七八年，藍尼爾里完全沒想到這些，當時他覺得自己被出賣了。「我覺得他們彷彿在說：『恭喜你，我們想把你發放到邊疆去。』我也沒反抗，因為那不是我的行事風格，我只是不斷地問古弗蘭：『你為什麼要我做這個？』甚至調職後，朋友還問我，我是哪裡得罪了古弗蘭？我是賠了錢？違反了紀律？還是怎麼了？」

藍尼爾里和西蒙的看法一樣，他也覺得抵押債券是債券市場衍生出來的小東西，毫無地位可言。誰會買這種債券？誰想借錢給隨時可能還錢的購屋族？況且，當時能交易的債券不多，「除了吉利美債券和美國銀行那個案子以外，就沒有別的債券了，而且沒人在乎這些債券，我開始努力思考我還能做什麼。」

當一個「好人」，比當一個「好經理」重要

說到藍尼爾里，他的童年夢想是當個義大利餐廳主廚，但自從在布魯克林出車禍以後，氣喘復發，無法在充滿油煙的廚房裡工作，這個夢想因此告終。一九六八年，他在聖約翰學院英文系讀二年級時，晚上到所羅門的收發室打工，週薪七〇美元。打工幾個月後，他遇上財務危機，十三歲喪父的他很早就開始自立，當時他的妻子生病住院，醫藥費迅速累積，藍尼爾里需要一萬美元，才十九歲的他除了每週的薪水以外，一無所有。

最後，他不得不向一位不太熟的所羅門合夥人開口借錢。他後來回憶道：「你要知道，我當時真的以為他會開除我。」結果出乎意料，合夥人一口答應。藍尼爾里原本以為，合夥人會從他以後的薪水中扣除，那他也無法生活下去，所以他說那不必了，但合夥人再次要他放心：「公司會處理！」

結果，所羅門居然替一個才到職三個月的收發小弟的妻子，付了一萬美元醫藥費。藍尼爾里提出要求時，公司完全沒召開委員會討論，合夥人毫不考慮就答應支付醫藥費，只因為他覺得這是公

司該花的錢。

那位合夥人早已離職，如今事隔多年，他當初究竟怎麼說的已不可考，不過藍尼爾里永遠記得：公司會永遠照顧他，讓他深受感動，日後當他提到忠誠，提到員工和所羅門之間的「情感」時，他總是提起這段公司慷慨解囊的往事。一位抵押債券的交易員說：「從此之後，藍尼爾里對公司死心塌地，所羅門對他來說不只是一家公司而已。」藍尼爾里說：「公司會照顧自己人，以前公司常說：『當好人比當好經理重要。』大家的確是那樣想的，我們情同手足，彼此之間就像親兄弟一樣。」

實際上？當然沒那麼美好。光靠信任和死忠，不見得就能達到藍尼爾里的境界。藍尼爾里有次接受《君子》（*Esquire*）雜誌的訪問時表示：「我相信上帝，但我永遠當不了聖人。」這不是因為他缺乏道德觀，而是他覺得，有時候可以為了目的而不擇手段，此外他對個人利益也一樣執著。他和公司債部門（管轄公共事業債券業務的部門）之間，曾經鬧得不太愉快。

一九七七年九月，他的死對頭比爾．弗特（Bill Voute）升任合夥人，但藍尼爾里卻沒有。史蒂芬說：「藍尼爾里得知這件事後氣死了。」一位一九七〇年代在所羅門當公司債業務員的人回憶，藍尼爾里在擔任公司債交易員時「常抱怨待遇太低，覺得公司虧待他。我還記得他說過：『要不是因為我在這裡可以為所欲為，我早就不幹了。』」

如果我不相信資本主義，就無法接受這樣的結局

藍尼爾里向來直來直往，嗓門很大，莽撞無禮。在後台支援藍尼爾里的員工記得，他會站在桌子上，像裁判那樣舞動雙臂，大聲告訴他們該做什麼。不過，他還是有可愛之處。他說：「我沒有敵人，儘管我從來不讓競爭對手搶到生意，他們還是喜歡我。」

藍尼爾里到所羅門打工時，收發室大多是剛到美國的新移民，不會說英語。他們除了工作效率不佳以外，還有一個壞習慣，那就是在寄出的郵件上貼太多郵票。藍尼爾里對公司的第一項貢獻，就是削減成本。這點還滿諷刺的，因為他向來不在意成本，也沒時間去管這類細節。他說：「有一天我只是突然靈機一動，在牆上貼了一張美國的地圖，然後用奇異筆標出郵資分區，結果公司就升我當收發室主任了。」後來公司又拔擢他擔任日班收發室主任時，他便從聖約翰學院休學。「這對我來說，是再自然不過的決定。」之後，他又從收發室主任轉往後台擔任行政工作，開始直接接觸交易和交易員。一九七四年，他達成夢想，進公司債部門擔任公用事業債券的交易員。

一九八五年，歐利瓦從哈佛大學畢業，加入所羅門的培訓課程，之後進了抵押債券部門，這時的前台和後台之間已有一道無法逾越的人事鴻溝。交易員的培訓過程變得相當明確，你需要一份履歷表，必須是大學畢業，最好唸過商學院，看起來要有投資銀行家的樣子。但是在一九七〇年代中期，完全不是這麼回事，因為藍尼爾里沒念完大學，也沒有相關經歷，外表一點也不像投資銀行

家，反而比較像一般的義大利主廚。前合夥人形容他是一位「粗俗的胖子」，但這一點也無所謂。湯姆・坎德爾（Tom Kendall）也從後台出身，後來轉調前台，在藍尼爾里的抵押債券部擔任交易員，他說：「交易室有人辭職時，他們會對旁邊的人說：『換你來做吧。』交易員會對你說：『嘿，小子，我看你還滿機靈的，過來坐這裡吧。』」如果這個人像藍尼爾里那樣機靈，馬上就能進入狀況。

在調派到抵押債券部門以前，藍尼爾里在待過的每個部門裡，都是風雲人物。所羅門鼓勵積極、有才幹的員工，絕不干預公司裡的自然生態，他們讓公司的運作自行汰弱擇強。藍尼爾里在調到新抵押債券部門的幾個月內，就掌握了部門大權。眼看著藍尼爾里野心勃勃，連達爾都覺得自己終將被他取代。

後來達爾生病，不常來公司，藍尼爾里趁他不在時成立了研究部（他雖然大學休學，但堅稱「抵押債券」其實就是一門數學），找頂尖的數學家麥可・華德曼（Michael Waldman）加入，華德曼記得藍尼爾里是以「他一貫的強勢作風」邀他加入。接著，藍尼爾里說服公司給他一組業務團隊，銷售沒人重視的抵押債券。

很快的，這些業務員都發現，他們必須開始巴結藍尼爾里，而不是以前的老闆。瑞奇・休斯特（Rich Shuster）原本在所羅門芝加哥分公司擔任儲貸銀行業務，後來變成在藍尼爾里旗下工作。「有一次我要打電話到商業本票部，但誤打到抵押債券部，結果正好是藍尼爾里接起電話。他馬上猜出我打錯了，對我大吼：「你他媽的賣什麼商業本票？公司付你薪水，是要你賣抵押債券！」在藍尼爾里的驅動下，業務員開始專心地推銷抵押債券。

史蒂芬是另一位可能取代達爾的人選，但他是企業金融專家，不是交易員。他自己也說：「當時的所羅門，不會讓搞企業金融的傢伙來管理重要的交易部門。」相反的，你的確可以把重要的財務部門交給交易員來管理，所以藍尼爾里也兼管樓上的部門。對他來說，財務部是微不足道的單位，女性也可以加入——不像抵押債券部門，從來不是兩性平等的地方，一位想交易抵押債券卻遭拒的女性表示：「想上交易台，你必須是白種男性才行。」直到一九八六年，抵押債券部才出現第一位女性交易員。

達爾後來沒多久就失勢了，不過他到一九八四年才正式離開所羅門。他找藍尼爾里加入才幾個月，就發現自己被排擠、毫無插手的餘地。這種情況在所羅門裡經常上演，挑戰者只要多一點活力、更得客戶的歡心、對同事更有影響力，就能不動聲色地幹掉對手。管理高層也沒介入干預，輸家最終只能黯然離去。達爾說：「古弗蘭從來沒告訴我，藍尼爾里會接替我的位子，我只是被架空，六個月後才恍然大悟，這裡已經不是我主事了。」

不過直到今天，藍尼爾里依舊聲稱抵押債券市場是「達爾的遠見」。一九八四年，達爾先到摩根士丹利任職，接著為轉任德崇證券的史蒂芬工作。《紐約時報》的記者詹姆斯·史登格（James Sterngold）後來追蹤所羅門合夥人的後續發展時，採訪了達爾。達爾說：「如果我不相信資本主義，應該永遠無法接受這樣的結局，但我的確相信，這就是所謂的適者生存。」

去買旅行平安險，受益人是我

一九七九年二月，古弗蘭正式任命藍尼爾里負責整個抵押債券部門。接下來的兩年半，在外人眼裡，這部門根本在亂搞，而不是在做生意。藍尼爾里按著自己的形象打造他的交易室，裡頭有義大利人、自學出身、大嗓門的肥佬。第一批交易員和藍尼爾里一樣，也是來自後台，其中只有一人有大學學歷（曼哈頓學院文學士）。

除了藍尼爾里以外，抵押債券交易室的元老包括：約翰·丹通拿（John D'Antona）、彼得·馬羅（Peter Marro）、馬尼·艾拉瓦希斯（Manny Alavarcis）。緊接著進來的是比爾·艾斯波希多（Bill Esposito）和榮恩·狄帕斯奎爾（Ron Dipasquale），他們彼此以小名相稱。例如「路易」、「強尼」、「彼得」、「馬尼」、「比利」、「隆尼」等，聽起來像棒球隊的內野手，而不是投資銀行家。藍尼爾里表示：「我帶領抵押債券部時，積極從後台找人，起初我這麼做是出於道義，這招很管用，他們都很感激我，所以比較忠心。」不過藍尼爾里也想從所羅門的培訓中心吸收充滿活力的新血，所以他們碰巧甄選進來的第一位學員，也是部門的第一個企管碩士、第一個瘦子、第一個猶太人——傑弗瑞·克倫索（Jeffery Kronthal）。

克倫索記得，他是一九七九年那屆學員中唯一從行政助理幹起的新人，分發到其他部門的新人都可以自稱是業務員或交易員。克倫索甚至不是老闆助理，只是馬羅底下的基層助理而已。身為基層助理，他的主要任務是追蹤丹通拿交易的債券部位。

當時克倫索剛從華頓商學院的五年期學制畢業，那是結合大學部和企管碩士的課程，算是美國最道地的金融家培訓課程，他最感興趣的東西當然不是丹通拿的債券部位，丹通拿對此相當不悅，他常靠在椅背上問：「克倫索，現在部位是多少？」

克倫索會答：「我不知道。」

丹通拿會轉頭對藍尼爾里大吼：「他媽的現在是怎樣？助理竟然不曉得部位是多少！」

接著藍尼爾里會吼馬羅：「他媽的現在是怎樣？你的助理竟然不曉得部位是多少！」

馬羅接著就吼克倫索：「你為什麼不知道部位是多少？」

克倫索只是聳聳肩。

克倫索不太甩這些人有兩個原因。第一，他知道藍尼爾里喜歡他，藍尼爾里才是老闆，加入抵押債券部算是給藍尼爾里面子。克倫索記得，其他同期學員對這個新部門都感到不屑，他說：「這裡肯定不是企管碩士的去處，抵押債券交易員都是東尼．葛林（Donnie Green）之流的交易員。」

所謂的「葛林之流」，就是那種會虐待學員的交易員，他們對沒替公司賺大錢的人完全不假辭色。克倫索說：「葛林之流，就是你坐在他旁邊，他不會打招呼；你離開時，他不會道別；你在場時，不看你一眼。學員都不敢坐在葛林那種人旁邊。」

葛林本人曾在所羅門的黑暗期當過交易員，那時交易員的胸毛比頭髮還多。據說曾經有位年輕的菜鳥業務員準備搭機從紐約飛往芝加哥時，在門口被葛林攔了下來。葛林丟了一張十元鈔票給這位業務員，然後說：「來，拿這個錢去加保旅行平安險，受益人寫我的名字。」業務員問他：「為什麼？」葛林說：「因為我覺得今天手氣不錯！」

克倫索說：「沒人想靠近抵押債券部門。」連藍尼爾里也承認：「克倫索決定加人抵押債券部時，大家都覺得他很蠢。」所以克倫索為什麼加入？「我當時是這樣看的，第一，我才二十三歲，即使選錯部門也無所謂。我沒有家累，賺的錢夠我吃喝玩樂就行了。第二，所羅門一定是對抵押債券市場有信心，否則不會叫藍尼爾里來負責這一塊。」

克倫索不在乎他上頭有一堆老闆對他大吼大叫的另一個原因是，藍尼爾里不是很在意助理這個工作。克倫索說：「藍尼爾里曾說過，我是他見過第二糟的助理，最糟的是他自己。」助理能做的事情本來就不多，因為當時這部門能做的事情不多。抵押債券市場就像個金融圈的廢墟一樣，一片死寂，沒什麼交易。也就是說，他們沒賺到什麼錢。

領到大獎金，就像高中生約到超級正妹一樣

為了讓抵押債券市場活絡起來，藍尼爾里知道他必須親自走訪各地，拜訪客戶，說服客戶投資。他必須像賭場的促銷員一樣，拉人進場。但是要從交易室抽身，他必須先找一位首席交易員來頂著他的位子。他匆忙找了馬里歐（Mario）出任，這是個有趣的誤判，或許不是他生平第一次誤判，當然更不是最後一次。

一九七九年加入債券部當業務員的山繆・薩克斯（Samuel Sachs）說：「馬里歐來自美林，他對債市一無所知。」其他交易員都很邋遢，馬里歐則穿著三件式的平價西裝，前面掛著金光閃閃的懷錶鍊，打扮整齊，頭髮梳得服服貼貼的。薩克斯說：「馬里歐會靠近藍尼爾里問他：『你看好債市嗎？』藍尼爾里說：『我很看好！』馬里歐便跟著附和：『我也很看好，我也很看好。』十五分鐘後，他又靠近藍尼爾里問他：『你現在覺得呢？』藍尼爾里說：『現在一點也不看好了。』馬里歐便跟著附和說：『我也不看好，我也不看好。』馬里歐在所羅門只當了九個月的債券交易部老闆就離職了。」

抵押債券部還是需要一位首席交易員。一九八〇年五月，公司召回在倫敦當交易員的莫塔拉（人稱「肥關節」），來遞補馬里歐離職後的空缺。莫塔拉的倫敦同事記得，當時他整理好行李後一臉愁容，彷彿在說不知道回去總部要做什麼似的。如今莫塔拉宣稱，他對回去後的工作早已胸有

成竹，不過他當時肯定是百般不願意。抵押債券交易部成立一年後，不僅沒賺錢，在所羅門裡更是大家的笑柄，前景看來真的不妙。

這一小群教育程度不高的義大利人和公司其他人之間開始產生嫌隙，抵押債券交易員都很痛恨公司債和公債的交易員。部分原因在於待遇問題。

所羅門的薪資制度，就像學員分發部門一樣，伴隨著濃濃的政治角力意味。年終紅利和個人獲利能力並非直接相關，而看所羅門薪資委員會覺得你對公司有多少價值而定。年終紅利的多寡非常主觀，有一個好的靠山就像整年績效優異一樣重要。抵押債券部既沒有靠山，又沒有績效。藍尼爾里說：「我沒辦法幫手下爭取到年終紅利，上面的人覺得他們是二流人才，我們是公司的害群之馬。」

不過，真正讓交易員不滿的，不是他們的年終紅利少，而是和其他債券交易員的薪資相比後矮人一大截。前抵押債券交易員湯姆．坎德爾（Tom Kendall）說：「公司給我們的感覺是，有年終紅利可領，我們已經要心存感恩了。」

藍尼爾里說：「你隨便問他們，就知道公司債部門的交易員年終紅利是他們的兩倍。」紅利獎金原本應該是管理高層的祕密，交易員理論上不會知道隔壁同事領了多少獎金。但在所羅門領了一大筆獎金，就像高中生約了超級正妹一樣，這種消息在更衣室裡傳得比什麼都快。只要一個小時，交易員就可以得知別人領了多少紅利獎金。

如果抵押債券交易員和其他債券交易員之間的嫌隙只是金錢造成的，這問題遲早都會消失，偏偏這兩群人的文化差距愈來愈大。一九七〇年代末期，麥錫負責設計所羅門的人才招募制度，他決定提升招募的人力素質。史考特・布里騰漢（Scott Brittenham）說：「麥錫認為，交易室不能光有一群野雞大學畢業的蠢蛋。」一九八〇年，布里騰漢幫麥錫招募人才，後來也轉進抵押債券部當交易員。

所羅門開始向華爾街的其他公司看齊，像高盛和摩根士丹利那樣開始招募企管碩士，這麼做是為了形象，也是為了提升公司的知識水平。所羅門也和高盛、雷曼兄弟、庫恩（Kuhn）、羅布（Loeb）等公司一樣，開始感受到作家史蒂芬・伯明罕（Stephen Birmingham）所謂「我輩中人」（our crowd，伯明罕的著作名稱，描寫紐約猶太名門望族的崛起）的滋味。

你怎麼才吃兩盤？不好吃嗎？

所羅門原本是由猶太人經營，後來逐漸由一群美國新教白人、一心想擠入上流社會，以及汲汲營營往上爬的人所掌控，一九八一年，被大宗物資券商菲利普兄弟接手管理，此後所羅門不再是合夥組織，而是一家公司。公司轉手時，每位合夥人平均獲得七百八十萬美元。鈔票落袋後，他們幾乎異口同聲地問：「我們有錢了，然後呢？」當然是打造財富帝國、建立社會地位、到巴黎度週末、參加英國聖詹姆斯宮的晚宴。

抵押債券部門的文化，比公債或公司債部門更加根深柢固。當公司的其他部門逐漸接納新氣象，換上新風貌時，抵押債券部還是保持他們一貫的鮮明風格。抵押債券部有兩大族群，風格一樣鮮明，在藍尼爾里的強勢領導下，部門呈現強大的凝聚力。他們的交易員幾乎都是來自兩種背景：開創部門的義大利人，以及培訓完後才加入的猶太裔企管碩士。我不確定他們是否都有所謂的種族認同感，不過他們都是被壓迫的少數族群，散發著霸氣，不在乎氣質，各個都是後排學員那類型。

在外人眼中，抵押債券交易部有嚴重的種族歧視：部門裡的黑人和東方人很少，沒有女性。不過話說回來，和所羅門的其他部門相比，抵押債券部稱得上是聯合國翻版了。看看所羅門年度財報上的合照吧，一九七〇年代末期的照片彷彿是在宣揚世界和平，照片裡一定都有黑人、黃種人、白人，男男女女在明亮的會議桌邊和諧地工作。但是到了一九八〇年代中期，照片中就看不到黑人、黃種人和女性了，年報裡只看到白人男性的照片。

抵押債券部還有個心照不宣的協定，那就是藍尼爾里竭盡所能地為旗下的交易員爭取待遇，而交易員必須對他忠心耿耿。不過，他們比較不像藍尼爾里那樣謹守盟約，因為後來的交易員多是商學院畢業，不是從收發室爬上來的，很多人並沒有經濟壓力，藍尼爾里很難對他們施予恩惠。

他喜歡用人情買通周遭的人，喜歡和人相處，尤其是「自己的人馬」。如果他旗下的交易員都有付不起的醫藥費，他最有發揮的空間。艾斯波希多買房子時，還差一萬九千美元，藍尼爾里想辦法讓所羅門墊了差額。艾斯波希多說：「藍尼爾里對於無法自掏腰包幫我付這筆錢，還覺得內疚。」

不過，藍尼爾里這種方式還是打動了不少人。一九七九年，坎德爾從華頓商學院畢業後加入抵押債券部，中間曾在後台短暫待過一段時間。一九八〇年，克倫索在華頓兄弟會認識的朋友曼森．霍普特（Mason Haupt），以及史丹佛大學的史蒂夫．羅斯（Steve Roth）也加入抵押債券部。一九八一年，哈佛大學的安迪．史東（Andy Stone）和沃夫．納都曼（Wolf Nadoolman）也加入，他們也都和藍尼爾里一樣重視交情。

納都曼說：「公債部新竄起的台柱湯姆．史特勞斯（Tom Strauss）和他那票人，平常繫愛馬仕領帶、個個是運動健將，但藍尼爾里的部門就像一個義大利大家庭；公債部的人用餐重視養生、穿打褶長褲，抵押債券部則是『你怎麼才吃兩盤？不好吃嗎？』你見過胖胖的公債交易員嗎？當然沒見過，他們重視身材、歧視胖子。這點我很確定，因為我就是胖子。」坎德爾說：「顯然公司其他人都不認同我們，但他們也只能盡量忍耐。他們會問，那些腦滿腸肥的人到底憑什麼賺錢？」

當史東還是學員時，他最難忘的一件事，就是當他指著抵押債券部，想知道這群人是誰時，一位公債交易員竟回答：「一群廢物，那是抵押債券部，一個無所事事的部門，沒人想去那裡。」公債交易部的主管克雷格．寇茲（Craig Coates）問史東：「你明明可以進公債部，幹嘛去抵押債券部？」

一九八〇年年初，抵押債券部得知其他部門希望公司關閉抵押債券部時，他們對當權者更加不滿。抵押債券部不賺錢，華爾街其他公司設立抵押債券部的計畫也都胎死腹中，例如美林、第一波士頓、高盛等，他們幾乎都在還沒開設部門以前就放棄了，當時大家普遍認為抵押債券不適合華爾街。

此外，抵押債券業務也面臨存續與否的嚴峻考驗。最致命的打擊，來自聯準會主席伏克爾。

人家抽腿，他卻大舉擴張！

伏克爾於一九七九年十月六日發表一場歷史性的演說，導致短期利率飆漲。如果儲貸銀行的經理想承作一筆三十年期的房貸，他必須接受十%的貸款利率，但在承作貸款之前，他必須先有儲戶的存款，並支付儲戶十二%的利息。所以，他只好停止對外放款，這正好符合聯準會為經濟降溫的用意，也因此，美國新屋開工率降到戰後的最低點。伏克爾開口前，史蒂芬的抵押融資部還可以創造約二十億美元的抵押債券（只占美國房貸總金額的〇．二%），然而，在伏克爾發表演說後，交易全停擺了。藍尼爾里的部門若要創造債券，儲貸業必須先放款，但他們毫無動靜。

這個主導美國房貸市場的儲貸業正在崩解，一九八〇年，全美共有四千零二家儲貸銀行，後續三年內，共有九百六十二家倒閉。坎德爾說：「大家都龜縮了起來，療傷止痛。」

只有藍尼爾里例外，他反而開始擴張。為什麼？天曉得，或許他有未卜先知的能力吧；也或許他覺得部門規模愈大，就愈不容易被裁撤。無論原因是什麼，藍尼爾里找來其他被公司開除的抵押債券業務員，成立研究部，為公司增加了一倍的交易員，讓休眠狀態的抵押融資部門繼續留在公司裡。他在華府聘請了一群律師和遊說專家，遊說國會通過相關立法，以增加抵押債券的潛在客戶群。藍尼爾里說：「其實達爾第一筆美國銀行的案子，全美只有三州認定那是合法的投資標的。我請了一批律師幫我遊說，但是逐州推動法令的修改，可能需要兩千年，所以我才會跳過各州，直接鎖定華府。」

他手下一位交易員說：「如果藍尼爾里不喜歡某項法令，他就會設法讓政府修法。」不過，即使藍尼爾里成功推動了法令修改，投資人還是不肯碰抵押證券。坎德爾記得，在一九七九年他到所羅門舊金山分公司造訪藍尼爾里底下的頂尖業務員瑞克．柏登（Rick Borden），柏登當時正在讀一本勵志書，坎德爾說：「我還記得柏登一再提到，吉利美的債券爛透了。利率走高時，債券到期的期限愈長；利率走低時，到期的期限愈短，這東西根本沒人要。」

更糟的是，所羅門的授信委員會愈來愈不想和儲貸業打交道。蠢客戶向來是很好的資產，但當他們無知到某個程度時，就變成業者的負債了，因為他們會倒閉。而且，儲貸銀行還不是普通愚蠢，加州的恩準儲貸銀行（Beneficial Standard）透過電話向所羅門購買債券，但後來反悔。雙方因此鬧上法院，恩準儲貸銀行宣稱，抵押債券業務應該由不動產法管轄，而非證券法。依照不動產法的規定，口頭約定無效，幾年後恩準銀行敗訴，不過這件事幾乎是壓垮抵押債券部的稻草。

所羅門執行委員會的成員認定抵押債券市場的狀況不妙，他們不了解這個市場，也無意了解，只想盡快脫身。他們打算先從切斷和儲貸業的關係開始做起，整個儲貸業看起來搖搖欲墜，必須停止對他們的授信。然而，儲貸業又是抵押債券的唯一買家，切斷和儲貸業的關係，等於切斷抵押債券部的生路。藍尼爾里說：「我乾脆親上火線，擋在授信委員會和儲貸業者之間，避免他們切斷關係。」執行委員會裡，只有一個人支持藍尼爾里的決定，而這一票也是最重要的一票——古弗蘭。藍尼爾里說：「是古弗蘭力挺我的。」

抵押債券部和所羅門內兩大勢力（公司債及公債部門）對立的結果是：抵押債券部門完全獨立，它的業務、財務、研究、作業和交易等單位都完全獨立。藍尼爾里說：「我們之所以一切完全獨立，是因為沒人肯幫我們。」

不過，實際情況比他講的還要複雜。就某種程度來說，抵押債券部是自己選擇要獨立的。藍尼爾里並沒有刻意和公司裡的其他單位建立溝通管道。而且當初達爾寫給執行委員會的三頁備忘錄中，也堅持抵押債券部必須獨立運作，他還記得當初他的老闆西蒙看待第一筆抵押債券的態度。如果抵押債券部被迫和公債部共事，他會說：「這樣的話，抵押債券市場永遠無法自主發展，只能看人臉色。」如果所羅門要求負責造訪大企業執行長的企業金融人員也做抵押融資，「他們一定不會做，企業金融部的人根本看不起抵押貸款的案子。」達爾解釋。

不過，藍尼爾里認為，抵押債券部完全獨立，根本是因為他們沒朋友，他刻意築起高牆保護自己的人馬，以免他們受到敵意的攻擊。他們的敵人不再是華爾街其他公司，因為別家公司的抵押債券部幾乎都倒閉了。

他們的敵人，其實是所羅門自己。藍尼爾里說：「諷刺的是，所羅門總是指著抵押債券部說：『你瞧，所羅門多有創意！』但實際上，我們做任何事情都得不到公司的支持。這個部門不是拜所羅門所賜而成長，而是面對所羅門施加的阻力，依舊屹立不搖。」

| 第 6 章 |

胖子和神奇印鈔機

一九八一年十月，抵押債券部開始有生意不斷上門，只是剛開始，大家都不知道原因。

全美各地的儲貸銀行總裁都打電話來，說要賣掉他們承作的貸款商品。全美的房貸總額約一兆美元，這時突然都想賣了。市場上全是賣家，卻沒有買家。不，應該說只有一個買家：藍尼爾里和他的交易員。

這種供需失衡的情況非常嚇人，就像一座消防栓爆開。一兆美元的生意透過電話，源源不絕地湧入，所羅門的交易員只需要張大嘴巴，盡量吞下就行了。

究竟發生了什麼事？

天上掉下來的禮物，生意搶搶滾

原來，一九七九年十月聯準會一升息，儲貸業開始大幅虧損，美國房貸結構瀕臨崩解，有一度甚至到了連政府都束手無策的地步。一九八一年九月三十日，國會為儲貸業通過稅負減免法令，讓儲貸業者大大鬆了一口氣。不過，儲貸業若要善用這項立法，就必須賣掉他們承作的貸款，他們也的確這麼做了，因此為華爾街帶來數千億美元的意外營收。

這裡要說明一下：國會所通過的這項稅負減免法令，規定儲貸業者賣出他們的貸款之後，必須把取得的資金投入收益更高的標的（通常是買下其他儲貸業者吐出的貸款）。換句話說，儲貸業者其實只是在交換貸款組合，但這一來，業者的帳面上就不會出現賣出貸款的巨幅虧損（業者通常是以六五％的殘值，出售他們以一〇〇％面額承作的貸款）。這項新的會計標準，讓儲貸業者可以在貸款存續期間，逐年攤銷這些虧損。例如，儲貸業者出售折價三十五％的三十年期貸款時，第一年帳上認列的虧損只比一％多一點點，亦即三十五／三十％。不過更棒的是，這些虧損還可以用來折抵過去十年儲貸業者支付的稅金。國稅局會根據認列的虧損，把過去繳納的稅金退給儲貸業者。對儲貸業者來說，認列的損失越多，國稅局退稅的金額越大，只要趕緊賤賣手上的呆帳，就能拿回以前的稅金，這就是儲貸業者亟欲出售房貸的原因。

雖然說，減稅並不是華爾街決定的，藍尼爾里的交易員也是在減稅實施後，才搞清楚狀況，但結果就是華爾街收到國會送來的大紅包——政府萬歲！買房萬歲！美國國會讓藍尼爾里這夥人海削了一大筆！他們的存在不再像過去那樣是多餘的，也不再是燒錢的單位，如今搖身一變，做起財源滾滾的獨門生意。

不管你占客戶多少便宜，他們還是會回來找你

不過，這一切完全是無心插柳的結果。抵押債券市場之所以蓬勃發展，不是因為達爾在給古弗蘭的備忘錄中所提到的大趨勢（例如住宅增加、人口從工業帶遷移到陽光帶）。雖然這些趨勢後來也是原因之一，但抵押債券市場突然飆漲，純粹是因為國會通過了減免稅負的法令。這就好像蘋果電腦的賈伯斯（Steve Jobs）在個人電腦問世以前，就先買好辦公室、建立生產線、雇用二十萬名業務員、印製銷售手冊。等個人電腦被發明出來後，他再立刻現身奪下商機。

債券交易員常把每天當成他們的最後一個交易日，這種短視習慣，促使他們盡量占客戶的便宜，絲毫不擔心破壞和客戶的長期關係。如今，走投無路的賣家處於劣勢，他們比較不擔心商品能賣多少錢，只在意何時能拿到錢。儲貸銀行的總裁都急得要命，他們找上所羅門的抵押交易室時，都得客客氣氣。再加上，一般儲貸業者不了解市場的狀況，未經歷過債券市場的震撼洗禮，不知道怎麼玩老千騙局，摸不清所羅門的人抱持什麼心態，更不知道自己想脫手的房貸實際上價值是多少，有時甚至連貸款條件（例如房貸的到期年限和利率）都搞不清楚，更讓所羅門的交易員予取予求。

於是所羅門的交易員都發現一件不可思議的事——不管你占客戶多少便宜，他們還是會再回來賣更多的房貸。這個現象讓我想起以前參加公司打獵活動時看到的鴨子，那些鴨子都受過訓練，牠

們會一再飛過獵人的狩獵區，直到被打死為止。即使你不是達爾文，不懂進化論，也知道這種動物終究會絕跡。

交易員湯姆・狄拿波里（Tom Di Napoli）曾開心地回憶起某位儲貸銀行總裁來電的情況：「他想賣價值一億美元的三十年期房貸（利率相同），並以那筆資金購買一億美元的其他房貸。我告訴他：『我出價（買進）七五（面額的七十五%），報價（賣出）八五。』他完全搞不清楚為什麼會這樣，明明他買進和賣出的房貸類型幾乎一樣，但一賣一買之後，他當場就少了一千萬美元。或者換個方式來講，他為這兩筆交易付給所羅門的手續費，高達一千萬美元。他說：『這條件聽起來對我不太有利。』」狄拿波里早就料到他會這麼說，答道：「的確不利，但從另一個角度來看，如果你不做，可能連飯碗都不保。」旁邊另一位交易員聽到狄拿波里這麼說，不禁大笑，那是他當天聽到最好笑的話，他可以想像電話另一頭的人也只能認命。

賴瑞・芬克（Larry Fink）說：「一九八一年十月是資本市場史上最不負責的時期。」芬克後來（一九八八年）和史蒂芬・休華茲曼（Steven Schwartzman）、彼得・彼得森（Peter Peterson）、大衛・史塔克曼（David Stockman）合夥成立黑石集團（Blackstone Group）。一九八一年十月，芬克在第一波士頓的抵押債券交易部擔任主管，這個部門很小，但成長迅速，後來成了藍尼爾里的主要競爭對手。

這種交易和債券市場上的所有交易一樣，都是一個願打一個願挨。但如果這是一場拳擊賽，裁判應該會叫停，以免實力太弱的一方被打死，可惜這不是什麼拳擊賽。幸好，藍尼爾里本身還算有一點良心，必要時他會出面協調手下交易員和儲貸業者之間的交易。例如史東就記得他曾以八十的價格（八十%）買進七千萬美元的抵押債券，接著以八十三的價格，轉手賣給富蘭克林儲貸銀行（Ben Franklin Saving & Loan），幾分鐘內就賺進二百一十萬美元（七千萬美元的三%），整個部門依照慣例和他擊掌叫好，業務員也透過公司的擴音器向他道賀，接著史東向藍尼爾里報告這筆交易。

二百一十萬美元是相當了不起的成績，當時史東當交易員才八個月，急著在老闆面前炫耀本事。沒想到，老闆聽了暴跳如雷，藍尼爾里說：『要不是你還年輕，我會當場開除你！你現在就給我打電話給客戶，告訴他你是剛剛狠削他一筆的混蛋，告訴他你是用八十的價格買進的，所以賣他的價格應該是八十．二五，而不是八十三。』」

盡情買賣，後果以後再說

等著和所羅門交易的，不只是這些傻瓜業者，後來就連精明的儲貸銀行總裁，也不得不思考，究竟自己要讓所羅門狠削一筆，還是坐以待斃。

對很多業者來說，什麼都不做就是等著破產，關門大吉。付存款十四%的利息，收放款五%的利息，再怎麼說都是賠本生意。一九八二年底，儲貸業者開始走出危機，這時短期利率已經跌到長期利率之下，儲貸業者可用十四％的利率承作新的房貸，他們取得資金的成本是十二％。

很多儲貸業者原本已握有虧損累累的數億元房貸，如今他們承作十億美元的新房貸，希望能靠新獲利抵銷舊的虧損。每買一筆新的抵押債券（本質上就像承作貸款一樣）就像是飲鴆止渴，這種做法非常不負責任，因為根本問題（借入短期資金，貸放長期資金）並未解決。抵押債券市場的暴漲，只意味著下次儲貸業的危機會更嚴重。但儲貸銀行經理都沒想那麼遠，他們只希望能繼續營運，銀行開一天算一天。由此可見，儲貸業者為什麼會一邊出售房貸，還一邊買進抵押債券。

國會為了拯救儲貸業而通過的稅賦減免和會計做法，到最後看起來好像是為了藍尼爾里的抵押債券部而量身打造的。所羅門抵押債券的交易員就像挖到金礦一樣，至少看在華爾街豔羨者的眼裡是如此。

在這個儲貸業的動盪期，藍尼爾里讓手下的交易員抱持「盡情買賣，後果以後再說」的態度。所羅門的交易員發現自己的新角色變得有點奇怪，他們不再是買賣抵押債券，而是直接買賣抵押債券的原料：房貸。所羅門突然間扮演起儲貸銀行的角色，華爾街投資銀行和購屋族之間再也沒有中介機構（例如吉利美或美國銀行），所羅門開始直接承擔買屋者償債能力的風險。

謹慎的人在借錢出去以前，會先檢查抵押的不動產，因為這是放款的唯一擔保。但如果你打算好好把握這個新市場，你沒有時間檢查貸款組合裡的每件不動產。買下「原始貸款」（whole loan，這是交易員所指的「房貸」，以便和抵押債券有所區別）就像吃大臘腸一樣，全憑信任。放手一搏是藍尼爾里的專長，他迅速心算一下就知道，購買不良放款的代價再大，都不可能超過他交易這些東西的獲利，結果也正如他所料。有次他就不小心買到貸放給一群德州浸信會教會的貸款。不過，一般而言，那些貸款都像儲貸銀行經理宣稱的那樣，大多是由真正的房貸組成的。

不過，之前提過，這種相信儲貸業者的做法，總是讓所羅門的高層心裡發毛。不只所羅門如此，華爾街其他公司大多已經切斷和儲貸銀行的關係。藍尼爾里記得：「執行委員會告訴我，我不能交易『原始貸款』，但我還是照做不誤。他們都堅持我不該那樣做，說我那樣遲早會去坐牢。但是九十九．九％的抵押市場都是原始貸款，你怎麼可能不交易原始貸款？」坎德爾說：「我們買了原始貸款後，才發現你必須有老鷹認證，才能買原始貸款。」所謂的老鷹認證，就是聯邦住房管理局核准你交易原始貸款的憑證，「所以我們想辦法去取得了老鷹認證。」

把貸款重新包裝，變成債券脫手

於是藍尼爾里等人決定，要盡快在原始貸款上貼上美國政府的認證，把它們轉型為債券，這樣一來就可以把這些債券賣給投資法人，像賣美國政府公債一樣。藍尼爾里鍥而不捨地推動遊說或許真的有點效果，美國聯邦政府在吉利美以外，又增設兩個新機構，為不符合吉利美認證的房貸提供擔保。

這兩家機構就是聯邦住宅抵押貸款公司（Freddie Mac，俗稱房地美）和聯邦國民抵押貸款協會（FannieMae，俗稱房利美）。房貸經過它們的擔保後，就可以轉換成政府擔保的債券。儲貸業者只要付費，就能讓它們的房貸獲得擔保。房貸的風險愈大，認證費用愈高。不過，只要通過認證，就沒人在意這些房貸的債信品質了。

依當時的標準來看，這些有恃無恐的交易員待遇都高得令人咋舌。一掃過去兩年半的陰霾，一九八二年藍尼爾里的抵押債券部賺了一．五億美元。一九八四年，交易員史蒂夫．包恩（Steve Baum）更打破所羅門的紀錄，靠交易原始貸款賺進一億美元。雖然沒有正式紀錄，不過一般普遍認為，一九八三年藍尼爾里手下的交易員賺了兩億美元，一九八四年賺了一．七五億美元，一九八五年賺了二．七五億美元。

藍尼爾里可說是掌握了天時、地利、人和。他手下一位資深交易員說：「藍尼爾里即使對某件事物不完全了解，他也願意嘗試，他相信自己的交易員直覺，那很重要。所羅門的心態永遠是：『你有信心，就放手去做吧，萬一失手，是你活該倒楣。』藍尼爾里就信這一套。換作是其他公司，管理高層會說：『嘿，各位，我們真的需要賭這麼大嗎？』但藍尼爾里不僅願意賭上自己，還願意招募其他人進來，讓他們也放膽去賭，他的態度是：『是啦，就算我整個豁出去了，那又怎樣，沒什麼大不了的。』換成在其他公司，他可能得先寫一份兩百頁的備忘錄給委員會，向委員會保證他做的一切都很安全，他必須先證明他知道自己在做什麼。藍尼爾里從來不幹那種事，他知道自己在做什麼，但他永遠無法證明。如果藍尼爾里是在別家公司負責抵押債券市場的業務，他應該一事無成。」

只在乎營收，不在意盈餘

所羅門的交易室很特別，因為它幾乎沒什麼監督和控管，部位限制也少。交易員可以隨意買賣任何數量的債券，無需事先請示。換句話說，交易室是執行長的夢魘。交易員納都曼說：「如果所羅門的交易室是商學院的研究個案，扮演執行長的人可能會說：『這太嚇人了！』但他其實錯了，有時候雖然會賠一點錢，但有時候也會大撈一票。」

所羅門鬆散的管理模式也有缺點。一九八〇年代初期，所羅門是華爾街唯一沒有成本配置系統的大公司，這聽起來很不可思議。不過，當時沒人看盈餘，大家只看個人對營收貢獻的總額，不管這營收是花多少成本創造出來的。當所羅門還是合夥制（一九一〇到一九八一年）時，管理者只要管好自己的保險櫃就可以了。但如今，錢不再是他們專屬的，而是股東的。合夥制適用的模式，套用到上市公司上，就問題頻傳了。

交易部的管理者只在乎營收，不在意盈餘。只要業績成長，就論功行賞。營收代表權力，一九七八年藍尼爾里終於升任為合夥人。一九八一年底，他因部門營收下滑，在公司的影響力亦隨之下降；但後來抵押債券市場爆炸性成長後，他在所羅門的地位也急速竄升。一九八三年，藍尼爾里的部門創造公司四十%的總營收，其他部門的營收貢獻都不超過十%，他因此成為執行委員會的一員。後來，藍尼爾里招募更多的交易員加入，跨足不動產抵押業務，進一步擴張自己的勢力。一九八五年十二月，古弗蘭告訴一位記者：「藍尼爾里絕對是未來董事長的人選之一。」

藍尼爾里後來又進一步擴張，買下一家直接放款給購屋者的貸款銀行，那家銀行直接提供他創造抵押債券的「原料」。

一九八六年，藍尼爾里升至僅次於董事長古弗蘭的職位，該年藍尼爾里也大肆向海外擴張版圖，在倫敦成立抵押公司（Mortgage Corporation），把英國的抵押市場重新打造成美國模式。和他一起升到僅次於董事長職位者，還有公債和公司債部門的代表史特勞斯，以及他的死對頭弗特，這兩人也是未來董事長的人選，他們也在擴張自己的部門，不過速度沒有藍尼爾里那麼快。以下說法雖然無法查證真實性，不過一九八七年年中，一位所羅門常董宣稱，公司七千多名員工裡，約有四成是直接或間接由藍尼爾里管轄。

三萬呎的高空，怎麼看得到房子？

隨著交易營收成長，榮耀也隨之而來，公司裡的地位跟著提升。隔壁交易員的交易數字在所羅門裡不是什麼祕密，就像每個人領的紅利獎金一樣容易打聽。儘管學員通常是最後才知道的，但所羅門主導的資本市場巨變所創造的商機，最後也傳到了他們耳裡。一九八二年的學員馬克・佛利德（Mark Freed）說：「你只要坐在教室裡，看看美國有多少房貸，再假設他們把其中一成房貸證券化，就可以了解這市場有多大了。」

一九八四年，所羅門可以振振有辭地向美國的國會小組委員會宣稱，在一九九四年以前，美國還需要四兆美元的新房貸。藍尼爾里這位高奏凱歌的英雄、所羅門的傳奇、成功的化身，親自到培訓中心對學員說，他剛從加州飛回來，從飛機上看到底下的小房子，想到這些小房子如何取得房貸，這些房貸最後都會流進所羅門的交易室（沒人質疑他在三萬呎的高空，怎麼看得到房子。如果有人能看到，那肯定只有藍尼爾里辦得到）。一九八四年，抵押交易部成為受訓ＭＢＡ眼中的熱門職位，大家都想交易抵押債券，當所羅門的抵押債券交易員，成為這部印鈔機的一部份。此時，這部印鈔機的營收已占公司總營收一半以上。

所羅門抵押債券交易員的獲利能力，不僅傲視全球最大資本市場，也超越自家同仁，在華爾街的獲利能力更遙遙領先同業。他們覺得自己是天之驕子，一位抵押債券交易員說：「大家公認，抵押債券交易員都很蠻悍。大家也公認，抵押債券交易員不只是從市場上賺走很多錢，而是囊括了市場上所有的錢。大家也公認，抵押債券交易員不只承作市場的部分交易，也不是承作大部分交易，而是承作所有的交易。」

要囊括市場的所有交易，不僅要掌握買方，也要掌握賣方。在一九八一年十月，市場上的買賣方的確不多。藍尼爾里與垃圾債券大師、德崇證券的麥可・米爾肯（Michael Milken），並列一九八〇年代的債券推廣者。

藍尼爾里在全美各地奔波，努力說服投資法人購買抵押債券，有一天他碰巧遇到米爾肯，他們當天拜訪同一位客戶。藍尼爾里說：「我的東西先賣出去，投資人開始相信我的推銷辭令。」所謂的推銷辭令，簡單地說就是：「抵押債券便宜得要命。」藍尼爾里最初的切入重點是：抵押債券的殖利率遠高於債信評等類似的公司債和公債。穆迪（Moody's）和標準普爾（Standard & Poor's）這兩大信評公司都給多數抵押債券最高評級ＡＡＡ，抵押債券大多都有美國政府的擔保——不是由吉利美公開擔保，就是由房地美或房利美間接擔保。

沒有人認為美國政府會倒帳，然而投資人並不想和藍尼爾里或他手下愈來愈多的業務員打交道。儘管抵押債券市場經歷了劇變，西蒙當初對吉利美的疑慮依舊存在——抵押債券的到期年限不確定。大家擔心的，不是購屋族不償還貸款，而是無法預測購屋族何時清償貸款。如果你不知道資金何時回籠，就無法計算殖利率。你唯一確定的是，利率上揚時，購屋族不會提前清償房貸，償還年限應該會維持原本預定的年限；利率走跌時，購屋族會借新還舊，對投資人不利。儘管一九八一年十月抵押債券市場的供給面一夕之間變了，但需求面並沒有改變。抵押債券的確便宜得要命，而且數量很多，但是乏人問津。

更糟的是，抵押債券在許多州依舊不是合法的投資標的，這點讓藍尼爾里很難接受。他在一場會議上，對一位素未謀面的律師大吼：「我不想聽律師怎麼說，我只想做我想做的事。」他想找出凌駕州政府法令的聯邦法規，他開始想辦法讓抵押債券變得類似其他債券，亦即設法讓抵押債券也有固定的到期年限。

他是真心相信自己口中講出來的那些屁話

他最後的目標，是想改變美國人貸款購屋的方式。他說：「我至少應該有權告訴消費者，這裡有兩種相同的房貸，一個利率十三％，一個利率十二．五％，你可以任選其一。如果你選十三％的房貸，你可以隨時借新還舊，不需要理由。如果你選十二．五％的房貸，萬一你搬家、過世或換屋，雖然不需付罰金，但如果你只是想借新還舊，則必須支付手續費。」國會允許他在各州銷售這種抵押債券，但是不同意他比較激進的其他建議，購屋族仍有權隨時償還房貸，所以藍尼爾里只能另想辦法，說服投資法人購買那些買氣差的抵押債券。

他後來的確想出了新的對策，陪藍尼爾里拜訪過許多客戶的布里騰漢說：「藍尼爾里能把冰塊賣給愛斯基摩人。」達爾即將離開所羅門時曾說：「藍尼爾里對客戶很有一套，留在交易室太可惜了。」藍尼爾里說：「後來我不再和客戶談提前清償的問題，而是直接談價格。低到哪個價位，他們才會感興趣？肯定有個價位是會讓顧客心動的。是比美國國庫券高一百個基點？還是高兩百個基點？這些東西可是比國庫券殖利率的曲線高出三五〇個基點啊！」

美國的購屋族覺得能夠隨時償還房貸的權力很重要。他們知道，如果貸款時的利率太高，等利率下滑時，他們可以借新還舊，他們喜歡有所選擇，他們應該也會願意為擁有選擇的權利多付點錢。但是華爾街沒人能算出這項權利的價格（雖然現在還是算不出來，不過已經有進步了）。藍尼爾里自己就是交易員，他認為根據交易理論，既然沒人要買抵押債券，大家都在賣抵押債券，這種債券必定非常便宜。更確切地說，他覺得，抵押債券支付的利息遠高於毫無風險的公債，縱使購屋族享有提前清償債券的選擇，抵押債券的高利率也足以補貼投資人的損失。

於是，藍尼爾里開始在華爾街當起業務員，把自己變成抵押債券的化身，如果有人不願買抵押債券，他會覺得很受傷，彷彿自己被嫌棄一樣。一九八五年，他告訴《美國銀行家》（*The United States Banker*）：「我們這些有房貸的人認為，市場為了補償購屋族提前還款的風險，對我們收取太高的費用。」

你聽聽他講法裡的微妙之處，誰是「我們這些有房貸的人」？藍尼爾里本人並沒有被收取太高的費用，被收取高費用的人是購屋族。藍尼爾里出身所羅門收發室，曾經是公用事業債券交易員，如今搖身變成美國購屋族的代言人，這角色比華爾街唯利是圖的機靈交易員討喜多了。達爾說：「藍尼爾里有一套推銷辭令，大談為美國人打造家園的前景。我們拜訪完客戶後，我會問他：『拜託，你不會真的相信那些屁話吧？』」但這就是藍尼爾里與眾不同的地方，他是真的相信那些屁話。

家家有雞吃！家家有房貸！

藍尼爾里或許是華爾街歷史上第一位平民主義者。路易斯安那州政治名人休伊．朗恩（Huey P. Long）的競選口號是「家家有雞吃！」藍尼爾里推銷抵押債券的口號是「家家有房貸！」這種做法為藍尼爾里塑造了親民的形象，藍尼爾里的愛將克倫索也坦承：「這招的確厲害。」藍尼爾里上班穿的是黑色的高跟皮靴，打六吋寬領帶。每週五他穿棕色的平價西裝和黑色的斜紋棉褲來交易室。他就只有四套西裝，全都是平價的聚酯質料。

藍尼爾里的身價愈來愈高，一九八二到一九八六年的黃金歲月期間，他的年收約在兩百萬到五百萬美元之間，但是西裝還是只有四套。克倫索記得：「我們曾經笑他，他是到布魯克林的男仕店排隊買西裝的，以前他們會賣你一套西裝，附贈佛羅里達之旅、一瓶香檳，還有食品兌換券，總價只要九十九美元。」

藍尼爾里把錢都花在快艇上，他買了五艘快艇。他說：「這樣一來，我的快艇比西裝還多。」除此之外，他的生活很簡樸，既沒有奢華的轎車，也沒換新房子。正所謂「人靠衣裝」，大家都會注意到藍尼爾里的穿著，他的西裝告訴大家：「我沒忘記自己出身，你們也別他媽的忘了。」這些西裝也說：「我是藍尼爾里，不是什麼討厭的有錢投資銀行家，我不搞計謀。你可以相信我，我會關照你。」

在藍尼爾里和其他交易員的努力下，投資人對抵押債券的質疑逐漸消失，開始有人進場投資。藍尼爾里說：「波士頓的詹尼森（Genesson）基金經理人安迪・卡特（Andy Carter）是第一個跟進的人。」更重要的是，這時的藍尼爾里已經變成儲貸業大師。美國數十家大型儲貸銀行沒先請教他的意見以前，都不敢輕舉妄動。他們相信藍尼爾里，因為藍尼爾里不僅外表像他們、打扮像他們、言行舉止也像他們。所以，儲貸銀行的經理賣掉承作的房貸後，雖然可以用那些資金投資米爾肯的垃圾債券，卻還是大量買進抵押債券。一九七七到一九八六年，美國儲貸銀行持有的抵押債券總額從一百二十六億美元，增為一千五百億美元。

避險？膽小鬼才需要這麼做啦！

不過，這個數字仍大幅低估了儲貸業為藍尼爾里這群人帶來的財富。出色的業務員可以把原本戒慎恐懼的儲貸銀行經理，說服成賭性堅強的抵押債券投資人。原本死氣沉沉的儲貸銀行變成債券市場上最大的玩家，儘管儲貸銀行的家數減少，但整體資產總額卻成長了近一倍，在一九八一年到一九八六年間，從六千五百億美元成長為一・二兆美元。所羅門交易員佛利德記得，他拜訪過加州一家大型儲貸銀行的經理，那經理深受華爾街影響。佛利德其實想勸他冷靜下來，減少在市場上的投機比重，降低投資部位，並在債市中避險。「你知道他怎麼回我嗎？他說膽小鬼才會避險。」佛利德說。

所羅門許多交易員估計，他們的獲利中有五〇%到九〇%是來自和儲貸銀行對作的交易。你可能會很好奇，為什麼儲貸銀行的總裁會忍受所羅門賺他們那麼多利潤？首先，儲貸銀行的總裁其實被矇在鼓裡，外人無從得知所羅門的利潤，再加上抵押債券市場裡又沒有其他競爭者，客戶無法貨比三家。那些贊助社區花車遊行的人、「三六三俱樂部」的成員、打高爾夫球的人，在不知不覺中成了美國最大的債券交易人，也是美國最糟糕的債券交易人，他們，就是市場上的傻瓜。

儲貸業雖然成長驚人，但是他們正如達爾所預言，無法完全滿足一九八〇年代初期產生的房貸需求。在所羅門擔任抵押債券交易員，大多是買進房貸，賣出較少。「包恩是『原始貸款』的交易員，其實他等於是一家二十億美元儲貸銀行的老闆。」他的前同事說。包恩和儲貸銀行一樣，發現自己握有一堆長期貸款，不過他和儲貸業者的差別在於：他賺翻了。所以在一九八〇年代初期，儲貸銀行和交易員的角色詭異地對調了，儲貸銀行變成交易員，交易員變成儲貸銀行，華爾街取代了整個儲貸業。總有一天，會有人勇敢地問道：「為什麼我們不乾脆幹掉儲貸銀行？」莫塔拉為包恩取了「買王包恩」的綽號，因為包恩似乎只買不賣。結果證明，他們真的走運了，債券市場正要開始飆漲，創下歷史紀錄。考夫曼在《機構投資人》雜誌上回憶：

一九八〇年代初期，基本放款利率是二一・五%，票券利率是一七・五%。一九八一年十月長期公債利率升至一五・二五%時，已經達到了最高點。我只覺得，一九八二年第三季，景氣還不會迅速恢復，到了一九八二年八月，我終於開始看多了。我開始看多的那天，股價創下史上最大的單日漲幅，債市也大漲。

那天，公司在華爾道夫飯店召開執行委員會會議。會議前一晚，我寫了兩頁的備忘錄，指出殖利率即將大跌並說明理由。我請司機幫我把那份備忘錄交給秘書，請她輸入電腦，以便早上開盤前（約八點四十五分或九點），公司的交易員和業務員都能從螢幕上看到那份資料。接著，我前往華爾道夫飯店，共有八位執行委員出席會議。

這時秘書打電話來，要我解釋那份備忘錄，因為我是草寫的。我記得當時好像是古弗蘭問我：「你跟誰講電話？」我說：「我在口述備忘錄。」有人問：「什麼備忘錄？」我說：「我剛改變我對債市的看法。」他們都驚呼：「你改了對債市的看法？」這時備忘錄已經顯示在螢幕上了，接著債市開始狂飆。

抵押債券供需失衡時，藍尼爾里等人被迫持有數十億美元的抵押債券，他們別無選擇，只能賭債市走高。所以，當債市出現華爾街史上最大反彈時，他們都樂不可支。他們得先感謝考夫曼，因為考夫曼看多時，市場真的開始走高了。接著聯準會降息，華府一如考夫曼的預期調整政策，又拉了藍尼爾里等人一把。納都曼回憶：「市場幾乎是一夕翻多，迅速飆漲，債券期貨在一週內大漲一六點，令人難以置信。」抵押債券部成了所羅門裡大家豔羨的焦點。他們幾位交易員仗著市場大漲和美國儲貸業者的無知，為公司賺進了數億美元的利潤。

不過，其實藍尼爾里還有其他更妙的賺錢管道。

藍尼爾里手下的交易員發現，其他公司的交易員都很好騙。所羅門是唯一和其他投資銀行沒有直接電話連線的抵押債券交易室，他們比較希望透過盤商當中介。史東說：「我們主導整個華爾街。為了控制交易量，市價是十時，我們先以十二買進。所羅門的研究部會發出一份報告指出，剛剛以十二買進的債券，其實價值是二十；或者說我們會以十二的價格再多買六十億元。華爾街其他公司會在螢幕上看到價格愈炒愈高，他們會認為券商在買進，自己最好也跟進。於是他們就承接了我們出脫的部位。」換句話說，所羅門可以操弄抵押債券交易市場。

你想提前償還房貸？太棒了，他們早就磨刀霍霍

日子久了以後，藍尼爾里逐漸脫離交易室的日常決策。史東說：「藍尼爾里很聰明，他只看大方向。他會說，抵押債券未來兩週的表現會比國庫券好，他的預測總是能命中九五％。即使看錯了，他還是可以聯絡十九家儲貸銀行，說服他們買下我們的抵押債券。」藍尼爾里不太注重細節，

但交易員開始鑽研抵押市場的枝微末節。長期擔任抵押債券業務員的薩克斯表示：

「交易員的工作性質變了，他們找來計量學家，開始把抵押債券細分成很小的部分，市場變得相當複雜，遠遠超出藍尼爾里一次只能思考五件事的上限。」

新加入的年輕交易員個個都有企管碩士或博士學位。第一個是克倫索，接下來是霍普特、羅斯、史東、布里騰漢、納都曼、包恩、坎德爾、魯賓等人。這些年輕的交易員充分利用「購屋族想提前償還房貸」的特質大賺一票，以下就是一例。

「聯邦專案貸款」是貸放給建商的貸款，由聯邦政府提供擔保。羅斯和布里騰漢利用政府的無知，靠著交易這種貸款，賺進數千萬美元。一九八一年，聯邦政府出現財政赤字，不得不出售政府資產，其一就是六〇和七〇年代對低價國宅開發商所提供的貸款。那些貸款的利率原本就低於市場水準，等於是在補貼開發商。在公開市場上，由於這些貸款的利息偏低，它們的價值遠低於面額，一美元的貸款通常只值六十美分。例如，三十年期的一億美元貸款，每年支付四%的利息（如果是投資美國國庫券，可賺十三%），可能只值六千萬美元。

政府出售貸款時，會在《華爾街日報》上刊登一則小啟示，這種消息似乎只有兩個人會讀：羅斯和布里騰漢。布里騰漢說：「我們主導了市場好幾年，一九八一年我加入交易室時，全市場只有我們在買這種東西。」這市場比其他市場更像賭局，關鍵在於預測哪種政府專案貸款會提前償還。一旦提前償還，擁有那些貸款的人（亦即債主）就賺翻了，因為這種專案貸款的價值低於面額。羅斯和布里騰漢以六折的價格購買這些貸款，如果債務人立刻償債貸款，他們可以現賺四十％的利潤。想賺這種錢，你必須知道如何找出提前償還貸款的情況。

情況通常有兩種。第一種，是有財務困難。有困難的地方，一定有機可乘。布里騰漢表示：「如果可以找到快要違約的國宅貸款專案，那最好。」因為政府為貸款提供了擔保，一旦債務人無法清償，政府會全額償還，那獲利可能高達數百萬美元。

第二種，可能提前清償的情況是高級住宅。布里騰漢記得：「你找到一幢高級住宅，不在貧民區，而是擁有游泳池、網球場、微波爐的那種房子，你會覺得：『這可能換手。』所謂的換手，是指住戶向開發商買下房子，開發商拿錢去還政府貸款。政府拿到錢後，就會以面額償還羅斯和布里騰漢用六折買進的貸款。兩個華爾街的年輕企管碩士，逛遍全美的國宅專案，找尋附設游泳池的房子和破產的房客，這聽起來或許很荒謬，但是當你真的靠這招賺進千萬美元時，就知道這一點也不假了。怪的是，華府那些出售這類貸款的人並沒有跟著這樣操作，因為他們不知道這種貸款的真正價值，以為市場會付給他們合理的價格，問題是市場並非效率市場。

購屋族的行為缺乏效率，要懂得利用這個缺點

美國購屋族的行為缺乏效率，如果能善用他們這個缺點，獲利更高。一般購屋族在決定何時償

還債務時，不見得比政府精明。全美各地購屋族的房貸利率可能是四％、六％或八％，但他們卻選在房貸利率十六％時償還房貸，即使在流行財務槓桿的年代，還是有很多人不喜歡背負債務的感覺，這點促成了和聯邦國宅貸款一樣的商機。住宅貸款是抵押債券的根本，債券的市價低於面額，賺錢的訣竅是在購屋族清償房貸以前，趕緊以低於面額的價格買進這些債券。能預測購屋族行為的交易員就能賺錢，任何提前償還對抵押債券的持有者來說都是獲利。他以面額的六折買進債券，現在是以面額收回資金。

所羅門的年輕交易員魯賓開始計算購屋族提前償還房貸的機率。他發現，機率隨著居住地點、房貸剩餘年限、房貸金額等因素而異。他運用的資料，是由藍尼爾里旗下的研究部蒐集的。當初公司招募這些研究員的用意，是想請他們來當顧問，以便隨時請教，然而大家卻把他們當成足球隊裡的茶水小弟看待。只有頂尖的交易員，知道如何善用這些研究員。

對魯賓和研究部來說，美國的購屋族變成了實驗室的白老鼠。研究人員以圖表顯示，原本不動如山的購屋族，在看到利率變動後，會跟著利率起舞。研究人員一旦發現某群購屋族比較可能出現非理性的行為，在利率偏低時清償貸款，他們會通知魯賓，魯賓就會買進這些購屋族的房貸。這些購屋族當然不知道華爾街如此關注他們的行為。

抵押債券部初期獲利相當容易，就像所羅門過去那樣。不過，一般普遍認為，抵押債券是市場上最複雜的債券，涉及高深的數學，這種複雜度其實都是因為購屋族有權提前清償貸款而產生的。

沒想到老百姓為市場帶來的唯一一道金融難題，竟然成了華爾街金頭腦大撈一票的商機。當初促成藍尼爾里成立研究部的直覺很準：抵押債券確實是在玩數學。

市場技術愈進步，他們的行為愈退步

隨著分析工具的日益精進，抵押債券部的獲利也愈來愈多，但交易員的行為舉止並沒有跟著提升。市場技術愈進步，他們在人類行為的進化上愈退步。

他們的人數從六位增為二十五位，不僅愈來愈吵、粗魯、肥胖，也愈來愈不在乎和公司其他部門的關係。他們的文化就是以吃喝為主軸，這聽起來很怪，不過看著他們吃吃喝喝更奇怪。一位前交易員說：「你在抵押債券部，天天都是聖誕節，每個人都是盡情地吃喝。再怎麼胖也無所謂，反正我們就是會賺錢。」每天早上八點，學員會從三一快餐（Trinity Deli）買來洋蔥起司漢堡。一九八五年加入交易室的蓋瑞．吉爾堡（Gary Kilberg）回憶：「其實你不是真的那麼想吃，但你人在那裡，喝著咖啡，聞到那漢堡的香味，大家都在吃，你也會跟著拿一個來啃。」

這些交易員的貪吃模樣，在所羅門內可說是前所未見。莫塔拉可以兩口吃掉一盒超大的麥芽牛奶球，丹通拿每天下午都會叫學員去幫他買二十美元的糖果。霍普特、傑索森、艾諾德可以一口就吞掉一個小披薩。每週五都是「狂食日」，交易完全停擺，大家卯起來大吃大喝。一位前交易員說：「我們會訂四百美元的墨西哥食物，要買到四百美元的墨西哥食物真的很難，但我們會想辦法湊到那個數字，從五加侖一桶的酪梨沙拉開始買起。」客戶可能會打電話來詢價，交易員會說：「很抱歉，我們正在大吃大喝，待會兒再回你電話。」

他們的體型愈胖，就愈討厭瘦子。「這裡沒有虛假的人，我們都為自己的樣子感到自豪！」他們嘲笑那些瘦巴巴的公債交易員，說他們週末去參加鐵人三項，平常賺不到錢，雖然這種說法並不正確。不過，的確沒有人賺得比抵押債券的交易員還多，抵押債券市場已經時來運轉了。史東記得，每個月底「我們部門都會聚餐，大家會說我們一個部門的獲利，是公債和公司債兩個部門加起來的兩倍。我們是最棒的，去你媽的公債和公司債部門！一九八三年底，所有交易部的主管都升為合夥人，唯獨莫塔拉沒升，那股怨氣把我們凝聚在一起，我們說：『我們不是為所羅門工作，我們是為抵押債券部工作。』」

後來，抵押債券部底下的分類愈來愈多，藍尼爾里依舊保留了他們的文化。他們月底若不是一起聚餐，就是到大西洋城聚賭，不讓公債和公司債部門的交易員跟去。抵押債券的交易員搭上直升機，到大西洋城狂賭一晚後，再飛回所羅門，即時趕上隔天早上的交易。如果你是膽子夠大的交易員，那正是你會幹的事。

光是贏還不夠，要贏得威風

惡整菜鳥的戲碼，是某些部門的傳統。例如所謂的「行李惡整法」，是從一九八二年開始的，玩法是由一位交易員拿了另一位交易員的行李，然後把裡面的衣服全換成粉紅色的蕾絲內褲。一九八二到一九八五年間，至少發生了四起類似的惡整和反整事件。最後一次發生在丹通拿身上。有一個週五早上，他很晚才進辦公室，手裡拎著一個行李，他原本打算去波多黎各度週末，並開始對其他的交易員炫耀：「嘿，各位，真抱歉，你們不能跟，哈哈哈。」

沒多久，馬羅和葛瑞・厄拉迪趁丹通拿不注意時，把他的行李調包，拿出裡面的衣服，塞進一大堆的濕紙巾。

丹通拿當晚在波多黎各的旅館裡洗完澡，才發現行李被調包了。他渾身濕答答地抓起電話，打給他覺得嫌疑最大的人：馬羅。馬羅坦承是他幹的，丹通拿臭罵他，這玩笑開得太過分了。那個週末，他打了七次電話給馬羅，說他一定會報仇，「我不知道我會用什麼方法，我也不知道是什麼時候，在什麼地點，但總有一天……」

丹通拿很快就找到機會報復還擊，但對象不是馬羅。馬羅的助理吉爾堡，是我同期的學員。有一天他帶著行李來上班，那天晚上他要搭東方航空的班機到華盛頓會見兩位美國參議員。他擔心自己會淪為丹通拿惡整的目標，於是把行李藏在考夫曼辦公室的櫃子裡。但就在他前往機場以前，他的電話響了，是馬羅打來的。馬羅就坐在離他不遠處，兩人只相隔八呎，但是交易員想講悄悄話時，會用電話聯繫。

馬羅提醒吉爾堡：「別告訴任何人我提醒過你，但你最好檢查一下行李。」所以吉爾堡確定沒人跟蹤他以後，便跑去檢查行李，確定行李毫無異狀。

吉爾堡搭上飛機，旅程一切順利。但是兩天後他回來交易室上班時，所有交易員都對著他笑，丹通拿笑得最明顯。吉爾堡問：「什麼事那麼好笑？」

「你這趟出差還好嗎？」丹通拿問。

「很好啊。」吉爾堡說。

「『很好啊』是什麼意思？」丹通拿問。

吉爾堡出門那天，丹通拿在交易室附近發現一個裝滿衣服的行李，箱子上鑲著一個大大的金字K。K字不就代表吉爾堡（Kilberg）嗎？

大錯特錯！那不是吉爾堡的行李！

「不然那些西裝和襯衫是誰的？」一位交易員問，並從桌子底下拉出一些看起來很貴的衣服，吉爾堡回憶：「你只看到大家絞盡腦汁思考，他們想到的不是小咖，而是大頭，例如考夫曼或金麥爾之類的。他們整個慌了，甚至想到那該不會是公債交易部的主管寇特斯吧？他們異口同聲地說：『媽的！現在該怎麼辦？』」

其實你想想，這問題不難解決。行李被掉包的人，一定會拿到滿箱的濕紙巾。不管是哪個倒楣鬼，在周末只有滿箱濕紙巾可穿，一定都會氣得半死。由於這種惡整的戲碼只在抵押債券部裡流傳，部門裡姓氏以K開頭的人都被惡整過了，所以這些衣服就此消失，也不會有人知道。於是，一位交易員把這些衣服都塞進一個類似屍袋的綠袋子裡，拿到所羅門對街的工地丟棄（就在紐約健身與球拍俱樂部前面）。這些交易員像《湯姆歷險記》裡的湯姆和哈克一樣，他們彼此約法三章，絕對不能對任何人透露這件事。吉爾堡說：「直到今天，沒人知道那些西裝是誰的。」

總之，這部門一點都沒有大公司的部門該有的樣子，比較像大學裡的兄弟會。部門有這種幼稚的表現，主管至少得負部分責任。他不僅是其中一員，還帶頭起鬨。對藍尼爾里來說，光是贏還不夠，更要贏得威風。藍尼爾里的交易桌上有一支信叉，信叉上掛著一件脫衣舞孃的橘色內褲。部門賺的錢比公司其他部門還多當然開心，不過賺的錢比其他部門多，還可以叨著大雪茄惡整員工，那才真是痛快。

誰敢碰我的披薩，他就死定了

一位交易員記得，藍尼爾里有次大步邁出自己的辦公室，走到年輕交易員安德魯．弗里沃（Andrew Friedwald）旁邊。「他滿臉微笑，和弗里沃站得很近，問他某筆交易的情形。弗里沃說，他希望在日本和倫敦能多賣點債券。但藍尼爾里就只是站在那裡，臉上掛著詭異的笑容，頻頻點頭。弗里沃又說了一些話，但藍尼爾里就只是站在那裡微笑。後來弗里沃終於發現自己被整了，因為藍尼爾里拿著點燃的打火機，燒著他的褲襠。他的褲子眼看就要著火了，他氣得跳腳。」

史東記得，藍尼爾里有一次把整瓶貝禮詩愛爾蘭香甜奶酒倒在他的西裝口袋裡。史東抱怨那是他最喜歡的一套西裝，藍尼爾里立刻掏出四張髒兮兮的百元美鈔給他：「別抱怨了，去買套新的吧！」

藍尼爾里那種衝動的個性，是商學院課堂上鮮少提到的類型。瑪麗亞・桑伽斯（Maria Sanchez）到所羅門抵押融資部上班的第一天，有人帶她到公司各部門拜碼頭，她在走廊遇到藍尼爾里。桑伽斯回憶：「我完全不知道他是誰，他像隻企鵝一樣大搖大擺地走過來，手中揮著長劍（他辦公室裡收藏了幾把）。他走到帶我了解環境的同事旁邊，用劍指著我大聲問：『她是誰？』」

「同事介紹我們彼此認識後，他又問我：『你是義大利裔嗎？』我說不是，我是古巴裔。我那天穿著一件襯衫，上面打著長蝴蝶結。藍尼爾里臉上堆滿了微笑，拿出一把剪刀，剪掉我的蝴蝶結。他說他不喜歡女人身上有蝴蝶結，然後從皮夾裡掏出一百美元，要我拿去買件新的襯衫。我心想，老天，我是來到什麼鬼地方？」

後來，古弗蘭終於出面要求藍尼爾里收斂行為。古弗蘭不反對開一些小玩笑，不過他畢竟是大公司的老闆，他的副董事長卻愈來愈像董事長的邪惡化身。如果他要拔擢藍尼爾里為董事長，藍尼爾里至少要有董事長該有的樣子。史東說：「我記得有一天，藍尼爾里把他的美國運通卡丟給他的祕書麗姿，要她到布魯克斯兄弟西服幫他買一櫃子的衣服，因為古弗蘭要他改變形象。」

古弗蘭關心的不只是藍尼爾里的服裝，也關心他的生活。另一位交易員說：「古弗蘭還會注意藍尼爾里的體重，我記得有一次我們叫了披薩，古弗蘭剛好過來，藍尼爾里等古弗蘭走後才敢吃披薩。大家都知道藍尼爾里要吃哪一塊披薩，他臉上的表情寫著：誰敢碰我那塊披薩，他就死定了。」

藍尼爾里對於自己轉型的過程，倒是有稍微不同的記憶。他記得有一天他被太太蓓格和祕書麗姿騙進巴尼百貨公司。他說：「我同意買一套新的西裝，我們看了一整排的西裝，店員問我喜不喜歡，每次我說喜歡，他就拿起那件。麗姿事前告訴那傢伙，我會買下我喜歡的每件西裝，但沒告訴我。等我看了一輪後，我總共挑了九套西裝，接著是我最痛恨的事：試穿那些該死的東西。就在我試穿的時候，麗姿拿著我的信用卡，說她先去幫我結帳。

結果她回來時，手裡拿著三大條的收據。我問她：「這是什麼？」她幫我買了九套西裝、十五條領帶、二十四件繡著我名字的襯衫，還有一堆小玩意兒（他手指西裝口袋裡塞的手巾），我才知道被她們設計了。」

不過，他也不算被設計到。因為他買的那批西裝不久後樣式正好褪流行，總之，藍尼爾里從來沒真正穿過那些新衣服，一位交易員記得：「他每天早上來上班時，把背心披在左肩，把領帶披在右肩。」藍尼爾里絕對不讓他的新外型影響他在客戶面前呈現的踏實形象，新衣服後來變成他舊有性格的巧妙陪襯。

克倫索記得，有一次他陪藍尼爾里和客戶用餐，藍尼爾里不小心把湯灑在新的窄版領帶和襯衫上。「他氣得大罵，要是他還打著原來的寬版領帶，就只會弄髒領帶，不會弄髒襯衫了。」有一次他去造訪另一家客戶——阿拉斯加州政府——以前，有人提醒藍尼爾里，那時是三月，只穿西裝可能不夠，最好加件大衣。他把美國運通卡交給麗姿，麗姿去布魯克斯兄弟西服幫他買了一件八百美元的名牌大衣，於是他穿著還滿新的西裝和全新的大衣前往阿拉斯加。不過，他在途中掉了鞋子，只好在免稅店裡買了一雙新鞋。結果他穿著八百美元的大衣，卻搭配一雙十九美元的亮橘色仿皮靴，鞋底足足有六吋厚，那樣子令人印象深刻，恐怕是華爾街最讓人驚奇的出訪造型。

一個賭場算牌高手，第一年海削二千五百萬美元

兩個看似差不多的交易員，交易部位都一樣，但是其中一人賺了二千萬美元，另一人卻賠了二千萬美元，你可能搞不清楚為什麼會這樣。

老千騙局之王梅利韋勒應該是所羅門的交易主管中，最擅長發掘交易新秀的人，不過連他都有看走眼的時候。有一次他找進一位交易員，那個人只要一賠錢就驚慌失措，有一天這傢伙發現自己賠光了，他反覆地唸著：「他們要來抓我了，他們要來抓我了。」後來大家把他架離了交易室。

雖然你不見得可以看出誰是輸家，但是天生贏家在你面前，你一眼就看得出來，魯賓就是其一。在所有的交易員中，魯賓展現了先大過人的直覺。藍尼爾里說魯賓是「我見過最有天分的年輕交易員」。其他交易員說，魯賓是最像藍尼爾里的交易員。有位交易員記得：「藍尼爾里會說，他覺得市場會漲，然後就買進一億美元的債券。萬一市場開始下跌，他就再買進二億美元的債券，他這樣買，當然市場就翻多了。等他把市場炒高以後，他會對我說：『看吧，我就說市場會漲吧。』魯賓在這方面有點像他。」

魯賓在一九八二年秋季從哈佛大學商學院畢業後加入所羅門。自藍尼爾里以下，大家對魯賓最感興趣的是，他曾在拉斯維加斯的二十一點賭桌上記牌多年（記住莊家發出的牌，然後計算那些牌對賭局機率的影響）。會記牌的哈佛大學畢業生很少見，這種組合正好是所羅門轉型前後的綜合體。

一九七七年，魯賓從拉法葉學院畢業後，到紐澤西州林登市的埃克森煉油廠（Exxon）擔任化學工程師，年薪一七五〇〇美元，當時他覺得薪水不錯。他說：「六個月後，我就覺得無聊了。一年半以後，我真的覺得無聊得要命。」在林登市當無聊的化學工程師，你能幹什麼？你只能看電視，喝啤酒。

有一天晚上，他和大學的朋友一起看電視，隨便亂轉頻道，結果轉到《六〇分鐘》的節目，那天剛好介紹一位以記牌為生的人。魯賓說：「媽的，如果他都能做，這有什麼難的？」於是他讀了三本相關的書，便轉戰拉斯維加斯。他在拉斯維加斯待了兩年，把三千美元的老本變成八萬美元。

「破解二十一點其實不難，難就難在避免自己記牌的本事被賭場識破。」他說。離開拉斯維加斯時，當地每家賭場都有他的照片，他必須喬裝一番才能進場。後來他覺得記牌也很無聊時，便申請進入哈佛大學就讀。他從同學口中得知債券交易員這一行，他一聽馬上就覺得那是為他量身打造的職業。

魯賓覺得，面對折價的抵押債券，計算它提前償還的機率和記牌的技巧很類似。他說：「二十一點是賭場中唯一非獨立結果的賭局，前面拿到的牌會影響後來的牌局，所以有時候你在統計上的確有優勢，那就是你押大注的時候。」他在所羅門可以取得購屋族過往行為的相關資料，他只在有十足把握時才下注。此外，他也表示，所羅門的交易室感覺很像拉斯維加斯的賭場。周遭有太多事情讓你分心，但你必須在這種環境中下注和管理風險。

在賭場裡，為了在發牌員面前假裝不在乎，同時記住發過的每張牌，魯賓會找隔壁的人聊天，一邊喝著調酒。他在所羅門交易債券時，則是一邊聽六位業務員喊單，一邊啃著起司漢堡，一邊看著藍尼爾里拿著打火機燒著其他交易員的褲檔。

一九八三年他結訓後上場交易，第一年就賺了二千五百萬美元。所羅門的管理階層從來沒回答過的問題，在魯賓進公司後第一次被提起：這些錢究竟是誰賺的？是魯賓，還是所羅門？魯賓認為那是他自己賺的，古弗蘭認為那是所羅門賺的。古弗蘭覺得，公司為魯賓創造機會，理當獲得大部分的利潤，最後當然是古弗蘭的看法勝出。魯賓結訓後的兩年，待遇和所有學員一樣都有上限。第一年他的收入是九萬美元，那是資歷一年的交易員可領的上限。一九八四年他擔任交易員的第二年，他為公司賺進三千萬美元，年薪是十七萬五千美元，也是資歷兩年的交易員可領的上限。他記得：「哈佛大學的經驗法則是，如果你真的很強，三年內年薪就可以達到十萬美元。」

但這個經驗法則對他來說已經無所謂了。一九八五年初，他離開所羅門，跳槽到美林，簽了保證底薪一百萬美元的三年期合約，還可以從交易獲利中抽成。

誰能怪他呢？所羅門的同事肯定都不會怪他，他們都可以理解。你不能指望一個交易員為所羅門賺進市場上的每分錢，把他訓練成弱肉強食的高手，然後還期待他在年終分紅時乖乖接受微薄的獎賞。所羅門的交易員每年到年底，都會暫時擱下手邊的工作幾週，為自己的未來作準備——公司付給我多少錢？對我的前景有何看法？我從別家公司能拿到多少錢？

如何賺千萬台幣，還假裝不滿意

交易員甚至會和公司對賭一種遊戲，有點像老千騙局，納都曼還幫這種遊戲取了名字——「如何拿到年薪三十五萬美元，仍假裝不滿意」。遊戲重點在於如何讓公司知道，今年也許三十五萬美元可以打發我，但明年要是沒給我該有的待遇，我就走人。你可能是在虛張聲勢，也可能是玩真的。

古弗蘭本身也當過交易員，卻不了解公司薪資制度的矛盾之處。抵押債券部為公司賺進前所未有的獲利，也對這套薪資制度造成前所未有的傷害。

古弗蘭的看法，源自於公司仍採用合夥制的時代，那時大家覺得忠誠度是天經地義的事。在合夥制裡，交易員必須把很大一部分的財富留在公司裡，離職會損失一大筆錢。

一九八一年，當古弗蘭把公司賣給大宗物資交易商菲利普兄弟時，這種制度就結束了。現在一個乳臭未乾的小子（在古弗蘭的眼裡）才剛結訓，公司把他放進抵押債券市場裡找尋商機，賺了數千萬美元，竟然要求分紅。

古弗蘭一點都不想和人分紅，他認為給新人一定的金額就夠了。他的觀念還停留在過往，認為付一百萬美元給資歷兩年的交易員實在太誇張了。況且，他覺得賺進二千五百萬美元的是所羅門公司，不是魯賓。

古弗蘭公開批評這一代的年輕人過於貪婪。一九八五年，他威風凜凜地大手一揮，指著眼前的交易室，一邊告訴《商業周刊》的記者：「我實在不懂這些毛頭小子心裡在想什麼。」抵押債券部的交易員都看出了古弗蘭的偽善，對他充滿了怨恨。他嘴裡說錢不重要，自己卻是華爾街年薪最高的執行長。況且他把所羅門賣給菲利普兄弟後，自己拿了四千萬美元。公司易主後，他和其他老合夥人對所羅門的看法就變了。他們不再把所羅門當成賺錢工具，而是創造權力和尊榮的工具，這裡變成他們為所欲為的遊樂場。

古弗蘭對這個遊樂場的成長特別興奮，他喜歡對外宣稱所羅門是全球最強大的投資銀行，資本額三十億美元。他對於「全球」投資銀行這個概念特別感興趣，大肆在倫敦、東京、法蘭克福、蘇黎世等地擴張據點。一九八二年所羅門的員工總數才二千人，一九八七年暴增成六千人。

這一切或許可以歸因於想要維持競爭力的健康心態。不過，許多抵押債券的交易員認為，公司為成長而成長，只是反映出古弗蘭的好大喜功。他常到處說，所羅門每天都持有八百億美元的證券。他還說，以資產規模來看，所羅門是「全球最大的商業銀行」，也是「全球四十個大國之一」。一位猶太裔的交易員回他：「拜託，古弗蘭，你們才稱不上什麼國家，不過是一群玩財務槓桿的猶太人而已。」

古弗蘭可不這麼想，他覺得自己無可取代。相反的，魯賓只是公司裡的小螺絲釘，稱不上一號人物，任何學員可以取而代之。交易員挑戰古弗蘭的薪資制度，是一種划不來的交易——最好的情況下，如果你留在所羅門，公司持續成長，你可能拿回過去應得的報酬。最糟的情況是，萬一公司不再賺錢，你已經把交易員最好的歲月無端地奉獻給公司了。

所以，一九八五年三月，魯賓和美林簽下三百萬美元的合約，成為那年代的傳奇人物。魯賓跳槽的消息傳到培訓中心，一群從來沒見過他的人開始談論起他來。他們問：「你聽到魯賓跳槽美林的條件了嗎？」這個問題問了等於白問，因為這是眾所皆知的事。

魯賓傳奇讓抵押債券部的人心想，只要他們能在其他地方拿到三百萬美元的合約，他們也打算馬上走人，於是所羅門裡出現一種全新的工作態度——騎驢找馬。

這就是所羅門成為華爾街人才訓練班的原因，尤其抵押債券部更是同業的菜鳥訓練班。公司債、公債、抵押債券交易員出走的人數愈來愈多，多到一位公司債的資深業務員說，他也考慮跳槽到美林，因為他在那裡認識的熟人比較多。抵押債券部人才流失的狀況最嚴重，從其他公司的觀點來看，所羅門的抵押債券交易員物美價廉，可以幫他們打進原本不得其門而入的龐大市場，這些人的跳槽身價往往高出他們自己的預期。

其實我想留，其實我想走……

狄帕斯奎爾（Ron DiPasquale）是逆其道而行的例子。

一九八四年，狄帕斯奎爾在別人口中只是「三流的抵押債券交易員」，他是從後台轉調交易室，實戰經驗不多，就被美林以保障年薪一百萬美元的兩年合約挖角過去，擔任美林抵押債券交易部的新主管（他比魯賓還早跳槽）。雖然狄帕斯奎爾後來的確成了優秀的交易員，但當時他其實什麼都不會，他拿到合約一週後，美林才發現找錯人了，只好把他放到後台。直到合約期滿，狄帕斯奎爾才以英雄之姿重返所羅門。有人稱他是征服者，所羅門的交易員在跳槽後，很少人能夠回鍋，狄帕斯奎爾成了例外。看在他的主管眼中，他當初跳槽算是在惡整美林。

不過，魯賓才是大事，他跳槽美林最怪的地方在於他其實不想離開。他宣稱，他差點回絕了美林的合約。他決定接受合約後，又不敢向所羅門透露這件事，因為他知道自己很容易被慰留。他本身也想留下來，在所羅門闖出一番事業。他說：「我在這裡過得太好了。」他最喜歡所羅門的地方是「你只管做交易就好」。

他打電話告訴莫塔拉這件事，莫塔拉提議他們一起到南街海港共進午餐。魯賓記得，他和莫塔拉及克倫索坐在港外的圍欄談話時，他流下了眼淚，他說：「那感覺就像離開自己的家一樣。」兩位主管都沒有努力慰留他，只是表達他們能夠理解。簡單地說，美林就是用鈔票收買了魯賓，那是所有交易員都會面臨的命運。同樣的事情也可能發生在莫塔拉或克倫索身上，只是價碼會高一點。莫塔拉現在說：「我還在所羅門工作時，我只想扮演好員工該有的角色，但是曾經參與開發抵押債券市場的人，都是所羅門薪資制度的受害者，至少他們都因為那套制度而深受其害，他們的待遇和貢獻太不成比例了。」

這的確是個奇怪的悲劇，各方都是受害者，卻很難讓人對任一方寄予太多同情。一九八四年抵押債券部大賺了一票，但所羅門的整體表現並不好，所以交易員並未按績效獲得應有的待遇。你想想，過去抵押債券部對其他部門是什麼態度（「去你媽的公債和公司債部門！」），而今公司的整體獲利不佳，他們還得補貼其他部門，當然很不服氣。

所以魯賓離開後，坎德爾、包恩，以及頂尖業務員波登也接受加州農民儲蓄銀行（Farmers Savings Bank）年薪百萬的合約，相繼離職。羅斯和新來不久的交易員安迪·艾斯崔成（Andy Astrachan）也在米爾肯的遊說下，接受德崇證券年薪百萬以上的合約。

就這樣，所羅門的抵押債券部中，四個最賺錢的交易員走了三個，他們是羅斯、包恩和魯賓，第四位是史東。

獅子大開口，年薪暴增四倍

一九八四年，史東交易十五年期的抵押債券（因為到期年限很短，這種債券又叫矮人債券），為公司賺進七千萬美元。一九八五年年中，史東接到美林的來電，對方開出年薪加倍的條件，史東婉拒了，他說：「我覺得我會在所羅門待到五十歲。」他和魯賓一樣，不願離開抵押債券部這個大家庭。「然後美林要我自已開價，他們說每個人都有一個價碼。」

史東以為他只要獅子大開口，就可以嚇跑美林，所以開出他一九八四年所得的四倍，沒想到「美林居然說好」，於是他們達成協議，史東拿到比魯賓更好的年薪保障，和以前的伙伴一起擔任美林抵押債券部的主管。

這時，所羅門開始慌了，藍尼爾里和莫塔拉要求史東週末再多考慮一下。由於他們就像一家人，史東的確利用周末好好考慮了一番。

接下來發生的事，是所有賺錢的員工在跳槽以前都會碰到的情況：公司高層連番上場慰留。公司高層搬出各種論點想說服他，說他想跳槽是犯了人生的一大錯誤。第一套論點是，離開所羅門以後，會過得很悲慘。一位交易員說：「他們讓你覺得其他公司的人要不是白癡，就是混蛋，所以如果你想為他們效勞，你肯定也是白癡或混蛋。」

不過，這一回執行委員會的成員一定知道，跳槽的交易員都很聰明，他們又是史東的伙伴，所以史東一定不相信他們是白癡或混蛋。史東說：「一位朋友跳槽到美林，你會心想：『等等，他不是白癡或混蛋。』接著另一位朋友也走了，於是你終於醒了……」

週一早上史東會見了公司的高層（那三人也以同樣順序出現在我們的培訓課程中）：麥錫、霍洛維茲、古弗蘭。麥錫第一個上場，他採用對付學員的那套恐嚇威脅法。史東說：「麥錫想讓我感到內疚。他說，你虧欠公司，公司一手栽培你，你不能離開。史東早就不信任抵押債券部以外的人了，所以他很快就通過麥錫那一關。他提到他為公司賺了七千萬美元，「我想我們至少互不相欠了。」於是麥錫請史東去見霍洛維茲。

我願意留下來，但你也別想占我便宜

霍洛維茲是執行委員會中負責扮白臉的人，外號「戴叔」。史東說：「他一開口就說：『你一進公司，我就一直很注意你，注意你的表現。你可能沒發現，不過我對你的前途發展特別感興趣。』」這是他一貫的說法，但接下來卻出現令人啼笑皆非的意外轉折，霍洛維茲說：「你從垃圾債券部調往公司債部門，再轉調抵押債券部時，我都出過力……」等一下！史東從來沒待過垃圾債券部或公司債部門。史東這時才發現，霍洛維茲說的是艾斯崔成，不是他，他進公司後就一直待在抵押債券部裡。「他一定是搞錯了，請祕書準備艾斯崔成的個人檔案，結果祕書也沒發現弄錯了，我實在替他感到尷尬。」

於是，霍洛維茲只好請史東去找古弗蘭。

史東說：「古弗蘭和我本來就不太熟，我走進他的辦公室後，他劈頭就說：『我猜你是來談微不足道的小事，你可能想談談你自己以及你的待遇，而不是公司發展方向之類的大問題。』他這招倒底是在打什麼算盤，我實在看不懂。」於是史東更加堅定了立場，他問古弗蘭，是否願意以一千萬美元的代價出售抵押債券部，古弗蘭回答：「當然不願意。」史東說：「其實你大可好好考慮把這個部門賣了，因為我們都會辭職。外面挖我們跳槽的價格加一加就是一千萬美元。」古弗蘭說：「你果然像傳聞說的一樣難搞。」

不過史東離開前，古弗蘭還是開口問他：多少錢才能留住他？史東說：「其實就算公司給我的錢比外面少，我還是願意留下來，但你也別想占我便宜。」古弗蘭最後同意，「照美林的價碼打八折。」

那是所羅門的管理高層第一次、也是最後一次對打算跳槽的抵押債券交易員讓步。一九八五年底，當史東年薪九〇萬美元的消息流傳出來時（這數字對資歷僅四年的交易員來說前所未有），公司債和公債部門都極度不滿。其他抵押債券交易員的薪資也必須提高數十萬美元，才能跟上史東的薪資水準。但公司債和公債部門的薪資完全沒調整，所羅門的規矩就此打破了，這種事前所未聞。史東說：「從此以後，公司就沒給我好臉色看過。只要我有一筆交易賠錢，他們就會說：『當初應該讓他走的。』」

財富是公司創造的，不是你。Really？

公司很快就發現，答應史東的要求是個錯誤。提高一個人的薪資，不僅讓員工懷疑原本的薪資制度，也破壞了所羅門內部長久以來的權力等級。員工替公司賺多少錢，是決定他個人價值的絕對標準。當抵押債券交易員的薪資遠超過公債交易員時，公債交易員會覺得自己不受重視，這種事情下不為例。

莫塔拉為了阻止年輕的交易員繼續流失，只好採取人情攻勢，但這都敵不過現金的威力，尤其是對交易員來說。一九八五年底，他安排交易員和古弗蘭共進晚餐兩次。

第一次是在古弗蘭最喜歡的曼哈頓餐廳佩里哥（Le Perigord），根據一位美食家的說法：「這家餐廳的主廚對家禽料理相當有一套。」出席晚餐的有莫塔拉、克倫索、史東，以及納森・康費德

（Nathan Cornfeld）。一位在場人士描述：「古弗蘭掌握了全場，我回家時心想，有他領導所羅門真是幸運。」除此之外，這次晚餐其實一場糊塗，大家可能都沒吃到什麼東西。古弗蘭以他特有的方式掌控了全局，他挖苦當時已升任常董的莫塔拉，說所羅門上市時，他靠公司的股票應該賺了不少。顯然古弗蘭為了這次晚餐，事先挖出許多陳年的資料。當時在場的一位交易員說：「莫塔拉馬上臉紅了。」接著古弗蘭提到薪資的議題。

史東一如平常，有話直說。他告訴古弗蘭，既然抵押債券部是公司最賺錢的部門，交易員的待遇本來就應該高於其他部門。一位交易員回憶：「古弗蘭一聽就發飆了，他開始滔滔不絕地說，在所羅門工作是一種榮譽，財富是公司創造出來的，不是個人創造的。」總之，古弗蘭說，抵押債券部高估了自己的重要性，他們的獲利根本不及公債部門。

交易員都知道這是漫天大謊，但是沒人反駁他。史東說：「大家都不希望看到古弗蘭發更大的脾氣。」那天晚餐就在尷尬的僵局中結束，交易員和古弗蘭的第二次餐會也取消了，大家都知道，這種聚會只會讓彼此的關係更加惡化而已。年輕的交易員相繼離開所羅門。一九八六年，史東加入培基證券（Prudential-Bache），擔任抵押債券部的主管。

第7章

我的銀行出事了

一九八六～一九八八年

距離佩里哥餐廳聚餐後不到兩年，所羅門抵押債券部潰不成軍。

一個交易員離職，的確可以另外找一個從美國一流商學院畢業的聰明年輕人替代。所羅門拒絕魯賓的加薪要求，當然可以用那一百萬美元找來一打新的魯賓。

問題是，新人表面上看起來和離職的舊人差不多，但實際上他們如今必須和市場上的頂尖高手競爭——協利銀行、高盛、摩根士丹利、德崇、第一波士頓、美林都從所羅門挖角。華爾街上愈來愈多人笑稱，所羅門是不錯的員工培訓班。

所羅門數十位優秀交易員跳槽，等於助其他公司的抵押債券部一臂之力，所羅門也因此流失華爾街上最稀有、最寶貴的資產——獨門生意。

競爭者加入，傻瓜們開竅了

過去，藍尼爾里等人主宰市場的力量相當強大，從一九八一年到一九八五年，市場上唯一值得一提的對手是第一波士頓，但也算不上威脅。一九八二年底，所羅門抵押債券業務員馬文．威廉森（Marvin Williamson）跳槽到第一波士頓，他記得「當時所羅門認為，第一波士頓根本不會做生意。」不過到了一九八六年年中，第一波士頓對外表示他們在抵押債券市場上的市占率，已經和所羅門差不多。看到這種局面，藍尼爾里當然很不爽，他也讓古弗蘭知道這點。他說：「我一再告訴古弗蘭：『你這是因小失大。』」

話說回來，華爾街當然不會讓所羅門獨攬整個抵押債券市場，其他公司終究會設法迎頭趕上，因為這個市場利潤太好了。只是所羅門因政策不當，加快了對手趕上的腳步。離開所羅門的交易員不僅提供對手交易技巧和市場知識，也帶走了所羅門的客戶名單。現在這些交易員開始教育市場上的傻瓜，告訴他們所羅門海賺了他們多少錢，應該換一家公司了。

這種技術和資訊的移轉，讓所羅門少賺了好幾億美元。早期買賣抵押債券獲利很好，是因為交易員買進後，可以馬上以更高的價格賣出，牟取暴利。例如，交易員以九四的價格向堪薩斯州一家儲貸銀行買進債券，再以九五的價格賣給德州的儲貸銀行。到了一九八六年初，利潤已經縮水，交易員以九四．五的價格買進債券，運氣好的時候才能以九四．五五的價格賣出。莫塔拉說：「我們從螢幕上可以看到他們（指以前的同事）在買賣債券，客戶也會告訴我們，他們和別家公司的交易員打交道。我們的生意開始流失，最後不得不縮小利差。」

到了一九八五年底，其他公司的抵押債券部在《華爾街日報》上打廣告。在德崇證券的廣告上，有兩名騎著協力車的男子，前面那位非常肥胖，精疲力竭；後面那位則從胖子的肩膀往前望，拚命地踩踏板——這莫非是在影射藍尼爾里？德崇證券的史蒂夫．約瑟夫說：「沒錯，那胖子就是指藍尼爾里。」史蒂夫的辦公室裡還留著一份那廣告。還有美林的廣告，是兩隊人馬在比賽划船，一隊都是胖子，另一隊結實強壯，結實的那隊只落後胖子隊一點點，看來即將超越胖子隊——結實隊指的是美林，華爾街的人都知道胖子隊指的是所羅門。

莫塔拉後來跳槽到高盛，他從高盛的辦公室裡回顧他在所羅門的歲月：「所羅門的獲利高峰是在一九八五年。」藍尼爾里的抵押債券部迅速走下坡，那種兵敗如山倒的速度相當驚人。大家也可以明顯看出，有好幾個因素摧毀了它的霸主地位。其一是市場本身，市場開始修正藍尼爾里的部門和債券交易圈之間的失衡現象。所羅門創造了所謂的「擔保房貸憑證」（collateralized mortgage obligation，簡稱CMO）進一步利用抵押債券市場的無效率現象。CMO是一九八三年六月發明的，但直到一九八六年才主導抵押債券市場。諷刺的是，雖然它滿足了藍尼爾里的期望：讓抵押債券看起來更像其他債券，但是當抵押債券和其他債券長得很像，結果就是連獲利也和其他債券差不多。

一本萬利的金融創新，推倒了巨人

第一波士頓抵押債券部的主管芬克曾參與開發第一個CMO。他覺得CMO和垃圾債券是一九八〇年代最重要的金融創新，這麼講其實不算誇張。潛在購屋者的資金有好幾兆美元，有意尋找投資人的房貸商品有近二兆美元，CMO一舉打破了這兩者之間的藩籬。市場上只有儲貸銀行和一些勇於冒險的基金經理人敢投資抵押債券，除此之外的投資人仍對抵押債券抱持疑慮，CMO解決了大家不想投資抵押債券的主要心理障礙——在還款年限不確定下，誰願意借錢出去？

要創造CMO，必須先集合數億美元的一般抵押債券，例如吉利美、房利美、房地美發行的債券。把這些債券放進一個信託基金裡，信託基金付給投資人利息，投資人有一張憑證證明他們的所有權，這些憑證就是CMO。然而，並不是所有CMO都一樣，以典型的三億美元CMO為例，它可以分為三層，每層各一億美元。每層的投資人都能拿到利息，但是這三億美元的房貸清償本金時，只有第一層的投資人會先拿到本金。等第一層的投資人都拿到本金後，第二層的投資人才會領到本金。第一和第二層的投資人都拿回本金後，第三層的投資人才會領到購屋族預先償還的本金。

這種設計的目的，是為了縮短第一層的投資期及延長第三層的投資期。大致上，第一層的投資期不會超過五年，第二層的投資期大約介於七到十五年之間，第三層的投資期則在十五到三十年之間。

現在，投資人終於可以大致確定他們投資房貸債券的期間了。CMO的出現促成投資人大增，市場交易量也大漲。退休基金的經理人通常想投資較長期的標的，我們雖然比較不可能說服他們購買明天可能到期的房地美債券，卻可以輕易說服他們投資CMO的第三層。因為，信託基金必須先償還第一和第二層投資人共二億美元的房貸，才可能提前償還第三層的投資人，這些退休基金經理人晚上可以睡得更安穩。

這種新產品衍生的效果相當驚人。一九八三年六月，房地美推出第一個CMO時，美國退休基金掌控約六千億美元的資產，這些錢都沒有投資在抵押債券上。但到了一九八六年年中，退休基金持有價值約三百億美元的CMO，而且那數字還在迅速成長。

CMO也為看好美國房貸市場的國際投資人開啟了一扇門。一九八七年，所羅門倫敦分公司賣出二十億美元的CMO第一層給幾家想做高收益短期投資的國際銀行。投資CMO的資金是從以前投資公司債或公債的資金流過來的，這些投資人都是第一次接觸抵押債券。一九八三年六月到一九八八年一月之間，華爾街的投資銀行總共賣了六百億美元的CMO。也就是說，這段期間共有六百億美元的新資金流入美國房貸市場。

CMO就像任何創新一樣，也為它的發明者所羅門和第一波士頓帶來了龐大的獲利。不過，在此同時，CMO也解決了抵押債券市場內原本供需失衡的問題，債券交易員無法再因市場上買家很少，就低價買進債券，獲取暴利。一九八六年拜CMO之賜，抵押債券市場上有許多買家。買家增加，就壓低了抵押債券付給投資人的報酬，抵押債券有史以來第一次變貴了。

市場比照公司債和公債，找出CMO的合理價。儘管這麼做未必合理，畢竟要為購屋族提前清償房貸的權利評價，仍然沒有理論基礎，不過這時抵押債券市場已經夠大了，足以產生相對合理的價格。一般抵押債券的價格已經和CMO市場接軌，價格不再毫無道理地飆升，就像麵粉和麵包市場的價格接軌一樣。CMO（成品）的合理價格反映出一般抵押債券（原料）的合理價格。

現在投資人對於抵押債券的價格有了明確的概念，比較不會因為對市場一無所知而被剝削。世界已經變了，所羅門的交易員不能再以十二元買進債券，還讓市場相信這債券的價值是二十元。價格完全由市場決定，所羅門的交易員只能學習自我調適。

在創新之上，進一步創新

第一批CMO問世後，抵押債券研究部和交易部的小鬼們，想出五花八門的方式切割CMO。他們創造出分五層和分十層的CMO，把房貸集合分成付息（interest only，簡稱IO）和還本（principal only，PO）兩組，然後把收取這兩種現金流量的權利賣給不同的投資人。購屋族們完全不知道，他們所繳付的利息可能已經轉給了法國某位投機客，而他償還的本金則給密爾瓦基市一家保險公司賺走。

這些充滿幻術的金融煉金術中，最奇特的一種就是華爾街把各種ＩＯ和ＰＯ混雜在一起，創造出現實世界中不存在的房貸。這一來，加州公寓的十一％利息收入，可能和路易斯安那州猶太社區購屋族償還的本金結合在一起，創造出新時代的混合債券。

今天，抵押債券交易已經從街角小生意，演變成超級大商機。產品種類增加後，顧客人數也增加了。最大的顧客還是儲貸業，他們的需求通常比較特殊——他們希望能夠超越華府的聯邦房貸銀行理事會（Federal Home Loan Bank Board）所設的限制。所羅門發明的許多「新產品」，常游走於法律邊緣，依法不需要列上儲貸銀行的資產負債表，有些新產品的唯一優點，就是能歸列在「資產負債表外」。

為了吸引新客戶和規避新法規，市場變得愈來愈複雜神祕。市場日新月異，藍尼爾里免不了開始和市場脫節，所羅門管理高層本來就不曾了解過這個市場，因此交易風險全由剛結訓幾個月的新人負責管理，他們不過是碰巧比公司其他人更懂吉利美的八％ＩＯ罷了。

華爾街的新人突然間變成專家並不足為奇，因為他懂的債券可能才發明一個月而已。在金融商品不斷地推陳出新之際，年輕的新人開始主導一切（一九八〇年代年輕人迅速致富的部分原因，就是因為那個年代瞬息萬變）。年輕人馬上就理解了上司搞不懂的東西，老將忙著處理常務，沒時間跟上創新的潮流。

到了一九八六年，藍尼爾里因公務纏身，已經不坐交易台了。他不在場，交易員也覺得比較自在。他們其實不討厭藍尼爾里，但是藍尼爾里和莫塔拉一出現，免不了都會插手交易員的工作，告訴交易員什麼該做，什麼不該做，他們也想知道交易員買進各檔債券的理由。正如一位交易員說的：「建立部位不見得都需要有好理由，有時你買進債券，只是為了感受市場脈動而已。誰都不喜歡身邊有個人隨時盯你，問你為什麼要那麼做。」

這正是為什麼交易員會想盡辦法，不讓管理階層插手。一九八六年四月的某週，藍尼爾里打算多花點時間在交易室時，交易員也展開抵制行動。例如他們知道藍尼爾里每天早上都很早到公司，因此交易員比他更早到，藍尼爾里來的第一天，他們就在他桌上堆了很多紙。藍尼爾里早上七點到辦公室，看到桌上一團亂，氣得要命。他問：「誰幹的？」交易員們聳聳肩，私下竊笑。

第二天，交易員拔掉藍尼爾里旋轉椅的支撐梢，他早上來到公司一屁股坐下，結果摔了四腳朝天，差點傷了脊椎。他破口大罵，花了幾分鐘才站起來。這次他直接問丹通拿：到底是誰在惡作劇？丹通拿發誓不知道。

第三天，交易員則是調高藍尼爾里的旋轉椅，害他的膝蓋頂到桌子中央的抽屜，他再一次氣急敗壞地破口大罵：「他媽的，丹通拿，我要知道是誰幹的！」丹通拿說：「我猜是莫塔拉不喜歡看你出現在交易室裡。」照理說，藍尼爾里應該知道丹通拿鬼扯，因為莫塔拉從來不在八點前到公司，所以不可能有嫌疑，但他還是相信了。「他以為他是老幾？」藍尼爾里說，他拿起部門所有的垃圾筒，把垃圾全倒在莫塔拉的桌上，上面滿是電腦影印的廢紙、麵包屑、洋蔥起司堡碎屑，和其他交易員的垃圾。

其他交易員也把交易室裡所有垃圾筒都拿過來倒，最後莫塔拉的交易桌被埋在垃圾堆裡。一位交易員說：「說時遲，哪時快，藍尼爾里前腳剛踏出交易室的一端，莫塔拉就從另一端進來了。」

莫塔拉看到桌子這模樣，反應和藍尼爾里一樣，他質問丹通拿：「說！是誰幹的？」

「是藍尼爾里！」丹通拿說。莫塔拉當場愣住，藍尼爾里是他唯一沒輒的傢伙，他氣炸了，衝上四十二樓的辦公室，整天都沒再出現。

「我們終於可以清靜一下了。」一位交易員說。交易員霍普特幫莫塔拉清理好桌子後，莫塔拉還是回來了，不過藍尼爾里就再也沒出現過。

一九八六年四月，抵押債券部創下歷年來最大的虧損，幾位交易員估計虧損高達三千五百萬美元到六千五百萬美元之間。抵押債券交易員用平常為以備不時之需而暗藏的獲利，沖銷帳上的虧損。

他們的做法，是平常故意在帳上少報債券的價格，所羅門高層從來都沒發現這件事。抵押債券部出現嚴重虧損，其實是所羅門整家公司的縮影。

千萬別讓生產者變成管理者

一九八六年，所羅門的績效不好。一九八七年更糟，營收不再成長，成本更是失控。為了強化公司的管理，古弗蘭設了一堆新的頭銜。所羅門成立董事會，主要由過去曾任交易員的大老組成。董事會之上又增設一個管理階層，名叫董事長室。古弗蘭為董事長室找來兩位前交易員和一位前業務員，分別是藍尼爾里、弗特、史特勞斯。古弗蘭要求他們不要再像過去那樣各據一方、勾心鬥角，應該多關心公司的整體福祉，這是不錯的想法。

已加入培基證券的史東表示：「我有一套理論是這樣的，華爾街最厲害的生產者都升為管理者。當你績效好時，公司給你的報酬就是升你當管理者。最厲害的生產者通常都心狠手辣，個性好強，神經敏感，又是偏執狂。你升這種人當管理者，他們只會互揭瘡疤，找不到施展生產本能的出口。

但是他們通常不適合當管理者，有一半的管理者上任後就因不稱職而被請走，另外四分之一也在政治角力下被鬥走，剩下的都是最冷酷無情的狠角色。所以華爾街的企業才會盛極而衰，所羅門才會每況愈下，這都是因為這些狠角色不適合當管理者，但公司必須證實他們有錯才能把他們趕走。」

所羅門上上下下都知道，董事長室裡的人彼此不睦，他們不過是把戰火從交易室的三大部門延伸過去而已。史特勞斯代表公債部、弗特代表公司債部、藍尼爾里代表抵押債券部。一位公債部的員工說：「在這裡，你要不是史特勞斯幫，就是藍尼爾里幫或弗特幫，很少人能遊走在各幫之間，左右逢源。」

問題不單是部門文化的差異那麼簡單而已，董事長室裡的成員以互相敵視著稱。藍尼爾里說史特勞斯是「笨蛋，狡詐，毫無創見」，他也罵弗特是「我見過最會耍手段的人，他每句話都攻於心計，詭計多端」。不過，藍尼爾里罵這兩人，也還不及兩人罵他那麼難聽。藍尼爾里至少還願意和他們合作，但這兩人最後合力把他趕走。另一方面，由於他們一路走來都是依循叢林法則，或許不先下手為強，就等著慘遭毒手。總之，董事長室後來成了所羅門內部意圖搞垮抵押債券部的力量。

我不是升職了嗎？怎麼旁邊還是他？

相較於抵押債券部明顯的貪吃鬼和多元族群組成，公債交易部則完全相反。以所羅門的標準來看，公債部幾乎可說是很優雅的部門。吃煎肉，他們會挑鮮嫩的半熟品，而不是生肉。公債交易員要是再內斂一些，外界可能會誤以為他們都是有社會意識的東岸上流社會白人。

公債部的主管史特勞斯身材高䠷清瘦，總是展現一身古銅色肌膚，他常打網球。但抵押債券部的交易員很討厭他這種風格，覺得史特勞斯打壓所羅門的猶太文化。提到史特勞斯時，他們幾乎每次都會提到他打網球，他們想像著他穿著一身雪白，在私人俱樂部球場上打球。抵押債券部最痛恨的，就是偽善和做作，一位仍在所羅門任職的交易員說：「史特勞斯和藍尼爾里的差別是什麼？很簡單，史特勞斯不屑用交易室這層的男廁，他會用樓上的廁所，但藍尼爾里不介意直接撒泡尿在你桌上。」

藍尼爾里說：「史特勞斯搞不好根本不是猶太人。他進所羅門後，公司就流傳一個笑話，說他是被猶太夫婦抱來養的。」藍尼爾里手下一位資深交易員說：「史特勞斯討厭藍尼爾里的肥胖、沒教養、莽撞。史特勞斯根本不在乎藍尼爾里的業務，不在乎藍尼爾里的獲利，更不在乎藍尼爾里的遠見，他就是看不慣藍尼爾里的粗魯。這說法聽起來很像是你對隔壁同事的不滿，不過藍尼爾里的確就是和史特勞斯平起平坐的同事。史特勞斯好不容易爬到高位，發現隔壁還是同樣的傢伙，不禁嘀咕：『等等，我不是升職了嗎？怎麼旁邊還是這種人？』」

史特勞斯幫（我後來也是其中一員）對抵押債券部有強烈的專業反感，他們覺得抵押債券部不知節制。狂食和過度肥胖其實都突顯出一個更根本的問題——抵押債券部的成本失控最嚴重。這點又有誰在乎呢？反正營收才是重點。「你要改變我們的規矩嗎？」一些交易員會如此反問。一九八一到八六年間，抵押債券部的營收龐大，相較之下，成本根本微不足道。但隨著營收減少，成本突然變得重要。一九八五年底，公司把公債部的一位常董調往抵押債券部，同時負責管理所羅門的費用委員會。這改變不是巧合，總得有人管管這些人才行。

很多抵押債券部的交易員認為，既然他們的待遇偏低，主管也有同感，所羅門的費用帳目可以拿來作為補貼，於是他們養成了許多惡習。一位交易員說：「我們以前會派公司的禮車去機場接朋友，把公司發的電話卡借給朋友用，有人甚至週末還叫公司的禮車載老婆逛街購物。」抵押債券部財務組一位女職員說：「我聽過最誇張的個案是，有人連續謊報差旅費，然後用那些錢買了一輛紳寶汽車（Saab）。」

木馬屠城，瓦解抵押債券部

弗特對藍尼爾里的感覺則比較不為人知，不過弗特本身就充滿了神祕感。其他常董都擠到四十一樓交易室，弗特彷彿是高層權力鏈中看不見的一環，他的辦公室在四十樓，偶爾會上報，但沒人真正見過他。我唯一看過他的那次，是一九八七年《商業週刊》一篇報導上的照片，他站在他的轎車旁邊。照片底下的短文說明，弗特很可能接任所羅門的董事長一職。弗特雖然鮮少露臉，不過瓦解抵押債券部的行動，是他的公司債部門率先發動的。

在弗特和史特勞斯的堅持下，一九八五年底，原本隸屬公司債部門的常董馬克·史密斯（Mark Smith）進了抵押債券部。一位抵押債券交易員說：「你可以說他是奸細。」另一位說：「也可以說這是木馬屠城。」第三位說：「他不算是木馬屠城，因為我們都知道他肚子裡的詭計，但莫塔拉就是不聽。」

坦白說，莫塔拉也別無選擇，不得不讓木馬進城。他幾乎無法抗拒弗特和史特勞斯的要求，只有藍尼爾里有本事反抗。這時抵押債券部終於首次問到他們憋在心裡很久的問題——藍尼爾里到哪裡去了？

史密斯是藍尼爾里之外，第一位從公司其他部門調來抵押債券部的「大尾人物」。抵押債券部一向以內部團結的大家庭著稱。史密斯加入他們半年後，部門第一次發生內訌。史密斯說服莫塔拉，把克倫索從抵押債券部調到公司債部門（克倫索是藍尼爾里的愛將）。接著，史密斯又堅持把公債部的業務員賴瑞・史丹（Larry Stein）調到抵押債券的套利交易組，那一組還有康費德、納都曼、霍金斯。史丹同意轉調，但條件是必須開除納都曼。納都曼替公司賺了不少錢，更重要的是，他對藍尼爾里幫忠心耿耿，史丹屬於史特勞斯幫。一九八六年底，莫塔拉還是開除了納都曼，只是抵押債券部已經被搞得烏煙瘴氣。

他把債券放在自己的抽屜裡，我們完全不知情

一九八七年四月二十九日，《華爾街日報》頭條報導，美林因未授權的交易而虧損二・五億美元，內文提到：「美林高層私下指出，涉案者是公司的首席抵押債券交易員，現年三十六歲的魯

賓。他們宣稱，魯賓承作風險特別大的抵押債券時，金額還超過他的權限，這種債券組合把房貸利息和本金分開，個別銷售。亦即所謂的『分割利息／分割本金』（interest-only/principal-only）證券，簡稱為ＩＯＰＯ。」

《華爾街日報》記者急著想打聽魯賓是何許人也，並了解ＩＯＰＯ究竟是什麼。後來他們雖然知道魯賓是誰，但對於他如何以單筆交易創下華爾街歷年來最大虧損，大家仍搞不清楚。因為在案發之前，魯賓一直給外界一種務實的印象，又是大家眼中的天才交易員，就像藍尼爾里說的：「魯賓是我見過最有天分的交易員。」

根據美林向媒體透露的說法，是魯賓騙了他們。一位美林的高階主管告訴《華爾街日報》，魯賓「把那些ＩＯＰＯ債券放在自己的抽屜裡，我們完全不知情。」放在自己的抽屜裡？美林那種頂尖公司的高階主管，有可能被完全蒙在鼓裡嗎？

美林宣布這筆虧損的幾週前，魯賓和一位抵押債券的大客戶——堪薩斯州法蘭克林儲貸銀行的厄尼．費萊切（Ernie Fleischer）——共進午餐。一般來說，儲貸銀行管理高層對抵押債券一知半解，不過費萊切算是走在改變的前端，他對於自己比華爾街的人更懂得這個市場感到相當自豪。魯賓向費萊切解釋什麼是ＩＯＰＯ（還記得嗎，這是一種一分為二的抵押債券，利息給一位投資人，本金則給另一位），費萊切很感興趣，當場就要魯賓賣他五億美元的ＩＯ。

魯賓同意這筆交易，他將五億美元債券的利息部份（ＩＯ）賣給費萊切，也就說，他自己留下了剩下的本金部分。費萊切回堪薩斯州後到處吹噓，說他如何賺了一千萬美元，讓華爾街那傻子吃了大虧。

魯賓面臨的難題，是接下來要如何出脫五億美元的ＰＯ？如果利率上揚，ＰＯ的價值跌得比什麼都快（相信我，原因不值得在此細談）。所以魯賓的風險在於，債市在他賣出這些ＰＯ前就開始下跌。

偏偏他吃完那頓午餐後，債市開始下滑，他努力透過美林的業務員出脫那些ＰＯ，但無論如何都賣不掉，接著市場就崩盤了。幾天後，魯賓發現虧損大到他不敢承認，有人說，當時魯賓還加碼買進ＰＯ。雖然他的確有這種賭性，但沒有證據顯示他真的那樣做了。

似乎沒人知道事情為什麼事情會一發不可收拾，不過每個人都各有一套說法。魯賓過去在所羅門的同事，從藍尼爾里以下的所有人都信誓旦旦地說，魯賓不會把債券藏在抽屜裡，他們認為根本是美林管理高層完全不懂什麼是ＰＯ，也沒訂出相關規定，他們讓魯賓承擔龐大風險，現在又把一切過錯推給魯賓承擔。在事件發生後的新聞報導中，記者一再引述所羅門內不願具名的交易員為魯賓提出的辯護，彷彿魯賓還是藍尼爾里幫的一員。

抵押債券要切割為ＩＯ和ＰＯ之前，必須先向證管會登記，是公開資訊，整個華爾街都可以看到魯賓這筆五億美元ＩＯＰＯ債券。史密斯是弗特和史特勞斯派到抵押債券部的人馬，他也發現了這筆交易，覺得所羅門也應該跟進。表面上，史密斯的建議很合理，美林的ＩＯ和ＰＯ組合價格偏高，史密斯心想，既然美林能以高價賣出那檔抵押債券，所羅門的銷售實力更強，應該可以用更好的條件賣出。於是，所羅門也跟進，發行價值二．五億美元的IOPO債券。

所羅門的業務員標榜自己的PO比美林的便宜，所以他們設法在市場崩盤前，把那些可怕的債券賣給了投資人。當然，這破壞了魯賓原本打好的算盤，使他難逃劫數。所羅門賣掉PO後，只剩IO，處境和費萊切類似。在債市下挫時，IO會上揚，所羅門原本就預期債市會崩盤，所以這情況對他們來說正中下懷。他們沒把IO賣給客戶，而是留下來當賭注。抵押債券部的套利組（成員包括霍克斯、康費德、納森．洛）買進其中的一．二五億美元，梅利韋勒管轄的交易團隊買進剩下的IO。所羅門四十一樓的交易員中，只有一位看法和別人相左——史密斯。他自己的帳上和魯賓一樣，在幾週前買進數億美元的PO。

老謀深算，逆轉敗局

史密斯在所羅門裡以投機高手著稱，他的直覺告訴他，債市即將反彈大漲。他非常篤定自己的投資方向，還奚落套利組和他賭了反方向。有時他會走到梅利韋勒那組，告訴他們，他賭的才對。那時債市感覺不錯，持續走高。

債市開始下跌時，跌勢較緩，但已經足以引起美林的恐慌，讓那事件登上《華爾街日報》頭條。新聞見報前幾天，所羅門就已經收到市場傳聞指出，美林持有數億美元的ＰＯ急需脫手。債市下跌幾天後，史密斯的投資部位已經出現小幅損失，但還能承受，他計算過後，決定再買進一些ＰＯ。畢竟，美林已經慌了，那是逢低承接的好機會，所以他又買進更多的ＰＯ，不過那些ＰＯ不是向魯賓買的。這時他的部位已經和魯賓幾乎不相上下了。接下來的幾天，市場毫無動靜。

緊接著，市場再度下跌，而且這回跌勢——就像蘋果從樹上掉下來——又快又猛。梅利韋勒的交易員和套利組很快就賺進數千萬美元，史密斯開始大賠，據熟悉狀況的四位人士估計，他的損失在三千五百萬美元到七千五百萬美元之間。在此同時，套利組持續持有ＩＯ，獲利繼續增加，這讓老謀深算的史密斯想到替自己解套的妙計。

史密斯告訴高層，他的債券原本就該和套利組的債券合在一起。他這樣反覆說了幾次，再加上他的職位層級夠高（常董），高層就相信了他的說法，畢竟他就是抵押債券交易部的老闆。於是，史密斯通知套利組的交易員，他們賺錢的ＩＯ歸他帳上所有。他說，他原本就打算把他的ＰＯ和套利組的ＩＯ重新包裝，賣給投資人。就這樣，套利組的獲利被史密斯的虧損抵銷了！

大家都覺得所羅門內部爛透了。一位套利組的成員記得：「後來我們早上進公司時會說：『我們的ＩＯ又賺了兩百萬美元，看來又要被史密斯吃掉了。』」這件事過了很久以後，古弗蘭才把史密斯狠狠痛罵一頓，但為時已晚。康費德已經拂袖而去，加入協利銀行；洛跳槽到貝爾斯登，連當初史密斯拉進抵押債券部的史丹也看不慣史密斯的行徑，憤而辭職。有陣子，所羅門內部有些人紛紛要求嚴懲史密斯，不過後來整個抵押債券部都被開除，這事也就不了了之。

至於藍尼爾里，到哪去了？

開除你只需要十分鐘，三個理由

史密斯把套利組的獲利佔為己有的那段期間，藍尼爾里在正式職務上，已經不負責管理抵押債券部了，只是外界並不知情。

藍尼爾里說：「一九八六年十二月，古弗蘭告訴我：『我打算解散抵押債券部，需要你的協助。』」一九八七年五月，古弗蘭在紐約舉行的年度常董大會上，告訴所羅門的一一二位常董：「我們成立董事長室，因為所羅門已經超出一人能管理的範圍。董事長室就像任何團隊一樣，它的挑戰在於分工合作，接納不同的意見和觀點，朝著共同目標努力。我很滿意董事長室的組成方式，其他三位成員會逐漸放下直接領導部門的責任，這樣才有更多的時間管理整家公司。」

但就在兩個月後，一九八七年七月十六日，古弗蘭開除了藍尼爾里。

當時，藍尼爾里正好到美國西岸出差，接到古弗蘭祕書的通知，說古弗蘭想見他。兩人約在市中心、知名的ＷＬＲＫ律師事務所（全名為 Wachtell, Lipton, Rosen & Katz）見面，藍尼爾里說：「每次遇到重大事件，又不想張揚時，我們會在事務所合夥人馬丁・李普頓（Martin Lipton）的辦公室碰面。我本來以為，這次碰面是因為南非的股東（米洛高礦業公司）想退股。」

沒想到，那開除他的會議只花了十分鐘，藍尼爾里簡直難以置信。後來有人問藍尼爾里，為什麼會被開除，他說：「我到現在還不知道原因。」

當時，古弗蘭提出三個理由，藍尼爾里和其他人聽起來都覺得很荒謬。他一開始先告訴藍尼爾里：「沒人喜歡你了。」接著他說，藍尼爾里是一股「破壞力」，「所羅門已經容不下他」。藍尼爾里提出動議要求會議暫停，說他要開車回公司拿個人物品，但古弗蘭說，他已經不准進公司了。顯然古弗蘭已經盤算好，很多員工都愛戴藍尼爾里，搞不好會跟著叛變或全面罷工。他說，藍尼爾里的祕書可以在公司警衛陪同下，幫他打包個人物品。

一位仍在所羅門任職的交易員說：「藍尼爾里被開除的消息傳到抵押債券部時，可以看出丹通拿明顯在發抖。」。每個人——包括藍尼爾里、轉戰德威（Dillon Reed）的納都曼、跳槽到協利的康費德、在培基的史東，以及抵押債券部剩下的人——都很清楚，接下來會發生什麼事：整個藍尼爾里幫，將遭掃地出門。

果然，接下來幾個月，所羅門開除抵押債券部的所有老將，第二天就先拿培訓中心的主管莫塔拉開刀，接著是丹通拿、狄帕斯奎爾、馬羅、湯姆．岡奈拉（Tom Gonella）。唯一留下來的義大利裔交易員是保羅．朗吉諾提（Paul Longenotti），他有天來上班時別著一個徽章，上面寫著：「開除我吧，我也是義大利佬！」

才剛鬧出醜聞，人家就來挖角了

這個華爾街史上最罕見、最賺錢的部門，如今只剩下一張照片可以緬懷。這張照片掛在麥錫的辦公室裡，照片上有古弗蘭、藍尼爾里和達爾，三人手牽著手，象徵他們在一九七八年一起創立這個事業。

所羅門允許克倫索和霍普特留下來擔任抵押債券交易部的共同主管，因為所羅門裡其他人都不了解抵押債券。不過，隔年克倫索就辭職了，到羅斯柴德投資銀行（L. F. Rothschild）擔任副董事長，無巧不巧，羅斯柴德銀行最近才剛被儲貸銀行經理費萊切買下。所以所羅門最後只剩下霍普特一位抵押債券專家，所羅門高層對抵押債券陌生的程度真的很誇張。剷除抵押債券部後，古弗蘭、弗特、史特勞斯安排了一場研討會，由債券研究部的主管馬丁．萊博維茨（Marty Leibowitz）主講，主題是「抵押債券入門」。後來公司任命弗特擔任抵押債券交易部的主管。

藍尼爾里已經完成了他當初設定的目標：讓抵押債券部和公司債及公債部門平起平坐。如今美國的抵押債券市場是全球最大的信用市場，或許未來還可能成為全球最大的債券市場。藍尼爾里的創舉代表了華爾街重心的轉移，以往華爾街只做資產負債表其中一邊的生意：負債。

但對銀行來說，房貸是「資產」，如果房貸可以重新包裝再出售，其他任何你想得到的放款類別——信用卡應收帳款、汽車貸款等——都可以如法炮製。

所羅門的專業知識後來嘉惠了整個華爾街，莫塔拉成為高盛抵押債券部的主管，是一九八八年上半年抵押債券交易的大贏家。馬羅到摩根擔保公司，史東到培基證券，包恩到基德投資銀行（Kidder Peabody），坎德爾到格林威治資本市場（Greenwich Capital Market），史蒂夫・約瑟夫到德崇證券，克倫索到羅斯柴德投資銀行，他們都擔任抵押債券部的主管。納都曼、康費德、洛、艾斯波希多、艾瑞克・拜伯勒（Eric Bible）、拉維・約瑟夫（Ravi Joseph）分別是太平洋證券（Security Pacific）、協利、貝爾史登、格林威治資本市場、美林、摩根士丹利的資深交易員。以上這些人都是華爾街上最知名的所羅門前交易員，如今他們旗下有數千人以抵押債券為業。

當然，在所羅門的前交易員中，最令人好奇的是魯賓。他被美林開除後不久，貝爾斯登就聘請他了。據傳《華爾街日報》登出他虧損二・五億美元的消息時，當天早上貝爾斯登就打電話給他了。除了美林以外，大家都能從容地看待魯賓的虧損，有些人甚至可以幽默看待這件事。兩位貝爾斯登的交易員就用釘子封住魯賓的新抽屜，讓他不能「把債券藏在抽屜裡」。

一位所羅門抵押債券部的交易員打電話給魯賓，建議他主動爭取幫美國運通卡代言電視廣告，台詞是：「嗨，你不認識我，不過一我單筆交易虧損的金額創下華爾街的紀錄，所以我了解信用的意義。我遇到困難時……就會掏出這張卡片……」

打破了盟約，也讓自己留下污名

藍尼爾里後來在所羅門北方半哩處，成立自己的公司，名為藍尼爾里公司（Ranieri & Co.）。他被開除後不久，和當年硬把他拖進抵押債券部的達爾吃飯。達爾說：「古弗蘭為什麼會在拔擢藍尼爾里後那麼快又開除他，我覺得有兩種可能。第一是古弗蘭突然發現自己犯了大錯，因為藍尼爾里的眼界太狹隘，他雖然是副董事長，卻還是把自己一手成立的部門放在首位。第二種可能是，董事長室不想再聽藍尼爾里嘮叨。開會時，藍尼爾里總是主導會議，他也不喜歡聽自己嘮叨，但他有許多熱情的理念，可惜史特勞斯、弗特、古弗蘭都不想聽，否則他們都能因此受惠。」

藍尼爾里則是不願相信，曾在部門面臨困難時力挺他的古弗蘭會背叛他。他一直尊稱古弗蘭是「我的師父」，他覺得應該是史特勞斯設法取得主導權，弗特則願意等待時機，讓史特勞斯自食惡果後再取而代之（結果正好相反，一九八八年十二月弗特辭職，讓史特勞斯成為古弗蘭的唯一接班人）。

藍尼爾里從未改變他對所羅門的看法，從當年那位不知名的常董幫他負擔醫藥費開始、公司領導人相信「當好人比當好經理重要」以來，藍尼爾里對所羅門的看法從沒改變。藍尼爾里認為，所羅門只是暫時落入不了解公司文化的人手裡。他說：「古弗蘭自己絕對不會這麼做，我實在想不到史特勞斯和弗特到底對古弗蘭說了什麼，才讓他做出這種事。他們從來不了解這家公司之所以偉大，正是因為它的企業文化。他們破壞了企業文化，打破了公司的盟約，也讓自己永遠留下了污名。」藍尼爾里從收發室爬到董事會的十九年歷程，也就此畫下句點。

第8章

你他媽的棒極了！

一般人大多憑表面判斷事物，而非根據體驗，因為大家都看得到，只有少數人有機會體驗。每個人都以表面評斷你，很少人真正了解你，真正了解你的少數人，也不敢公然與眾為敵。

——馬基維利，《君王論》

我現在相信，在不違法的前提下，一個人能用電話做出的最糟事情，就是打電話向別人推銷他不想要的東西。

我在倫敦展開業務員生涯時，膝上放了一本書，裡頭全是我不會唸的法文名字。我老闆，也就是我的叢林嚮導——史都．威利克（Stu Willicker），是阿肯色州波德諾布市（Bald Knob）人，他叫我快點打電話拉生意。「打電話給巴黎的每個人！」他說：「還有，別忘了微笑。」

他不是真的指巴黎的每個人，只是為了加強語氣。我只要打電話給資產超過五千萬美元的法國基金經理人就行了，不必翻遍整本巴黎的電話簿。

我找到另一本實用的《歐洲金融指南》（*The Euromoney Guide*）。我心想，名字能登上《歐洲金融指南》的人，想必有點錢吧。書上第一個名字是F. Diderognon，這人是誰？是男是女？我問我的美國老闆，這名字該怎麼發音？「我怎麼會知道？我以為你會說法文。」他說。

「我不會，我履歷表是瞎掰的。」我說。

「蛤！」他說，搔著頭想了一分鐘：「沒關係啦，反正法國佬會說英語。」

我愣住了，只好硬著頭皮打電話，但是問題還是沒解決：F. Diderognon怎麼唸啊？尾音和onion（洋蔥）一樣嗎？名字的上半部，發音類似哲學家狄德羅（Diderot）的名字嗎？

我決定把Diderot's Onion的音連起來，迅速帶過試試看，於是我撥了電話。老闆瞪著我看，似乎覺得他挑錯人了。

「Oui（喂）。」法國佬以法文說。

「呃，puis-je parle à F. Diderognon（我能和F. Diderognon說話嗎）？」我用法文問。

「Quoi（什麼）？Qui（誰）？」法國佬說。

「F. Diderognon。Di-der-o-onion。」我說。

那男子摀住話筒，我只隱約聽到背景的聲音，聽起來很像是說：「法蘭克，有個不會唸你名字的美國人打電話來找你，你想接聽嗎？」

另一個聲音說：「問他是誰。」

「嘿，你是誰？」那人直接用英文問我。

「我是麥可．路易士，來自所羅門倫敦分公司。」我說。

又是話筒摀住的聲音，「法蘭克，是所羅門的菜鳥。」

法蘭克說：「我不和所羅門講話，他們都是混蛋，叫他滾遠一點。」

「法蘭克說他會再和你聯絡。」

幹，我幹嘛做這種工作？

geek 是「馬屁精」，一種「噁心未成熟狀態」，就是我

所謂的 geek，根據《美國傳統大字典》（*American Heritage Dictionary*），是指嘉年華會裡把活雞和活蛇的頭一口咬掉的表演者。但在所羅門倫敦分公司，交易員覺得 geek 是什麼意思，就是什麼意思。通常它有兩種意涵，都和字典的定義毫無關係。

我剛分發到倫敦時，一位交易員告訴我，geek 是「馬屁精」，是一種「剛結訓，介於學員和人之間的噁心未成熟狀態」。他說，我就是 geek。

一九八五年十二月結訓時，我結束了在紐約當交易員跑腿兼出氣筒的任務後，正式成了菜鳥。

我打算脫離四十一樓，遠離藍尼爾里、古弗蘭、史特勞斯、弗特，以及他們之間那種充滿壓迫感的角力之爭。別誤會，我也像大家一樣喜歡實際上場的感覺，但一想到得被那些胖子交易員欺負，我就受不了。

這一來，倫敦成了我唯一能去的地方。其他地方的行事標準都由四十一樓決定，無論你在美國本土或東京。倫敦分公司較資深的歐洲員工比較自由，此處最高的六個管理職位由曾在四十一樓工作的美國人擔任，但工作步調是由歐洲人決定的。只要比較古弗蘭巡視這裡和其他分公司時的員工反應，就可以知道差別在哪了。

古弗蘭到美國任何一家分公司時，員工都得配合演一場戲，儘管他們緊張得要死、嚇得屁滾尿流，還是得裝出老神在在的樣子。年輕人必須和四處走動的古弗蘭陪笑臉，說說笑。可想而知，他們也不能亂開玩笑，笑談最近的債券議題還可以，笑談古弗蘭他老婆你就完了。

古弗蘭有一次去東京分公司，日籍員工低頭裝忙，猛打電話聯絡客戶。雖然我們培訓時看到的日本人都大喇喇地打瞌睡，不過在日本似乎不流行裝出輕鬆自信的樣子，年輕人都不敢抬起頭來和胖嘟嘟的古弗蘭搭訕。古弗蘭訪日時，我有一位美國朋友剛好在東京的辦公室，古弗蘭把他拉到一旁聊了一會兒，我朋友回到交易室後，「所有日本人都盯著我看，彷彿我剛剛和上帝說過話，上帝封我為聖人一樣。」

然而，古弗蘭這回到倫敦分公司，大家都把他當俗氣的美國觀光客看待。如果他穿件花俏沙灘短褲和T恤，脖子上掛著相機，那就更像了。大家常在背後嘲笑他，尤其是公司走下坡的時候。

「他來幹嘛？」歐洲員工會如此相互問道。「肯定是要去巴黎逛街，順道經過倫敦吧。」大家一定都這麼想，事實也經常是如此。大家會問：「他太太蘇珊也來了嗎？」（蘇珊和古弗蘭頻繁地一起出差）

總之，所羅門的歐洲員工不像美國和日本員工那麼在意公司的權威。他們平均年齡比我大十到十五歲，都是金融界老手。他們對美國的金融創新不感興趣，寧願多花點時間和客戶打關係。有一種歐洲人，尤其是英國人，他們會自然地展現圓滑的金融技巧，歐洲金融市場稱這種人為賊腦人（spiv）。不知道為什麼，我們分公司裡沒有這種賊腦人。

一天二千美元，把歐洲當紐約

公司裡的歐洲人，尤其是英國人，似乎都是好學校培養出來的正派精英。他們對工作不那麼瘋狂，甚至不那麼在乎。對他們來說，「我是公司的人」這種想法很可笑。

美國總公司對歐洲人的印象有點誇大，他們認為歐洲人向來睡得晚，午餐吃得久，還會喝上幾杯，半醉之下度過一下午——這種印象正是來自紐約四十一樓，有位交易員甚至形容歐洲同事是「脫線投資銀行家」。這種文化和美國大相逕庭，兩者之間的多元迥異有如朵朵塵雲，正好讓身為菜鳥的我可以藏身其中，保有些許的個人自由。

一九八五年十二月，我抵達所羅門倫敦分公司，一九八八年二月離開。這段期間這裡有很大變化，員工人數從一五〇人增為九百人。我們徹底改變了公司的形象，搬到光鮮亮麗的新辦公室。紐約四十一樓的人斥資數千萬美元幫我們改頭換面，決心把所羅門變成「全球」投資銀行。

華爾街普遍認為，未來真正的全球化投資銀行只有少數幾家，古弗蘭和史特勞斯（負責國際營運）也這麼認為，他們覺得輸家只會留在國內發展。少數幾家貨真價實的投資銀行會形成寡占局面，提高他們幫客戶籌資的收費，蓬勃發展。一般認為有可能成為全球投資銀行的公司，包括日本的投資銀行野村（Nomura）、美國的商業銀行花旗、美國投資銀行第一波士頓、高盛、所羅門。至於歐洲的銀行呢？我想大家根本不認得幾家歐洲銀行。

東京是所羅門迅速擴張的首選，因為日本的貿易順差讓他們握有大量美元，要是不出售就得投資。日本人就像一九八〇年代的阿拉伯人一樣，但由於美國企業覺得自己不受日本金融機構歡迎，再加上日本的金融法規錯綜複雜，所以華爾街公司在日本設立的分公司通常規模較小，也是試探性質。

在此同時，進入歐洲市場並沒有明顯的障礙，金融法規又少。對紐約人來說，大西洋兩岸的文化差異並不像太平洋兩岸的差異那麼大。來自布魯克林的小子到了倫敦的希斯洛機場，不需要口譯人員也能租到車子。他在豪華飯店用餐時（克蕾瑞吉飯店和柏克萊飯店是大家的最愛）也不必吃生魚片，他可以大啖類似美國食物的料理（所羅門裡流傳著一個老笑話，一位美籍常董到日本時，在桌上點火烤生魚片）。很容易就能把歐洲當成紐約，因為一天花二千美元的確可以辦到。

所以當所羅門努力擴張世界版圖時，倫敦變成關鍵的一環。這裡的時區、歷史、語言、相對穩定的政局、渴望美元的資本、哈洛氏百貨公司（Harrods，千萬別低估了購物方便的重要性）等等，讓倫敦成為美國所有投資銀行家擴張計畫的核心。所以，所羅門放眼全球的野心就落腳在倫敦。

晚一點來上班，績效反而更好

我是個菜鳥業務員，我們那年有十二名學員搭乘商務艙抵達倫敦。

剛來的時候，我們的倫敦辦公室在摩根擔保公司的一棟大樓裡，共有兩層，狀似甜甜圈。一般來說，交易室需要很大的空間，好讓大家可以看見彼此，聽到彼此叫喊的聲音。但我們的樓層是個空心的架構，太多的電梯和樓梯佔據了大樓的中心，交易室繞著這個空心圍成一圈。整個空間拉長可達四十五米，坐在裡面，你只能看到其中一小段。不過，這個辦公室還是有一種緊湊的商業感。

我們一個緊挨著一個坐著，每個人都可以看到彼此在做什麼。整個辦公室很吵雜，除了窗外有明信片般優美的泰晤士河和聖保羅大教堂的圓頂外，感覺不是個很宜人的工作環境。

倫敦分公司有十二個業務單位，其中一個負責銷售公司債，第二個單位負責抵押債券、第三個是公債、第四個是美國股票等等。至於我賣什麼，還在受訓時，公司就已經幫我決定好了。

我被分配到狄克・利希（Dick Leahy）的部門，未來的命運完全掌握在他手裡。利希負責領導所羅門的債券選擇權和期貨業務部，算是公債部的分支，所以我一開始就注定是史特勞斯幫的一員。

我受訓的最後幾天，和利希及他的得力助手蕾斯利・克麗絲汀（Leslie Christian）一起吃火雞三明治，才正式確定我進利希的部門。我算是運氣很好，因為除了股票部以外其他部門都不要我，而且我也滿喜歡他們兩位。在他們的部門實習是很難得的經驗，多數管理者一心只想把產品推銷出去，但克麗絲汀和利希則告訴我，只要想辦法賺錢就好，不必太擔心選擇權和期貨的銷售業績。

他們把個人利益和公司的整體利益整合在一起，這在管理階層中相當難得。所羅門內部到處都是一心想討好老闆的專才，克麗絲汀和利希的大方授權，讓我可以成為自由游走在公司各部門的通才。

我第一天到倫敦分公司報到時，是向利希底下的倫敦經理威利克自我介紹。我來之前，他的單位有三位業務員。能遇上威利克，也算是我運氣好，他沒染上所羅門員工的惡習。他來倫敦四年了，還是覺得阿肯色州的波德諾布市才是他的老家，這點令人印象深刻。

更重要的是，他知道所羅門裡多數員工都受到一堆成文和不成文規定的制約，但他毫不妥協，很在意個人自由。他幾乎不太理會上級的命令，也鼓勵下屬不必委屈。不過矛盾的是，偶爾他也有專橫的一面，他會下達「打電話給巴黎所有人」這樣的命令。不過，這種情況很少見，他給我們的自由遠超過那一點要求。

例如，他允許我們不參加公司的會議，自訂工作時間。他自己也以身作則，每天來上班的時間，比其他業務員開始打電話給客戶的時間晚一個小時。我覺得這麼做有正面的示範效果，每年他的單位都是倫敦最賺錢的，我相信這都是因為他給屬下足夠的獨立思考空間。

這一行，九個月相當於好幾光年

不過，目前的我還無法做到獨立思考。我沒有基礎，也毫無背景。我的唯一希望是觀察周遭的業務員，盡量吸收他們的建議。學習該怎麼做，其實就是學習一種態度——如何講電話，如何和交易員打交道；最重要的是，如何分辨什麼是商機、什麼是剝削。

我剛到倫敦交易室那兩天，在電話上吃盡了法國佬的苦頭。我碰到的英國人都想把握美國的多頭市場，進場試試手氣。兩天後，我得到第一個建議，那是我對面的小伙子給我的（他是我們部門的人，後續兩年，他的所作所為總是令我嘆為觀止）。他靠過來輕聲對我說：「想知道明牌嗎？放空所羅門的股票。」

所謂明牌，是指穩賺不賠的投資標的。所謂放空，就是賣出你手上沒有的股票，預期股價下跌後，你可用較低的價格買回。放空自家的股票，等於是預期所羅門的股價會急速下跌。

我聽到這項建議時，應該要大吃一驚、目瞪口呆才對。首先，放空自家的股票是違法的。第二，這建議聽起來不太妙，不過賭所羅門股價會跌，也不是很糟的避險方式。當年所羅門的獲利創下歷年來的第二高，也是華爾街次高的紀錄。我這位朋友——這裡化名為戴許・瑞普洛（Dash Riprock）的意思，並不是說我真的該放空所羅門的股票，他只是用他一貫言簡意賅的風格，陳述一個論點、一項事實。他後來解釋，在評估過後，他決定收我為徒。

他有時會和我分享他來這裡工作九個月的寶貴心得。他是美國人，年僅二十三歲，還比我小兩歲。不過，在這一行，九個月相當於好幾光年的經驗，他已經是大家認定的賺錢高手了。

我很快就習慣了瑞普洛的風格，他常說些我聽不懂的話，要我自己去搞懂，例如「買進兩年券，放空十年券」，或「放空所羅門的股票」，或「搶救客戶，斃了菜鳥」之類的，我常聽得一頭霧水。還好，他雖然惜話如金，心地還算善良。他在賣出新產品給三個國家的四個基金經理人後，終於肯進一步為我說明。我就是這樣逐漸學會交易、銷售和人生道理的。

放空自己公司的股票，你敢不敢

瑞普洛之所以建議我放空公司的股票，是因為他覺得所羅門當時的狀況看似穩健，但實際上不然。我後來學到，任何公司盛極而衰的前夕，是最佳的放空時機。但是，他怎麼知道所羅門的氣數已盡？

當時我只是菜鳥，大家原本就預期我就像剛上任的總裁一樣，什麼都不懂，我唯一知道的是我一無所知，而且這也不是我的錯。所以，我總是不恥下問：「為什麼？」

瑞普洛也不會有問必答，或馬上為我解釋，因為那樣太便宜我了。他的話裡都是暗語。只見他對著整個交易室大手一揮說：「這裡已經變成一家大公司了。」

我完全明白瑞普洛真正的意思——公司裡充滿了不必要的會議、空洞的備忘錄、無意義的層級，我們總是希望自己不受這些負面枷鎖的羈絆。瑞普洛有天放下電話，抬起頭來，看著公司的官僚規模愈來愈龐大，令他感到不安。他舉起食指說：「那本書和盤子就是最好的例子。」

但他說完立刻轉過身，接起電話，搖身變成業務代表。「聯準會正在逆向操作，市場可能突然走軟一些，我們看到市場上有一些供給，你可以買一些中期債券……」我聽得一頭霧水，只好連忙拿筆先記下來，等以後再請教他。

說到書和盤子，當時所羅門正在慶祝創業七十五週年，為了紀念這個大日子，每個員工都收到了兩份禮物：一個大銀盤，邊緣刻著公司的名稱，還有一本書。銀盤很適合拿來裝玉米片，書的名稱是《所羅門兄弟：出類拔萃》（*Salomon Brothers: Advance to Leadership*），那是一本公司的簡史，為高層歌功頌德，也的確達到了目的。書中引述古弗蘭、藍尼爾里、霍洛維茲、弗特、史特勞斯、麥錫等人的話，彷彿是照著劇本講的。

他們在書裡的表現都很謙虛，對外界充滿了關懷。作者也歌頌他們的睿智、英俊、勇敢和團隊精神。但整本書就像拙劣的法西斯文宣，日後培訓中心的學員都得把這本書讀得滾瓜爛熟。

即使在學員眼裡，那本書也是個欲蓋彌彰的笑話。所羅門的確領先群倫，但不是個快樂的大家庭，公司內部的醜聞更是多不勝數。創辦人之子威廉・所羅門原本個性含蓄，充滿威嚴，但如今一見到記者，就痛斥古弗蘭不仁不義。前任董事長大衛・譚德勒（David Tendler）的屍骨未寒，古弗蘭就已經用盡權謀，擠升為所羅門的董事長。藍尼爾里、史特勞斯、弗特之間的明爭暗鬥也接近高潮。債券交易員一一流失，跳槽到待遇更好的公司。當然，這些過去和現在的黑暗面，都沒出現在書中。

例如，在說明抵押債券部的創立始末時，作者從老舊的報紙中，找出達爾等人的談話：「所羅門最與眾不同的地方，在於它有很大的彈性，讓你把潛能發揮到極致。」這句話最有趣的一點，在於達爾說這話時背後正發生的事：達爾講完這句話後才六個月，就被古弗蘭請走，改由藍尼爾里主導債券交易部。

古弗蘭是書裡的英雄。他扮演以賽亞的角色，為所羅門鞠躬盡瘁。例如，他提到自己從交易員轉任管理者的心路歷程：「我喜歡管理的角色，因為我覺得這是一種挑戰，而不是因為這是全世界最令人滿足的工作。金融業有時需要我們善盡最高的天職，我們常有機會為社會帶來有益的影響。」「他的語氣宛如資深的政治家。」書中如此形容他。

不過，這些虛假的資訊不是讓瑞普洛討厭這本書和盤子的原因。如果領導者連經營方式都可以憑空捏造了，扯些漫天大謊幾乎是必然的。瑞普洛在意的是，所羅門竟然會花錢製作這種東西。他說，一本書和一個盤子是要幹嘛？誰要這些垃圾？他寧可折現。早期在所羅門工作的人絕對不會做出這種東西，他們也會覺得折現比較好。瑞普洛認為，書和盤子破壞了所羅門的傳統，所以他才叫我放空所羅門股票。（事後證明，放空所羅門股票果然是穩賺不賠的決定，不，根本是削爆了！即使其他券商——尤其是第一波士頓和德崇證券——預測所羅門的股票是很好的投資標的，但在一九八七年十月股市崩盤以前，所羅門的股價幾乎是以直線下跌，從五十九元迅速跌至三十二元。股市崩盤後，它的股價更跌到只剩十六元。）

我把這段對話，小心翼翼地記在筆記裡。早期我的筆記顯示，有人告訴我，這家看似穩健的公司其實正在腐化。要不是有這些記錄，我在描述剛來倫敦工作的情況時，根本無法相信自己的記性，因為後來的轉變，很快就讓我忘了剛來時的情景。

越是最不可思議的傳聞，越常造成市場恐慌

所羅門裡很多人都有毒舌分析別人個性的習慣，例如瑞普洛在沒接電話的空檔時，喜歡嘴角含著一隻筆，調侃我剛進所羅門時的模樣。他喜歡說，我還是菜鳥時，大家總是可以一眼看出我剛剛

和誰說過話。他覺得我剛來公司時，耳根子很軟，很容易被說動。如果我剛和抵押債券的交易員說話，我打電話時一定會說抵押債券有多好，和公司債的交易員談完，我就會說ＩＢＭ最近發行的公司債簡直是金礦。

可惜，瑞普洛無法即時觀察我的性格，而是在我鑄成大錯以後，才告訴我。坦白講，他也只能如此。他像我們一樣，依循著叢林法則生存，根據叢林法則，菜鳥業務員原本就得任由交易員宰割，如果公司債交易員騙我，讓我相信ＩＢＭ的公司債炙手可熱，那是我的問題。多虧了瑞普洛點醒我，要不然公司債的交易員一定會想盡辦法騙我上鉤，瑞普洛的紅利獎金也會因此縮水。

瑞普洛雖然喜歡我這個徒弟，但他還沒好到事事都為我著想。不過我還是非常依賴瑞普洛和同部門的三位同事（兩男一女），我們共用一張桌子，自己分成五區。公司裡有上百條電話線，我們透過這些電話線傳送賺錢的商機、低級的笑話，以及謠言八卦。如果你想知道世界上最低級的笑話是怎麼傳開的，只要在債券交易室待一天就知道了。挑戰者號太空梭失事時，有六通來自世界上六個不同角落的電話，告訴我ＮＡＳＡ（美國太空總署）其實是Need Another Seven Astronauts（還需要七名太空人）的縮寫。

相較於低級笑話，傳聞就重要多了，因為傳聞會左右市場。大家普遍認為，莫斯科有個傢伙會從一間骯髒房子裡散播謠言，企圖破壞西方市場的經濟體制。這類傳聞最後往往和大家最擔心的事不謀而合，越是最不可思議的傳聞，越常造成市場恐慌。我在倫敦那兩年間，沃克爾辭去聯準會主席的謠言就傳了七次，還有兩次是說他死了。

我們桌上每個人都有三支話筒，其中兩支是一般電話，另一支是對講機，可以直接和所羅門內部任一個辦公室裡的任何人對話。電話上隨時都亮著數十個電話顯示燈，歐洲投資人從早上八點到晚上八點，都想進美國的債券市場交易（我應該把他們統稱為「投資人」或「客戶」，儘管他們大多是純投機客，其他的則是半投機客。）

他們那麼積極進場是有原因的，那時美國的債市狂飆。想像一下，如果一家賭場只要下注就能賺大錢，那賭場會吸引多少人潮？由此可以想見，當時我們部門忙碌的盛況。我們部門主要負責選擇權和期貨業務，這種投資的優點是兼具流動性和靈活的財務槓桿，它們是債市裡的賭博機制，就像賭場裡的超級籌碼一樣，只要付三元，就能賭一千美元的東西。

你為什麼要看線圖？因為別人也在看啊！

事實上，賭場裡沒有超級籌碼，選擇權和期貨在賭博業裡也找不到對應的機制，因為真正的賭場會覺得提供這種槓桿的風險太大了。但期貨不同，買家只要付一點小錢，一眨眼間獲利就可能翻好幾倍——或是賠個精光。

歐洲投資人在投機方面相當主動，不需要太多的鼓勵或指導，他們瘋狂投資已有好幾百年的歷史，法國人和英國人對於一夕致富的標的，更是趨之若鶩。就像擲骰子的賭徒會找美女幫他吹一吹骰子一樣，英法兩國的投機客也會用許多不理性的手法，幫他們贏錢。

當他們要猜測美國債市的走勢（向上或向下），他們會鑽研債券走勢圖，一看就是好幾個小時。就像「羅夏克墨漬測驗」（Rorschach ink blots，一種人格投射測驗，由瑞士精神學家羅夏克編製）一樣，這種一般人看不出個所以然的圖形，他們都可以看出是頭部還是肩部。他們自稱「線圖派」，相信過去的價格走勢，可以用來預測未來，他們接著會用尺和筆，畫出未來的債券走勢圖。有意思的是，在多頭市場時，他們通常預測價格會上漲。

觀察走勢圖還有另一個重要理由：因為其他人也在看。如果你相信，會有人因為看了線圖而捧著大筆資金進場，那麼看線圖還是有道理的，或許你可以提前布局，等著其他人幫你抬轎。我們有很多英國和法國投機客的確相信，這些走勢圖裡暗藏著市場玄機，他們都是傳統的技術分析派，就算根本沒人根據線圖投資，他們還是照看不誤。他們把線圖當成占卜命盤，彷彿那些線圖會對他們開示機密似的。

我的客戶居然相信這些邪門歪道，即便是菜鳥的我，也覺得臉紅，但公司的老鳥告訴我，只要這些技術分析派來我這裡下單就行了，不必去質疑客戶買進賣出的理論依據。所以我才當業務員沒幾天，就學會順水推舟，例如聽到投資人說：「我昨晚看了十天的移動平均線，發現那是一個完美的鴨尾型反轉，我們把籌碼全押下去吧。」我馬上就會跟著叫好：「對呀對呀！就這麼做！」

為了好聽起見，我們通常在幫客戶操盤時，稱這種作法為「套利」，實際上那根本是幌子。套利指的是「靠交易毫無風險地獲利」，但實際上客戶永遠在承擔風險，那不是「套利」，是「高空走鋼索」。我為第一位客戶提供投資建議時，根本不知道自己責任重大，我就像個江湖郎中，沒行醫執照就亂開處方，受害的當然是客戶。

我馬上就看出我的客戶和業務老手的客戶有什麼不同。我的客戶都是一些小型投資法人，根據定義，他們的資金不到一億美元，每筆交易只有數百萬美元。同組的其他三位業務員，幾乎都只和保險公司、基金經理人及歐洲各國央行打交道（包括俄羅斯）。他們一出手就是五千萬到一億美元，最大的大戶可能握有二百億美元的資金。

第一次成交就……上當了！

我的長官不讓我碰這些大戶當然是有理由的。他知道我這種人很容易被人牽著鼻子走，太危險了。他打算讓我先從小客戶累積經驗，萬一出了紕漏，對所羅門整體業務的影響也不會太大。大家都覺得我很可能會搞垮一、兩家客戶，這是菜鳥常見的宿命。

每當有客戶被我們搞垮時，公司內部還有一種奇怪的術語來形容這種現象，就是：客戶被「吹爆」了。等我摸清這一行，不再「吹爆」客戶時，公司就會讓我接大客戶了。我到倫敦幾天後，老闆叫我要開始微笑，打電話拉生意。前面提過，我討厭打這種唐突的電話，我發現自己的個性不適合做這門生意——想做好這份工作，會把自己搞得像臭蟲一樣，讓人避之唯恐不及。

老闆後來看我毫無進展，也就死了這條心，直接叫我打電話到一家奧地利銀行的倫敦分行，找一位叫賀曼（Herman）的人。賀曼想和所羅門交易，但所羅門沒人想理他，因為他只有幾百萬美元的資金。而我為了混口飯吃，只要有客戶可拉就謝天謝地了。可憐的賀曼，他根本不知道來找他的，是個沒經驗的菜鳥。我提議一起吃個飯，他欣然接受。

賀曼是個人高馬大的德國人，聲音低沉，他覺得自己聰明絕頂，而我的任務就是鼓勵他這麼想，因為他愈覺得自己聰明，就會做愈多交易，為我帶進愈多生意。他的銀行授權他，可以動用二千萬美元的資金。

賀曼很聰明，但卻看不出我是菜鳥。我告訴他，有了這二千萬美元，我們可以大賺一票。我說，所羅門裡有很多精明能幹的人，我們可以善用這些人的智慧。我還讓他以為我對投資也頗有看法，某些歐洲大戶很重視我的建議。

午餐接近尾聲時，我們一起研究許多所羅門的債券圖表，稍微談了一下技術分析裡的頭肩型態，喝了一瓶葡萄酒，他覺得可以和我做生意。「麥可，切記，」他用濃濃的德國腔重複好幾次：「我們需要『耗』（好）點子！」

我回辦公室時，有一位公司債的交易員正等著我，好似一頭飢腸轆轆的寵物等我餵食。他很高興聽到我和客戶的午餐進行得很順利，因為他已經為我和客戶規畫了一個很好的投資標的。

他盯著歐洲債券（Eurobond）市場整天，發現AT&T的三十年期債券和美國三十年期公債相較之下，真的很便宜。這裡應該先說明一下，歐洲債券的市場規模高達六千五百億美元，正是所羅門擴展海外市場的主因之一。所謂的歐洲債券，就是在歐洲發行的債券，主要賣給歐洲人。美國很多大企業發行歐洲債券，主要是因為向歐洲人借錢的成本，低於向美國人借錢，同時還能藉此在海外打響名號。所羅門在美國企業有豐沛的人脈，所以是這個市場的領導者。

總之，這位交易員說，華爾街（亦即華爾街其他公司和倫敦的交易員）都低估了AT&T公司債的價值。他有管道可以買到一些AT&T的公司債。他告訴我，我只要告訴客戶買進AT&T公司債，同時賣空三十年期的美國公債就行了。這其實是在賭AT&T公司債的表現，會優於美國公債。聽起來有點複雜，我想還是謹慎一點比較好，所以我問他：這麼做，有沒有風險？

他說：「別擔心，你們穩賺的。」

我把這套說法轉述給微醺的賀曼聽，他用帶著德國腔的英文說：「我以前沒做過這種東西，但是聽起來是個好主意，我就買個三百萬美元吧。」

就這樣，我拿到第一筆單子，我興奮極了，連忙打電話給紐約的美國公債交易員，賣他三百萬美元的公債，然後再對倫敦的公司債交易員大喊：「你可以做三百萬美元的AT&T了。」當然，我盡量壓抑內心的興奮，裝出沒什麼大不了的語氣，就好像在公園散步一樣。

所羅門每個辦公室裡都有一個擴音器，聲音傳遍整個辦公司。在所羅門裡，所謂的成功除了賺錢之外，還包括有人從擴音器傳送你的大名。只見AT＆T公司債的交易員用擴音器大喊：「麥可・路易士剛剛賣掉我們的AT＆T公司債，價值三百萬美元，相當了不起，非常感謝。」

我得意地漲紅了臉，你明白那種得意到臉紅的感覺吧？

不過，當下好像有個地方不太對勁。他說「我們的AT＆T公司債」，是什麼意思？我一直以為那些債券是從別家公司搶來的，搞半天原來是所羅門的。如果這些債券本來就是所羅門的……

這時，瑞普洛瞪著我看，一臉難以置信的樣子。「你賣掉那些債券了？為什麼？」他問。

「因為那個交易員說很好啊。」我答。

「天啊……」瑞普洛把頭埋在手裡，彷彿很痛苦似的。我可以看出他在笑，不，他是在大笑。

「交易員還能說什麼？」他說：「他持有那個部位已經好幾個月了，根本沒人要，他急著想脫手。你可別告訴他，我對你說了這些，總之你麻煩大了。」

「什麼麻煩？」我問：「那個交易員跟我說穩賺的！」

「反正你麻煩大了！」瑞普洛又說了一次：「因為你是菜鳥，菜鳥本來就會被惡搞。」他這麼說是出於好意，彷彿是為了安慰我。接著他拿起含在嘴角上的筆，若有所思地轉了一兩圈，又開始忙著打電話。

「AT＆T公司債的價格是多少？」隔天早上，一個熟悉的聲音衝著我喊，那聲音不再冷靜自信，賀曼顯然從倫敦其他交易員的口中得知了實情。感覺整個倫敦好像只有我和賀曼不知道所羅門持有AT&T公司債，而且急著脫手。賀曼開始感覺到自己大難臨頭了。

我還是抱著希望，只是希望不大。我還記得當時我走到那位交易員旁邊，告訴他我的新客戶很生氣、告訴他這對我們的新關係相當不妙、也告訴他，我非常希望他能以昨天的價格，買回這些AT&T的公司債。

我問交易員現在的價錢是多少，他說：「目前的價位不太好，不過會漲回來。」

「現在的報價是多少？」我又問。

「我待會才能告訴你。」他說。

「不行，」我說：「那個火大的德國人正在線上等我，我現在就得知道。」

交易員假裝翻找一些看起來很複雜的報表，在報價機上敲了幾個數字。我後來才知道，這些動作代表有客戶即將被犧牲了。

交易員想把責任歸咎到一些非人為的因素上——你沒看到嗎？市場就是這樣，我也幫不上你。這交易員顯然在敷衍我，情況看起來很不妙。

「我願意出價九五買回。」他終於開口了。

「你不能這樣，」我說：「你昨天以九七賣給我，市場又沒變，公債價格也一樣。我要怎麼告訴客戶，他的公司債在一夕之間大跌了二點，他要賠六萬美元。」

「我說過，現在價位不太好。」他說。

「你是什麼意思？……你騙我！」我開始大吼大叫。

「嘿，」他也失去耐心了：「你到底是為誰工作，是為這個傢伙，還是為所羅門？」

沒關係啦，反正客戶都是健忘的

你到底是為誰工作？這問題一丟出來，就可以堵住很多業務員的嘴。每次交易員耍了客戶，業務員心有不甘時，交易員就會問業務員：「你到底是為誰工作？」他的意思很清楚：你是為所羅門工作，你是為我工作，你年底的紅利是我發的，所以你這個菜鳥還是給我閉嘴吧！

然而，當你退一步想想我們這一行的本質，就會覺得這種說法荒謬極了，這種擺明坑殺客戶的做法，終究會自尋毀滅。客戶一旦發現真相，一定會跑光。客戶都跑光以後，我們還靠什麼賺錢？

唯一可以接受的合理解釋——如果你願意接受的話——是我無意中從總裁史特勞斯的口中聽到的。公債業務員出身的史特勞斯，有次和我的客戶吃飯時突然提到他的看法：「反正客戶都是健忘的！」原來如此！盡量壓榨客戶吧，反正他們遲早都會忘記！

沒錯，就是這樣！

你不得不佩服史特勞斯，把話講得那麼白。不過，壓榨客戶是一回事，事先就告訴客戶你會壓榨他，那又是另一回事。ＡＴ＆Ｔ那位交易員和史特勞斯的差別，在於前者來陰的，後者則是光明正大的壓榨你。不過，兩者對公司都沒有好處。我那位客戶自從和史特勞斯吃過飯以後，他永遠都沒忘記所羅門說他的記性不好。

我犯了一個錯，誤信了所羅門的交易員。他利用我和第一位客戶的無知，把他的錯誤轉嫁給我們。他救了自己和公司，免除了六萬美元的虧損。

對不起，我也是第一次碰這東西，哈哈

我很快就明白怎麼回事，氣得半死，但這些都於事無補。向交易員發飆對我並沒有好處，這是很現實的，我年終的紅利掌握在他手上。此外，對他發飆只是暴露出自己的愚蠢而已，彷彿我真的相信ＡＴ＆Ｔ公司債會幫客戶賺錢一樣。誰會笨到相信交易員的話？對我來說，最好的因應方式就是假裝我原本就是打算壓榨客戶，這樣大家還會比較看得起我。在我們這一行，這就是所謂的「塞貨」（jamming），我在不知情的狀況下第一次塞貨給客戶，就此開了惡例。

但我要怎麼對賀曼解釋？告訴他「不要因為賠了六萬美元而心煩，你的記性不好，很快就會忘記」？還是說「對不起，我也是第一次碰這東西，哈哈，你剛被耍了」？

「嗨，抱歉，讓你久等了，剛才真的很忙。」我打電話給他，找尋適當的口吻，但實在不知道

該怎麼表達比較好，只好故做輕鬆。我當時的表情肯定是介於強顏歡笑和白癡傻笑之間，瑞普洛在一旁笑，你有必要這樣落井下石嗎？我對他比了比中指。

與其說我擔心賀曼，不如說我更在意自己犯了這種丟人現眼的錯誤。「我剛和交易員談過，」我告訴賀曼，「他說AT&T目前走勢不太好，但一定會很快反彈的。」

「現在的價格是多少？」他問。

「喔……我看看……大約……大約是……九五。」我說的時候，可以感覺到自己的臉抽搐了一下。

「啊……」他大叫，彷彿被捅了一刀，他已經不知道該如何表達自己的感覺了。他這種日耳曼式的原始嘶吼，喊出了所羅門全體客戶所受的痛苦。我當時不知道，但我很快就發現，他這輩子作夢也沒想到自己會賠六萬美元。他的公司讓他操作二千萬美元的資金，但沒允許他賠那麼多錢。萬一公司知道他虧了那麼多，肯定會開除他。他的孩子還小，太太剛懷孕，在倫敦剛買新房子，背著沉重的房貸。不過，這些都是我後來才知道的。當時，他唯一能做的，就只是痛苦地哀嚎。

「啊啊啊啊啊啊……」他繼續嘶吼，音調稍微變了，接著他呼吸急促了起來。

你想知道我當時的感受嗎？我當然應該感到內疚，但當下我的腦子一團亂，第一個反應並非自責，反倒是鬆了一口氣，我總算告訴他實話了。他在電話裡大叫和哀嚎，但也只能這樣。這就是當仲介的好處，我之前一直無法體會，現在終於明白了。倒楣的是客戶，不是我。他不會殺我，甚至不會告我，我也不會丟了飯碗。相反的，我幫所羅門轉嫁了這筆六萬美元的損失，在公司裡還算是小功一件。

投資市場上，本來就是 Caveat emptor

有一種簡單的方式可以看待這件事：客戶雖然不喜歡虧損，但這件事他和我一樣有責任。在投資市場上，本來就是 Caveat emptor——拉丁語，意指「買者自行當心」。債券市場的人喝了幾杯酒以後，常會滿口拉丁文，另一句我常聽到的拉丁文是「Meum dictum pactum」，翻成英文是 My word is my bond——我說的話，就是保證（bond 在這裡是雙關詞，一是指債券，二是「保證」）。

也就是說，當我告訴賀曼ＡＴ＆Ｔ公司債是不錯的投資時，他大可不要相信我的。

話說回來，除了這位德國客戶，還有誰是受害者？這是個重要的問題，因為由此可以看出，所羅門為什麼可以如此淡然地看待這些災難。

德國客戶所屬的銀行損失了六萬美元，所以銀行的股東（奧地利政府）是受害者。更進一步說，奧地利的納稅人也是受害者，但這筆損失相較於奧地利全國的資產根本微不足道。換句話說，這損失除了讓人同情做這筆交易的人以外，很難引起大家對其他人的同情，況且那個人本身就要負起部分責任。

要不是因為我是菜鳥，我會覺得他不該把一切都怪到我頭上。不過，他的確是把我罵到臭頭，因為那是客戶的特權，也是債券業務員必須承擔的宿命。而且他還不只罵我一次而已，他前前後後罵了我好幾百次。因為，我們犯的錯不只一次，我們馬上又犯了第二個錯誤：繼續持有。接下來的幾週，我每天早上和下午都提心吊膽，等著賀曼打電話來酸我，他會用低沉的德國腔說：「麥可啊，這些債券真是『耗』點子，你還偷藏了哪些『耗』點子啊？」

事實上，賀曼後來也死心了，他覺得自己肯定劫數難逃，也不期望所羅門會幫他挽回損失，他打電話來只是想一吐心中的怨氣，讓我難堪而已。

從此之後，賀曼和這筆債券的關係，就像婚姻誓言那樣——「至死不渝」，甩都甩不開。AT&T公司債的價格一路下跌，事發一個月後，當賀曼的老闆問起他的投資時，虧損金額已高達十四萬美元，賀曼就這樣被開除了。後來他找到新工作，據我所知，待遇還算不錯。

我把債券市場當成賽馬的延伸，你懂吧

這件事對我的職業生涯來說，實在是出師不利。我上場不到一個月，就「吹爆」第一位客戶，也是我唯一的客戶。還好，像他那樣的客戶還真不少，他們都符合和菜鳥打交道的兩個條件：第一，他們都是小客戶，第二，他們都是慕名而來，對所羅門充滿敬畏，對所羅門給的建議深信不疑。

我剛開始工作那幾個月，都是和這些大家不想理會的歐洲客戶打交道，總共接觸了數十位，其中有一位是貝魯特的棉花交易員（他總是說「你可能會以為我們這裡景氣不太好，但其實很好」）、一家喜歡投機外匯選擇權的愛爾蘭保險公司，以及一個住在蒙地卡羅的美國披薩大亨。我也「吹爆」了那家保險公司，不過這次完全是我幹的蠢事，和交易員無關。所羅門的授信委員會叫我不要和貝魯特那傢伙做生意，以免我在吹爆他之前，先被他拖垮。披薩大亨後來決定回老本行做披薩，不玩債券了，不過他臨走前留下一句令人難忘的話：「和我們賭的債券比起來，蒙地卡羅賭城無聊透了。」他說的，一點也沒錯。

這幾個月裡，我接觸過最滿意的客人，或許是一家英國經紀公司的老闆。他在倫敦金融界小有名氣，不知怎的拿到我的資料，主動找上我。他說，想多了解選擇權和期貨，要我去辦公室找他。歐洲有數百家和他一樣的小型金融機構，他們和所羅門競爭，但同時也有一些自己的資金。他們常偽裝成潛在客戶，以便從所羅門吸收資訊，他們以為所羅門握有一些別人沒有的消息。

我大可回絕他的邀請，以免他從我這裡蒐集資訊，又反過頭來和我搶生意。但他的確有一些資金可以投資，何況我對傳統英國金融人士很好奇。再說，以我當時對選擇權和期貨的了解，比較可能讓他破產，而不是幫他獲利。

他是個肥胖的中年人，穿著不太合身的西裝，磨損的黑色皮鞋，鬆垮的黑色襪子（我覺得那好像是英國經濟長期低迷的象徵）。他身上還有其他和身分地位不太相符的特色，例如後腦杓頭髮亂翹，衣服皺巴巴，好像他穿著那一身衣服睡覺似的。他底下有數百位員工，但他的外表卻像流浪漢或剛睡醒似的。

他的辦公室昏暗，周遭堆滿了尚未完成的工作，我從來沒看過一個地方堆那麼多東西。我和他談了一小時，更精確地說，其實是他對世界大事發表了一個小時的觀點，我只是在一旁洗耳恭聽。最後，他終於說累了，叫了一輛車，帶我去吃午餐。

但是在離開辦公室以前，他拿起一枝鉛筆，一邊隨意翻著《泰晤士報》，他說：「我得先下注。」他打了一通電話，我猜是打給賽馬組頭，為當天出賽的兩匹馬各下五英鎊的賭注。他放下電話時說：「我把債券市場當成賽馬的延伸，你懂吧。」我當然不懂，不過他這樣講好像是為了讓我刮目相看。

但我實在不好意思告訴他，所羅門交易室的那些人如果知道他只下注五英鎊，應該會笑到讓他無地自容。這也讓我想起受訓時，一位資深交易員對一位學員的惡毒評語。這位學員原本想在交易員面前好好表現一番，但弄巧成拙，結果交易員說：「**有些人天生就是當客戶的命，你就是活生生的例證。**」

「天生就是當客戶的命」，後排學員覺得那是當天最好笑的一句話。

總之，我們倆去吃了兩小時的午餐，紐約總部都知道倫敦分公司向來以用餐時間漫長出名。用餐時，依舊是他滔滔不絕地發表高論，我靜靜旁聽。他談到債市超漲，他覺得倫敦當地的美國銀行人士工作都太拼了，以及他的小公司如何因應所羅門這類金融巨擘進軍倫敦金融圈。他反對每天工作超過八小時，因為「這樣一來，你早上來上班時，腦子裡還是昨天晚上下班時的東西。」

喝了幾杯酒後，這段話聽起來還真有道理，值得我把它寫在餐巾紙上。我們又叫了一瓶白酒來搭配魚，午餐快接近尾聲時，我們講起話來都有點含糊，血液都從大腦流往胃部了，這時他才想到他找我來的目的，他說：「我們今天都沒機會討論選擇權和期貨，改天再找時間好好談一下。」

不過，我們還沒進一步接觸，他的小公司就像很多英國金融機構一樣，被一家美國銀行以高價併購了。他出脫持股的時機抓得正好，爭取到相當優渥的條件。之後我就再也沒有他的消息了。

我不是菜鳥。我是投資銀行家

對我來說，剛入行的一切都很新鮮。早期，我第一次出差去巴黎。我一離開交易室就不再是菜鳥了，至少沒人知道我是菜鳥。我是投資銀行家，使用投資銀行的特支帳戶。出差期間，我住在巴黎最好的布利斯托旅館（Bristol），每晚四百美元。這可不是我愛擺闊，所羅門的業務員來巴黎出差時都是住這裡。想節省開支的話，還得事先請祕書幫你訂比較便宜的旅館。

當我第一次走進布利斯托旅館的金色大門，踩上鋪著大理石的地板，看到佩特（Pater）描寫的田園風光和哥白尼掛毯，看到浴室內琳瑯滿目的個人清潔用品，以及套房的豪華裝潢時，我很高興自己享有這些應得的福利。如果《推銷員之死》（*Death of a Salesman*）裡的主人翁威利・羅曼（Willy Loman）也能享有這麼好的待遇，他的孩子應該可以教育得更好吧。

我剛入行前幾個月，對公司的獲利毫無貢獻，不過日子還算充實。我覺得這段期間累積的經驗，比績效更重要。最初幾個月，那種外行裝內行的感覺，讓我一直很過意不去。我什麼都不懂，只會不斷地「吹爆」客戶。

我沒管理過資金，沒賺過錢，除了認識幾位繼承遺產的人之外，沒認識什麼投資致富的人，但我卻裝出一副金融專家的模樣。在這之前，我處理過的最大筆錢，是我自己在大通銀行帳上透支三百二十五美元，結果我現在卻負責建議別人如何操作數百萬美元的資金。早期在所羅門裡，我之所以能在一次又一次的會談中蒙混過關，都是因為當時接觸的客戶比我更外行。當時的倫敦，或許算是外行人的天堂吧。

我知道，遲早會捅出讓我無地自容的婁子，所以我加緊學習。就像瑞普洛說的，我很容易受別人的影響，在碰上狡詐的所羅門交易員時這點相當吃虧。不過，在我自學的過程中，這也是個優勢。我善於模仿，模仿讓我深入揣摩別人的思考。為了學習如何提供精明的資金操作建議，我仔細研究所羅門兩位最優秀的業務員——瑞普洛和紐約總部四十一樓的另一位業務員（姑且稱他亞歷山大）。我盡量吸收與綜合他們的看法和技巧。我很幸運，因為他們兩位正好都是業界最優秀的債券業務員。

市場是緊密相連的網，別懷疑自己當下的反應

瑞普洛和亞歷山大的風格迥異，專長也不一樣。瑞普洛就像多數業務員，只是比別人做得更好。他每天緊盯電腦螢幕，掌握美國公債市場的交易，尋找價差。美國公債有數百種之多，期限從幾個月到三十年不等，瑞普洛知道它們的合理價位，也知道哪些大戶持有什麼公債，哪些人比較好下手。如果公債價格偏離合理價八分之一個百分點，他會找六個投資法人來做交易，賺那八分之一個百分點。他把這招稱為「吃點」（nips for blips）。「點」（blips），是指電腦螢幕上代表公債價格的小綠色，我一直不懂「nip」（有快速行動、抓住或咬）該怎麼解釋，不過後來那個字變成雙關語，因為瑞普洛的客戶愈來愈多是日本人（Nip也是日本人的意思，是Nippon的略稱），每年他透過電話，和日本人交易的美國公債高達數百億美元，所羅門可以從每筆交易中抽取手續費。年底時，瑞普洛可以從所羅門的獲利中分紅。

亞歷山大相反，他特立獨行，是我遇過最像大師的人（如今我才了解，天下沒有真正的市場大師）。他當時二十七歲，比我大兩歲，我進所羅門時，他已經在裡面工作兩年了。他從小就開始玩股票，初中一年級已經在股市海撈過一票。十九歲時，他玩美國國庫券期貨，賠了九萬七千美元。換句話說，他不是一般的孩子，他學會怎麼加碼和停損後就整個脫胎換骨了。他在國庫券上賠的錢，後來從黃金期貨中賺回了好幾倍。

亞歷山大知道怎麼善用全球的金融市場，而且身為業務員，他知道如何表現出自己很懂全球金融市場的樣子。對我們這個小圈子的人，他也很有影響力，就像用美妙歌聲迷惑船員的水妖一樣。他從倫敦轉調紐約四十一樓才幾個月，就有幾位常董找上他，請他給一些資金操作的建議。

不過，他們想找亞歷山大通話，還得排在他的客戶和我之後。亞歷山大是業務員，不過他就像所有的頂尖業務員一樣，也擁有交易員的直覺。亞歷山大很善於解讀周遭的事件，他最厲害的地方是他解讀事件的速度。消息一出爐，他似乎早有定見，完全信任自己的直覺。硬要挑毛病的話，可能是他從來不質疑自己當下的反應。他覺得市場是緊密相連的網，拉動其中一條線，勢必會牽動其他線。所以他的交易遍及所有市場，包括法國、德國、美國、日本、加拿大和英國的債券、外匯和股票市場。他對石油、貴金屬、大宗商品的市場也很感興趣。

一種作夢也在賺錢的境界

在所羅門工作期間，我覺得自己最幸運的際遇，就是遇上亞歷山大，並有幸成為他的知己。我是到倫敦接他的位子時第一次見到他的。在我去倫敦前的那兩年，威利克就是他的老闆，他坐在瑞普洛旁邊。我們第一次見面時，他正要回紐約總部四十一樓擔任債券業務員，他其實大可不必關照我。他常請我幫他從巴黎帶大量的芒果茶，除此之外，我對他來說毫無用處。

他之所以那麼罩我，完全是無私的，在當時相當難能可貴。那感覺就好像他把賭注押在我的未來上，無論如何一定要讓投資標的產生收益一樣。我們每天至少會通話三次，有時甚至多達二十次。最初幾個月的對話幾乎都是我提問，他為我解答。

我的工作其實就是學習賺錢大師的思惟和言行，既然我的思惟與言行無法像亞歷山大那樣渾然天成，至少我可以模仿他的樣子。像學功夫那樣，先仔細聆聽大師的指導，再依樣畫葫蘆。整個過程有點像是學外語，一開始你覺得講起來很彆扭，但久了以後，有一天你會突然發現自己也可以用那個語言思考。你以前沒想過的字，也自然而然地脫口而出，最後連作夢都是用那個語言。

作夢也想到如何賺錢——感覺似乎很詭異。但有一天早上醒來時，我突然想到日本債券的期貨市場有套利機會，於是查了一下日本市場，發現的確是如此。當時我還不明白自己為什麼會夢到這一點，因為我不記得曾和人談過這方面的事。你可能會覺得我是瞎掰的，但這千真萬確——就像我學第二語言一樣。

亞歷山大的另一項成就，是為湯姆．沃爾夫小說《走夜路的男人》提供素材。沃爾夫書中主角謝曼．麥考伊（Sherman McCoy）因為以黃金擔保的法國公債（所謂的季斯卡債券）而陷入麻煩。其實當初最先發現季斯卡債券定價有誤的人，就是亞歷山大，而他不但沒有因為定價錯誤陷入麻煩，反而趁機賺了好幾百萬美元。

首先，逆向操作；接著，多想兩三步

亞歷山大建議的交易大致上分成兩種。首先，當所有投資人都做同一件事時，他會反其道而行，股票經紀人稱之為「逆向操作」（contrarian）。大家都想當逆向操作者，但沒人做得到，因為投資人大多很怕自己成了別人眼中的傻瓜。他們怕賠錢，但更怕落單。我所謂的落單，是指「承擔了別人迴避的風險」。當整個市場只有你一人賠錢時，那一定是你的錯，沒有藉口可閃躲——但多數投資人都需要藉口。倘若有幾千人已經站在懸崖邊，這懸崖再危險他們都敢靠近。但如果大家普遍看壞市場，許多投資人就算心裡覺得沒道理看壞，也會跟著拔腿就跑。

美國農民信用公司（Farm Credit Corporation）危機，就是很好的例子。剛開始，外界以為農民信用公司即將破產，紛紛拋售農民信用公司的債券。但其實在那個年代，政府絕不會放任金融業者倒閉，當時美國政府連和國家利益沒多大關係的克萊斯勒汽車及大陸伊利諾銀行（Continental Illinois Bank）都幫忙紓困了，不可能坐視農民信用公司倒閉。放任一家總值八百億美元、負責放款給美國廣大貧困農民的機構就這樣破產，實在太荒謬了。

投資法人都知道這點，但他們還是急著拋售農民信用公司的債券，他們這樣做不見得是愚蠢，因為他們不想讓外界知道自己竟然持有這種機構的債券。然而，亞歷山大根本不在乎別人怎麼看，所以他覺得可以從這些人身上獲利。不過，他這種人有個職業風險，就是會有一種目中無人的優越感，老認為別人都是傻瓜。

亞歷山大操作的第二個模式，是在重大消息傳出時，例如股市崩盤、天災、石油輸出國家組織（OPEC）破壞限量生產的協定時，他會跳過當下的熱門新聞，深入了解第二和第三層的影響。

還記得車諾比事件嗎？蘇聯核子反應爐爆炸的消息傳出時，亞歷山大打電話給我。幾分鐘前，報價機上證實這則核子意外的消息，但亞歷山大已經買進相當於兩大艘油輪的原油。他說，當時投資人的焦點都集中在紐約證交所上，尤其是攸關核能的公司股票全面重挫。他說，別去理那些消息，他已經幫客戶買進原油期貨。原來，事件爆發後，他腦中馬上想到，核能供給減少，等於原油需求增加。結果他說的沒錯，他的客戶都海撈了一票，我的客戶也小賺了一筆。

不過，我才說服一些客戶買進原油期貨沒幾分鐘，亞歷山大又打電話來了。

「買進馬鈴薯，」這回他說：「就這樣。」然後就掛上電話。

因為他已經看到，核子輻射塵會威脅歐洲的糧食和飲水供給，其中包括馬鈴薯。未受污染的美國馬鈴薯將成為糧食替代品，價格勢必水漲船高。蘇聯核子反應爐爆炸後幾分鐘，我認識的人當中，只有亞歷山大會想到馬鈴薯價格。

不過，車諾比和石油都算是比較直接的例子，我們還玩一種名叫「萬一……怎麼辦？」的遊戲。各種複雜的情境都可以用「萬一……怎麼辦？」的模式來分析。例如，假設你是操作數十億美元的投資法人，萬一東京發生大地震，怎麼辦？東京已經變成一片廢墟，日本投資人陷入恐慌，紛紛拋售日圓，把資金撤出東京股市，你該怎麼做？

根據上述的第一種模式，亞歷山大會把資金投入日本。他的假設是，既然大家都想離開，一定有便宜貨可撿，所以他會買進別人最不想要的日本股票。首先，是日本保險公司的股票，外界可能以為保險公司受地震影響會陷入很大的風險，股價會下跌，但其實他們的風險大多已經轉給西方的保險公司以及日本一家專門承保地震險的保險公司（這家公司已經收了數十年的保費），這時候保險公司的股票一定有便宜可撿。

其次，亞歷山大會買進數億美元的日本公債。沒錯，日本經濟短期困頓下，政府會降息以鼓勵災區重建，並直接要求銀行以低利放款，日本銀行一如既往會遵照政府的指示，而當利率走低，代表債券價格會上揚。此外，金融市場短期雖有恐慌，但長期而言日本資金會從海外回流。日本企業在歐美投資的金額很大，他們終究會將資金滙回日本，療傷止痛，整修廠房，振興股市。

這意味著什麼？對亞歷山大來說，這表示應該買進日圓。日本人會賣掉持有的美元、法郎、馬克、英鎊，買回日圓。日圓升值不僅是因為日本人買進，更因為外國投機客眼看著日本人買進，也會跟著搶購。如果地震後日圓馬上重挫，那只會讓亞歷山大更堅信自己的想法而已，他永遠不按牌理出牌。相反的，碰到日圓升值，他可能會拋售。

亞歷山大每天都會打電話來，為我解釋一些新的觀念。經過幾個月的摸索，我終於逐漸開竅。每次亞歷山大掛電話後，我會打電話給三、四位客戶，複誦剛剛亞歷山大說過的話。他們即使不覺得我是天才，至少也會覺得我反應快。他們會參考我的建議，獲得還不錯的報酬，就像亞歷山大的客戶一樣。久而久之，他們開始主動打電話給我，又過不久，他們只和我打交道，不再找別人。他們會完全照我的話（其實是亞歷山大的話），他們知道很快就能看到成效。

身為交易員，也是要有自己風格的

我從亞歷山大那裡學會怎麼看市場，不過卻是從瑞普洛身上學習風格。所謂的風格，我指的是講電話的技巧。身為業務員，我們大多時候都在講電話，瑞普洛在這方面很有一套。他打電話和客戶寒暄時都是正襟危坐，打電話推銷時，他會蹲下來，鑽進桌子底下，把桌底下當成隔音間。他對隱私的重視是從菜鳥時代養成的習慣，因為他不想讓資深業務員聽到他和客戶之間的對話。

這已經變成他的習慣。每次當他準備賣出數億美元的政府公債時，我都看得出來。因為他的身體會像鐮刀那樣蜷曲起來，胸部幾乎貼著膝蓋，頭部鑽進桌面下的隔音間。快要成交時，他會用手指塞住另一邊的耳朵，低聲迅速說完話（他有位客戶叫他「低語瑞普洛」），然後他會突然起身，按下電話上的靜音鈕，對著對講機大叫，「紐約……紐約……賣出，十月期價位九二，九月期價位九三，一億到一億一……對，一億美元到一億一千萬美元。」如果他起身時沒賣掉債券，我就會知道他剛剛是在和媽媽講電話。

我模仿瑞普洛講電話和交易室裡的動作，就像小孩模仿父母的行為一樣。漸漸的，我也開始在椅子上蜷曲身子、嘴角咬著鉛筆、用手指塞住耳朵、講話快又小聲，有時連客戶都聽不清楚。總之，我的言行舉止愈來愈像瑞普洛。事實上，後來愈來愈多菜鳥進來交易室後，這種現象愈來愈普遍——一小群新手會模仿同單位裡最成功的同事，舉止和習慣都一模一樣。當我們部門的人數從五人增為十人時，整個部門愈來愈像瑞普洛。

瑞普洛是瑞普洛，亞歷山大是亞歷山大，我只是個冒牌貨，努力摻揉他們兩人的特質。我只能說，我是個善於模仿的冒牌貨。此外，我也擁有這兩位師父所沒有的特質——我可以把這一行、把所羅門看得很淡。我猜想這是因為我這份工作是在英國皇宮的募款餐會上幸運撿來的，也或許因為我還有其他收入（我在所羅門上班時，晚上和週末還兼差當記者）。

總之，這些因素在我剛入行時幫助很大，因為我沒有後顧之憂。我就像在車潮中開著出租車的司機一樣有恃無恐，我做這行的最壞結果，頂多是丟了其中一個飯碗而已。失去這份工作對我的影響，不像那些只靠這行謀生的人那麼嚴重。

不過，這不表示我不在意，我還是很在意這份工作。我比多數人更需要讚美，所以我更積極尋求別人的讚美。但這份工作不是我的唯一，所以我敢冒較大的風險。例如我敢違抗上司的命令，如果我是唯命是從的乖乖牌，他們可能不會那麼快注意到我。

在亞歷山大和瑞普洛的指導下，我學會了可靠的賺錢策略、有說服力的推銷口吻，以及恰到好處的交易風格，業績開始出現起色。一些小型投資人來找我，他們就像那位倒楣的德國人那樣，我有辦法說服他們進場投機。

當時大家對垃圾債券的風險和美國產業的財務槓桿充滿疑慮，卻不太在意一般投資人每天融資的程度。假設我希望客戶買進三千萬美元的AT&T公司債，即使他沒有現金，他也可以拿這些公司債做擔保，向所羅門融資買進這些公司債。我們就像全方位的賭場，客戶就算沒錢也能進場下注。如果客戶有多一點點資金，還可以做大筆的交易。當時的我還沒有大客戶，但我又想做大生意，聽到自己的名字從對講機裡傳遍公司，所以我逐漸變成鼓勵客戶融資操作的高手。

後來我愈做愈順，不久之後所羅門管理高層開始介紹其他業務員的客戶給我，希望我能為公司帶進更多生意。一九八六年六月，就在我當業務員滿半年後，我開始和歐洲幾個最大的基金打交道。在我的事業顛峰期（亦即我離職時），我負責的客戶手上掌握的資金合計約五百億美元。他們的動作很快，消息靈通，運作靈活，都相當有錢。

我為公司賺的錢，遠比他們付我的薪水多

我就像是經營一家全方位的小賭場一樣，每年最多可為所羅門帶進一千萬美元的營收。公司告

訴我們，交易室裡每個位子的成本是六十萬美元，如果這話屬實，我每年為公司賺進至少九百萬美元的獲利。漸漸地，我不再擔心自己的業績，因為我為公司賺的錢，遠比他們付我的薪水多。

不久，我的客戶就遍及世界各地，包括倫敦、巴黎、日內瓦、蘇黎世、蒙地卡羅、馬德里、雪梨、明尼亞波利、棕櫚灘。所羅門裡的人普遍認為，我的客戶就像紐約幾位基金經理人一樣，是市場上最機靈的資金管理者。

例如，我只要講一個賺錢的好點子，就可以把五億美元的資金從美國股市移出，轉進德國債市。長期而言，金融市場無疑仍受到基本經濟原則的影響。例如，如果美國的貿易持續逆差，美元勢必會重挫，但短期而言，資金的流動比較不理性，貪婪與恐懼是影響資金流動的主因，尤其是恐懼。在觀察資金流動時，我會開始預測它的下一個走向，搶先調度五百億美元中的一部分過去卡位。

總之，我後來做得不錯。當公司裡的交易員開始詢問我的看法時，我已經沒有菜鳥那種生澀感了。到了一九八六年中，我不再是大家眼中的菜鳥，而是有經驗的業務員，這主要是因為運氣好，而不是靠實力。這轉變是漸進的，並沒有特別的原因。我之所以知道自己不再是菜鳥，只是因為大家後來改口叫我麥可，我比較喜歡這樣。

一戰成名，從麥可變成大尾的

不過，被稱為「麥可」和「大尾人物」還是有差別的，那時我還不夠「大尾」。我花了六個月的時間才從沒用的菜鳥晉升為麥可，但從麥可變成「大尾」幾乎沒花多少時間，而且是從一筆交易開始的。

所羅門裡有種東西叫「優先券」，亦即必須優先賣出的一大批證券，因為賣掉可以大賺一票，賣不掉可能大賠一筆。例如德士古（Texaco）瀕臨破產時，所羅門持有價值約一億美元的德士古公司債。這些債券如果不趕快轉賣給客戶，很可能變得一文不值，所羅門會慘賠。當然，把那東西賣給客戶，會讓客戶損失慘重，但公司覺得只要不是自己賠錢就好，所以德士古的公司債就成了所羅門業務員優先推銷的東西。

我在所羅門期間最大的一筆優先券，是房地產開發商奧林匹亞約克公司（Olympia & York）的公司債，價值八千六百萬美元。從一九八六年五月中到八月中，所羅門裡的大尾業務員個個使出渾身解數推銷，但沒人賣得掉這些債券。從總裁史特勞斯到倫敦最基層的菜鳥，每個人都覺得顏面無光。

有一天，我和亞歷山大講電話，他也想賣這些債券卻賣不掉。但他真的覺得這些債券還是有價值。奧林匹亞約克的公司債是比較特別的優先券，因為這並非所羅門自己持有的債券，而是一位阿拉伯大客戶急著脫手，他對這檔債券了解不多，可能會廉價拋售。

再者，投資人對債券的看法也會改變，就像大家對女人裙子長度的看法一樣，不見得有什麼特別的理由。現在沒人要的債券，不表示三個月後還是沒人要。奧林匹亞約克的公司債是個特例，因為它不是那種單純的信用擔保，而是以該公司名下一棟位於曼哈頓的摩天大樓為擔保。

當然，所羅門大可自己吃下奧林匹亞約克的公司債。但所羅門不擅於長期投資，公司帳上掛著一筆八千六百萬美元的公司債很可能好幾個月、甚至長達幾年都乏人問津。這位阿拉伯大戶承諾，如果我們可以幫他賣出奧林匹亞約克的公司債，他會另外買進一大筆債券。據估這樣一賣一買，可幫公司淨賺二百萬美元。

在這家公司裡，我最信任的就是亞歷山大，所以我決定和他分享我的祕密。我知道有人會買奧林匹亞約克的公司債，這想法已經在我的腦子裡轉了一個月，但有鑑於上次AT＆T的陰影，我一直不敢告訴任何人。我心中的理想買家，是個法國人，他也不打算長期投資，只想持有到市場忘了為什麼不想買這檔債券，就會轉手賣出。

亞歷山大幫我說服我自己，如果我能以適當的方式推銷，並讓所羅門高層承諾不會剝削這位客戶，這樣就可以達成一筆皆大歡喜的交易。所羅門可因此大賺一票，我的客戶則可小賺一票（對客戶來說也算是一大票了），我也可以在公司裡成為英雄。

如果要說我從所羅門學過什麼啟示，那就是皆大歡喜的交易相當罕見，一般的交易都是零和遊戲。客戶賠一塊錢就等於公司賺一塊錢，反之亦然，但奧林匹亞約克公司債是個特例。我連賣債券時都必須提醒自己這點：為所羅門賣債券，就等於說服自己——對所羅門不利的點子，對客戶可能有利。如果所羅門管理高層承諾，未來幾個月都會優先推銷奧林匹亞約克的公司債，讓客戶能夠獲利出場（亦即把這種債券轉賣給其他人的客戶），或許我們這幾個最初大膽承接的人可以獲利。亞歷山大每天都在挑戰不可能的任務，常常在和他聊天後讓我覺得自己也可以完成這樣的壯舉。

我穿過倫敦分公司的交易室，去找那位負責奧林匹亞約克公司債的交易員。他就坐在負責AT&T債券的交易員旁邊。他當然口頭上向我保證，一定會讓我的客戶滿意。他說：「但你真的賣得掉嗎？真的嗎？真的嗎？」但我沒辦法相信他，我改變心意，決定不推銷這些債券了。

但為時已晚，我不過是稍微詢問一下而已，整個所羅門帝國都動員了起來。交易員在我桌邊賴著不走，彷彿公狗硬要上發情的母狗一樣。接下來的二十四小時，我接到六位來自紐約、芝加哥、東京的業務員來電。他們都說出和交易員一樣的話：拜託……賣掉你就是英雄了。全公司上上下下口徑一致，那聲音在我耳邊轟轟做響，但是這些人都無法給我需要的保證。這時，我桌上的電話響了。我接起來，聽到一個有點熟又不太熟的聲音，他說：「嘿小子，你他媽的還好嗎？你覺得你他媽的有機會賣掉這些他媽的債券嗎？」啊，是那個髒話大師「食人王」打來的。

那是我們第一次通電話，原來公司把出脫奧林匹亞約克公司債的任務交給他負責。他向我保證，我的客戶不會被剝削，別人講同樣的話對我來說毫無意義，但從他口中說出來就是不一樣。

我觀察過他的言行和名聲，知道他的為人。他在這個金錢至上的世界裡，仍是一言九鼎的人，他比所羅門裡的任何人更懂得債券市場。我信得過他，於是我打電話給亞歷山大，告訴他我準備推銷這些債券了。他馬上和四十一樓的常董打賭，說我可以賣掉這些債券，賠率是十比一，這可說是一種最正派的內線交易。

接著，我打電話給法國人，告訴他有個慌了陣腳的阿拉伯人（食人王稱他是「中東佬」）想廉價拋售八千六百萬美元的債券。我向他解釋，這些債券因為乏人問津，和市場上同類債券相比價格嚴重低估。如果他能買進持有幾個月，美國可能會出現買家接手。通常，債券業務員在推銷時，大多是採用投資語言，分析這家公司的基本面和前景。不過這回我用的是投機客口吻。我只大略知道奧林匹亞約克公司有涉入房地產業，我很清楚現在全世界都不想要它的債券，所以我告訴他，既然這些債券都沒人要，一定很便宜。

這位法國客戶可以理解我的意思。我知道他和大部份的客戶不同，他可以把八千六百萬美元的債券當成短線操作，我覺得他是我最好的客戶，也是我最欣賞的客戶，儘管我們才認識四個月，但他很相信我。然而，現在我卻為了自己的業績表現，賣他一檔我可能連碰都不想碰的產品。我知道，這實在很糟糕，但當下我的感覺還好。他考慮了一分鐘左右，就同意買進這八千六百萬美元的奧林匹亞約克公司債。

連續兩天，所羅門上上下下都來電恭賀我。公司裡的大人物紛紛打電話來，說他們很高興看到法國佬買了那檔債券，說我在公司裡的前途無量。史特勞斯、麥錫、藍尼爾里、梅利韋勒、弗特都打電話來了，幾乎是一個緊接著一個，但我正好不在位子上。瑞普洛幫我接了電話，他還假裝有點生氣，因為那些電話都不是找他的。

不過，他的反應中也有幾分是認真的，畢竟我收到了公司高層的祝賀。瑞普洛雖然表現優異，但從來沒獲得高層表揚。我在所羅門期間，見識過這種儀式好幾次，但沒有一次像我賣掉這些債券後那麼誇張。一般而言，所羅門的業務員獲得的肯定愈大，就表示他的客戶日後的命運愈慘。我桌上的黃色便利貼寫著：「史特勞斯來電，稱讚你幹得好。」看著便利貼，我內心深處開始為我的法國客戶擔心。

終於，好心有好報，一掃我陷最佳客戶於險境的難堪。食人王來電──那是最重要的一通電話。食人王說：「聽說你賣了一些債券。」我想裝出平靜的樣子，但他倒是毫不掩飾興奮之情，他對著電話大喊：「那真是他媽的太棒了！你真是他媽的棒極了，我他媽的真覺得你他媽的有夠棒。你夠大尾，任何人都改變不了這個事實！」

這番話讓我的眼淚奪眶而出。聽到一個幾年前發明這頭銜的人，親口說我是「大尾人物」，而且他又是我心中最有資格這樣讚美我的人，讓我相當感動。

第9章

送你一本《孫子兵法》

不戰而屈人之兵，善之善者也。

——孫子

我扯開嗓門，對著巴黎布利斯托旅館的服務生大吼：「你說我套房的浴室裡沒浴袍是什麼意思？」他一邊往門口後退，一邊聳著肩，彷彿他無能為力似的。

真是個垃圾！接著，我又注意到房間裡沒有水果籃，套房裡該有的一大籃蘋果和香蕉到哪去了？還有，等等，他們也忘了把捲筒衛生紙的第一張摺成小三角形，這究竟是怎麼回事？「他媽的！」我大吼，「把經理給我叫過來，現在就去。你知道我花了多少錢住這裡？你知道嗎？」

然後我突然醒了。「沒事了，」我太太說，「你又做了旅館的惡夢。」

這不單只是旅館的惡夢而已，而且也不是「沒事了」那麼簡單。有時我還會夢到英國航空把我從商務艙降為經濟艙。有時候更慘，倫敦的克萊爾大嬸餐廳（Tante Claire）把我最愛的位子讓給別人，或是司機早上遲到。

自從我賣掉奧林匹亞約克的公司債以後，我就開始做這樣的惡夢——晉升大尾人物的奢華與尊貴，讓我變成豪奢傲慢的爛人——你想想，也不過就是沒有水果籃罷了。

總之，我已經醒了，現在是清晨六點，該上班了。

一個夢幻點子，不必承擔任何風險

啊，今天要上班嗎？一九八六年八月的這一天，是很特別的一天，我即將遇上投資銀行家之間常見的卑鄙暗算和陰謀詭計。

所羅門裡有兩種明爭暗鬥，第一種是賠錢時，大家互相推卸責任；第二種是賺錢時，大家爭著搶功。還好，我在交易室遇到的第一次紛爭，是獲利引起的，而不是因為虧損。更棒的是，這場我贏了。

投資銀行界是不講智慧財產權的，你無法為自己的好點子申請專利，能賺錢就是本事。只要所羅門開發出新的債券或股票，二十四小時內，摩根士丹利、高盛以及華爾街其他投資銀行就會馬上摸清底細，跟進開發出類似產品。

我知道這是市場的常態，我還記得我早期認識的一位投資銀行家教過我一首詩：

上帝賜給你雙眼，就盡量抄襲吧。

和其他公司競爭時，這句話還滿管用的。不過，我即將學到的是，這話套用在所羅門內部也一樣管用。

當天倫敦時間上午十點，亞歷山大打電話來。他當然在紐約，當地時間是凌晨五點。他睡在書房裡，旁邊是路透社的報價機，每小時他會起來查看價格，他想知道美元為什麼會重挫。

美元匯價波動，通常是因為某一個國家的央行總裁或政治人物又發表了什麼言論。（如果政治人物如果不針對美元走勢公開發表意見，外匯市場會平靜許多，他們事後經常得為自己的發言向大眾致歉，或修正自己的看法，為什麼他們都不懂得閉嘴？）但當天沒有這類消息，我告訴亞歷山大，好幾個阿拉伯人拋售大量黃金換成美元，再用這些美元買進德國馬克，所以美元才會走跌。

我工作期間，大多是在編這類合理的謊話。金融市場波動時，大家通常都不知道原因是什麼。誰能掰出好的理由，就能靠經紀業務謀生。我們這種人的職責，就是掰出說得通的理由來解釋，怪的是，不管說什麼大家通常都會相信。

中東大量拋售黃金是老掉牙的理由了，沒人真正了解阿拉伯人如何操作資金以及他們操作的理由，所以這說法向來沒人能反駁。只要你不知道美元為什麼會下跌，只要亂扯一些阿拉伯人的事就行了。當然，亞歷山大很清楚我在胡扯，所以他只是笑一笑。

因為我們有更重要的事情需要討論。我有一位客戶很篤定德國債券即將上漲，他想大舉買進，亞歷山大覺得這件事比較有搞頭。如果有投資人這麼看好德國債券，或許其他人也這麼想，進而真的把市場推高。跟著押注的方法有很多種，當時我的客戶只是買進價值幾億馬克的德國公債。我心想，市場上是否還有更大膽的押注方式？當你太習慣拿別人的錢下注時，通常就會產生這種想法。

亞歷山大幫我釐清腦中一團亂的思緒，過程中我們突然想到一個很棒的點子：一種全新的證券。我這位客戶很愛冒險。我後來學到，風險本身也是一種商品，可以像番茄一樣裝箱買賣。不同的投資人會為風險設定不同價格，如果你很厲害，你可以用低價向某位投資人買進風險，再以高價把風險賣給另一位投資人，你可以在不承擔任何風險下獲利，這就是我們當時做的。

我的客戶想豪賭一場，以大量資金賭德國公債上漲，所以他是風險的「買方」。亞歷山大和我開發出一種證券，稱為認購權證或買權，是一種把風險由一方轉給另一方的工具。世界各地想規避風險的投資人（亦即多數投資人）可以買這種認購權證，他們買下這權證之後，等於是把風險賣給我們。

在我們向這類投資人介紹這種新產品以前，他們大多都不知道自己想把德國債市的風險賣掉；這就好像在 Sony 發明隨身聽以前，大部分的人都不知道自己想整天塞著耳機聽流行音樂一樣。**我**

們這一行的工作之一，就是滿足投資人從未想過的需求。

這種產品太特別了，我們相信穩賺不賠，我們的利潤就是買進和賣出風險之間的價差，估計應該可以賺七十萬美元。真是個夢幻點子，所羅門身為轉移風險的中介者，不必承擔任何風險。

對管理高層來說，這個毫無風險就賺七十萬美元的構想，令他們大開眼界。不過，對所羅門來說，更重要的是這筆交易的創新──「德國利率認購權證」是一種全新的概念，身為第一家發行這種認購權證的投資銀行，是投資銀行家夢寐以求的名聲。

我們討論這筆交易時，交易室的人也開始感到好奇。一位負責服務大企業的業務副總（我們姑且稱他是滑頭副總好了）到處打聽我們在討論什麼，他自認也應該參與我們的案子，我並未提出異議，畢竟他在所羅門已經工作六年了，是我和亞歷山大兩人年資總和的兩倍，我們或許也需要借重他的經驗。

這位滑頭副總本來就沒什麼事做，眼看著分紅的日子快到了，亟欲表現自己，所以看上了我們的交易，覺得這是他出頭的機會。

持平來說，他也不是毫無貢獻。我們當初忘了，發行這種權證還需要獲得德國政府批准，是滑頭副總及時提醒我們，我們才沒出糗。德國政府對歐洲市場無權干涉，歐洲市場的優點就在於它不受任何政府的管轄。理論上，我們也可不管德國政府怎麼想，但所羅門正打算在法蘭克福開設分公司，總部並不希望得罪德國政治人物。

所以這位滑頭副總就成了我們派去造訪德國財政部的大使，他去說服有關當局，我們的交易不會破壞他們控制貨幣供給的能力（這是真的），也不會帶來德國利率的投機炒作（這是假的，其實我們的目的就是為了要投機炒作）。

他在說服聽眾方面的確很有一套，他去法蘭克福時，還特別打扮了一番——棕色西裝、棕色皮鞋、棕色領帶，一身棕色打扮，完全是長期投資人的模樣，沒繫印上金幣符號的紅色吊帶，也不帶金色袖鍊，以穩重樸實的樣子贏得德國財政部官員的信任，我猜連財政部長本人都對他深信不疑。接下來幾週的討論過程大致上還算順利，只有些許波折。據說，在某次會議上，德國人一度擔心這案子可能會引起媒體關注，他們不太了解我們認購權證的用意，擔心萬一和這產品的關係太密切，會影響他們的清譽。我們保證，盡量不對媒體透露任何消息。

他們又問起，證券上市時會在財經報紙上刊登的發行公告，我們說，我們需要發行公告（主要是為了留個紀念），但不會刊登在媒體上。他們同意，只要我們不在發行公告上印出德意志聯邦共和國的鷹狀標誌，他們就讓我們發行公告。我們開玩笑說，乾脆改印納粹的萬十字章好了，但他們顯然覺得這一點也不好笑。那是我們討論過程中，唯一一次失禮的時刻。

雙方達成協議後，這產品一推出就相當成功，所羅門和我的客戶都海撈了一筆。亞歷山大和我顯然都會在各自所屬的分公司獲得獎賞，這位滑頭副總當然也值得肯定。

卑鄙小人，剽竊了我的創意

但問題來了，認購權證發行的那天下午，倫敦和紐約的辦公室裡流傳著一份備忘錄，說明認購權證的發行經過（大家覺得這項創新很聰明，所以這是一件值得大肆宣揚的事），但備忘錄裡完全沒提到亞歷山大、我的客戶，也沒有提到我，備忘錄只署名一個人——滑頭副總。

不熟悉這行的人或許覺得很不可思議，紐約和倫敦的管理高層竟都沒人完全了解我們做了什麼。但待過這行的人就知道，這很正常，這位滑頭副總用這種方式，把整個案子說得好像是他一手促成似的。

這顯然很不公道，也是公然撒謊（我還是不懂，他怎麼會以為這樣就能瞞天過海），可笑極了。不過，當時我一點都不覺得好笑，我馬上走到他的位子想對他發飆。沒想到，滑頭副總早了一步腳底抹油。他請人把備忘錄拿去影印時，就已經搭上第一班協和客機飛往紐約。

他不是為了躲我，我想他根本不把我放在眼裡，而且他若是想避避風頭，不需要搭協和號，搭一般航空公司的頭等艙就夠了。

就在我對著他位子乾瞪眼時，他人已經在紐約總部四十一樓。亞歷山大告訴我，這傢伙在那裡「凱旋繞境」。他在四十一樓對著史特勞斯和古弗蘭等高階主管，大談這案子有多成功，只差沒親口說「這是我的功勞，年底分紅時，我應該分多一點。」

不過他心裡就是那樣想的，這正是為什麼他自己溜回紐約總部，又絕口不提其他合作伙伴的名字，其實就是要告訴大家，案子是他一個人的功勞。

你或許理解功勞被搶走的感覺令人火大，但若非親身經歷，你可能不知道那有多痛苦。如今，事情就發生在我身上，高階主管似乎都不知道真相。所羅門國際公司的董事長走到我桌邊，手裡拿著那張備忘錄。他說：「謝謝你的幫忙，要不是你和客戶的關係良好，副總也無法完成他的交易。」他的交易？「你這白癡，」我想大吼：「你們都被騙了！」但是當下我只是笑看著他，對他說謝謝。

亞歷山大告訴我，總部的人都在稱讚那個滑頭副總。照理說，亞歷山大應該像我一樣生氣，不過他倒是看得很開。他說：「別理他，他以前就幹過這種事，這種事經常發生。」

至少高層還肯定我有點小功，亞歷山大就沒那麼好運了，他對所羅門金融史的貢獻完全遭到抹煞。亞歷山大和我可以選擇發飆或以牙還牙，我讓亞歷山大來做決定，畢竟我們都有權表達抗議。如果卑鄙的副總公然踐踏你，你卻忍氣吞聲，不發一語，那當個大尾人物還有什麼意義？

但是，儘管所羅門是個野蠻的地方，在公司裡大吼大叫只會弄巧成拙。那樣做或許可以教訓一下滑頭副總，卻得付出代價。他是弗特幫的人馬，我們是史特勞斯幫。如果我們大吵大鬧，可能會驚動高層，至少董事長室會耳聞這件事，到時候問題會演變成派系鬥爭，反而更難收拾。

那麼，我們該如何在不掀起高層紛爭下，好好教訓這個混蛋？我們該如何清除這個爛細胞，又不傷及健康的細胞？

亞歷山大聽我激動地宣洩完後，要我大人有大量，忘了這件事。他覺得一個人在公司裡無法光靠踩著別人的頭往上爬，如果滑頭副總踩了我們，我們應該拍拍身上的灰，一笑置之。

誰說學藝術史沒用？瞧我的……

他說的也有道理，但我不想跟他一樣，我決定幼稚地還擊。我現在已經進入叢林，開始對游擊戰產生了興趣。

這時，我以前主修的藝術史終於在我的事業中派上了用場。我非常熟悉藝術家如何剽竊別人的作品。想想看：當一個畫家的作品遭竊，竊賊發表作品時還簽上自己的名字，畫家會如何還擊？他會再畫一張，並挑戰對手也畫一張。

我就是用這招。這比喻也許有點風馬牛不相及，因為對很多人來說，認購權證比林布蘭（Rembrandt）或傑克森．波洛克（Jackson Pollock）的畫作容易偽造。

不過，我不需要證明他是個冒牌貨，只要質疑他的說法就夠了。滑頭副總宣稱，認購權證是他獨自設計出來的，只要能推翻這點，就可以破壞他的聲譽了。

亞歷山大雖然不同意我的做法，但也幫我出了一些鬼點子，我們一起設計了另一檔認購權證，和第一檔幾乎一樣，好讓大家一眼看出設計者是同一人。

這一次，我們以日本公債為標的，基本結構稍微不同，不過細節和這裡要講的主題無關。總之，這次產品設計好以後，我沒有再請滑頭副總到日本拜訪當地政府。就在認購權證發行之前，我也要到四十一樓公告週知，我稱之為「暖身之旅」。不過暖身之旅和凱旋繞境不同，我只要打電話就可以完成了。

我打了幾通電話。滑頭副總雖然愛對外宣稱他直接向古弗蘭負責，其實他還有一個頂頭上司，他的老闆就坐在四十一樓，仍沈醉在愛將帶來的光環底下。他突然發現，自己陷入尷尬的處境，因為有幾位和他同級的主管問他：日本公債認購權證是怎麼回事？而且還故意說：「這產品似乎不是你底下的人開發出來的喔。」

於是他打電話問滑頭副總，為什麼沒事先知會他這個新案子？滑頭副總根本不知道發生了什麼事，也無法清楚證明他懂這個東西。我埋設的炸彈終於炸到目標了！

我原本打算就此打住，但這回換滑頭副總不肯罷休。我完成暖身之旅約一小時後，滑頭副總氣沖沖地站在我面前瞪我。看到他氣成那樣，我還滿意外的，我盡量對他露出微笑，不過他搞不好覺得我是在嘲笑他。

「跟我來一下。」他說。

「抱歉，我在忙，」我謊稱：「另外再找時間吧。」

「今晚八點我會在這裡，你也一樣。」他說。

我本來想溜走，但是基於別的理由，當晚八點我必須留在位子上，所以很不幸我們又碰頭了。

「到查理的辦公室來。」八點一到，滑頭副總就對我這麼說。查理是我們分公司的董事長。滑頭副總有個可笑的習慣，公司裡有副總頭銜的人一堆，一點也不值錢，但他喜歡把董事長的辦公室當成自己的使用。

果然，他一進去那個辦公室，就坐上董事長的椅子，我坐在他對面，感覺像是等著被罵的小學生。但我很清楚，他才是偷東西的賊頭。

或許所羅門對我的影響太深了，當時我腦中閃過的念頭，在我踏進這行以前根本不可能出現。總之，我當下決定好好整一整他，我也因此發現自己竟然會耍權謀，可見這環境對我的影響有多深。我不但沒有感到一絲的窘迫、不安或生氣，反倒開始喜歡和他槓上的感覺。而且激怒他最好的方法，是盡量少說話，讓他自己說錯話。

滑頭副總似乎不再像先前那麼生氣，他開口時相當從容。我得承認他很聰明，但他不知道的是，其他人也都很聰明。他把一隻腳翹到桌上，低頭看著手上的東西，我想那是一枝筆。他輕輕搖動那枝筆，表情嚴肅，始終沒正眼看我。

「我對你的評價還滿高的，」他說：「這裡的人大多都很笨，我以為你應該比較聰明。」其實所羅門裡多數人都不笨，但他就愛這樣說。「你這話是什麼意思？」我問。

「我接到一通電話，聽說你到處講一檔日本公債的認購權證。」他說。

「所以呢？」我問。

「所以你為什麼沒告訴我？你以為你在幹嘛？」他問。他停頓了一會兒，接著又說：「沒有我的幫忙，你無法做生意。我只要打一通電話，你的生意就做不成了……」接著他列舉過去幾件因為有他而做成，或因為他從中作梗而失敗的案子，價值數十億美元。

「如果我的點子能幫公司賺錢，你為什麼要從中作梗？」我問。

我當然知道他為什麼要阻撓有利可圖的案子。如果功勞不算他的，他就不想看到案子成功。萬一案子成功了，就破壞了他處心積慮營造的假象——公債認購權證的業務是他一手打造出來的。如果他可以成功塑造這個假象，年底就能領到更多的紅利。

他在打什麼算盤，我心知肚明，他也知道我很清楚，所以這惹火了他。但是他一火大，就鑄下大錯了。

「我可以讓公司開除你，」他說：「只要一通電話就夠了。我只要打電話給上面的人或古弗蘭，你就得滾。」

有這句話就夠了。這下我抓到了他的把柄，這個滑頭副總想唬我，他的表情表露無遺。當你整天待在交易室時，你可以輕易看穿別人的謊言。你一旦抓住對方的把柄，就可以把他玩弄於鼓掌之間，彷彿上鉤的魚。你可以放生，也可以收線，把他拉上岸。

當時，我已經決定好要怎麼對付他，這傢伙說的謊話也太離譜了，他根本沒辦法讓公司開除我。就憑他？還差得遠呢。況且，很多人要是知道他這樣威脅我，應該會很不爽。儘管我事先沒料到他會這樣，不過他已經自己踏進了陷阱，我整人從來沒那麼順利過。

既然已經到了這地步，也沒什麼好談的了。我裝出很在意的樣子，向他道歉，保證絕不再犯，以後要是有好的點子，一定會先告訴他，他聽我這麼一說，也就相信我了。

滑頭副總在打如意算盤時，忘了一位無所不能、無所不知、無所不曉的大人物。我指的不是上帝，而是交易室裡所謂的「債券承銷經理」（syndicate manager）。華爾街和倫敦金融圈的債券承銷經理，負責協調所有的交易。在所羅門倫敦分公司，債券承銷經理是公司內部少數的女強人之一，她幫我們協調德國公債認購權證那案子。債券承銷經理在投資銀行裡的角色，就相當於白宮的幕僚長，或職業球隊裡的總經理。

古弗蘭就是在當債券承銷經理時打響名號的。這角色培養出真正的政治角力高手，也是權謀份子的原型。他們無所不知，無所不曉，什麼事都瞞不了他們。沒人會去招惹債券承銷經理，因為惹毛他們，倒楣的都是自己。

隔天，我把前一晚和滑頭副總對話的內容，一五一十地告訴倫敦的債券承銷經理。她曾經手德國公債認購權證的案子，所以很清楚那個案子的實情，結果她的反應比我原本預期的更生氣。她在所羅門的地位崇高，遠非滑頭副總所及，於是我毫不留情地把滑頭副總的命運交到她手裡，就像把一條金魚交給野貓一樣。到了這個無可挽回的地步，我才開始有點懊悔，不過也只有一點點而已。即使我良心發現讓我產生一點罪惡感，也還不足以打消惡整這個討厭鬼的念頭。

我是等到事過境遷好一段時間以後，才得知這故事的結局。這位債券承銷經理握有滑頭副總年終紅利的決定權。原本滑頭副總預期那年可領到豐厚紅利並升任董事，這次升遷對他在所羅門的前途非常重要。但是債券承銷經理打了五、六通電話，打壞了他的如意算盤。我要等到十二月底發紅利時，才知道最後的結局。公司在發放紅利的前一週宣布升遷的結果，結果滑頭副總還是副總。等到紅利入帳後，他很快就辭職了。

投資銀行界，很多人會偷偷讀《戰爭論》

一九八六年秋季，我和所羅門的命運，開始分道揚鑣。

我的生意源源不絕，但所羅門的獲利卻毫無起色。債市的多頭行情終於盛極而衰，十一月時債市一度重挫，金融圈開始汰弱擇強，所羅門很多表現平庸的交易員和客戶都垮了。客戶減少，再加上交易員漸趨保守，交易量開始萎縮。業務員比較少接到瘋狂投機客的電話，大家裝忙的時間變多了。年底發紅利的時候，所羅門營運多年來第一次讓人覺得耶誕節很寒酸。

倫敦交易室裡內鬥的情況日益嚴重，公司裡有幾位平常不太說話的普魯士後裔，現在桌上擺了克勞塞維茨（Clausewitz）的《戰爭論》。投資銀行界有很多人私底下會偷偷讀《戰爭論》，不是因為不好意思公開，而是因為不想讓人知道自己的招數。我推薦一位普魯士同事讀《孫子兵法》，他一臉狐疑地看著我，彷彿我在騙他中國人懂戰術似的。

交易室賺不到錢時，就好像大風吹遊戲裡的音樂停了一樣。幾個靠近椅子的人，樂看著還沒坐到椅子的人，為了搶座位而亂成一團。公司裡的人已經不在乎所羅門的整體聲譽，大家只求自保。員工最常問的問題是：「誰又完蛋了？」業務員和交易員彼此交相指責。交易員想知道，業務員為什麼無法把債券賣給愚蠢的歐洲投資人？業務員想知道，交易員為什麼無法找一些像樣一點的債券讓我們賣？一位交易員一心想把他手上的爛債券塞給我的客戶，還要我「配合一下」，多為團隊著想。我很想問他：「什麼團隊？」我也許可以幫他賣掉一些債券讓他少賠一點，但那會犧牲我和客戶的關係。有時我會鼓起勇氣告訴交易員，叫他吞下自己的爛攤子，這麼做不是出於良心，而是一種商業判斷。在我看來，想解決類似ＡＴ＆Ｔ公司債那樣的夢魘，不是把東西硬塞給客戶，而應該直接開除這些讓公司陷入困境的交易員，當然，他們不會認同我的看法。

事實上，市場的力量，再加上公司內部管理不當，導致所羅門陷入愈來愈深的困境。有陣子公司似乎處於無政府狀態，沒人出面制止內鬥，沒人出來指引大家方向，沒人阻止公司過度擴張，更沒有人願意像軍事將領那樣做出該做的痛苦決策。

當管理階層愈來愈無法掌握現況時，交易室的亂象就愈明顯。小兵反而比將軍更了解公司的問題所在。

一般業務員每天都會和公司的營收來源——歐洲的投資法人——通電話。一九八六年十二月，所羅門的業務員已經從客戶的口氣中發現異狀，也看到幾個同時發生的變化，但管理高層都沒有察覺。

首先，所羅門和美國其他投資銀行向來唯利是圖，對客戶採取殺雞取卵的生意手法，這點讓客戶愈來愈反感。手上握有龐大資金的客戶（例如法、德投資人）拒絕再透過所羅門買賣股票和債券。有一天，一位法國投資人在回絕了所羅門的優先券推銷後，不耐地對我說：「你要曉得，我們已經受夠被德崇、高盛、所羅門及其他美國投資銀行剝削的感覺了。」美國投資銀行業向來是寡占市場，客戶往往只能與少數幾家知名業者做生意，久而久之，也習慣了只和這幾家大型投資銀行打交道。這也使得股票與債券的買賣，往往不是看投資者（買方）是否需要，而是看發行股票或債券的企業（賣方）的需求。

我一直搞不清楚為什麼會變成這樣。照理說，買方會被居間撮合的投資銀行揩油，賣方也會，但實際上不然。華爾街在少數大型投資銀行的寡占下，似乎只有買方被占盡便宜，賣方卻不會——或許是因為這些發行股票與債券的企業比較聰明，懂得如何讓這幾家投資銀行彼此廝殺，也或許是因為他們對華爾街的依賴沒那麼深，如果對發行債券的條件不滿，大可直接向銀行貸款就好。總之，沒人敢騙ＩＢＭ那樣的大企業，發行廉價的股票或債券。ＩＢＭ這種客戶太重要了，投資銀行得罪不起，所以他們幫ＩＢＭ發行的股票和債券都很貴，華爾街的業務員只好努力說服投資人買進這些價格過高的產品。

至於我的歐洲客戶，通常你可以騙他們一次，但一旦被騙過，他們就不會再上門了。歐洲投資人和美國投資人不同，歐洲的投資人知道，他們離開所羅門還是可以過得很好。一位所羅門總部的交易員告訴我：「倫敦分公司的問題在於他們沒把客戶教育好。」但是客戶為何需要教育？如果他們不喜歡和我們打交道，他們大可去找英國、法國或日本的投資銀行。我不知道其他國家的投資銀行是否比我們更有親和力，但可以確定的是，有好幾百家投資銀行都可以提供所羅門大部分的服務。

大敵當前，總公司仍然後知後覺

沒人敢向所羅門的管理高層說明這個真相，我也不想提，以免忠言逆耳，自討苦吃。還記得我曾去日內瓦拜訪一位客人，他手上操作的資金只有八千六百萬美元，但他一句話就點出了問題核心。

當時我們坐在他的辦公室閒聊，他的會計人員走進辦公室，手上揮著一張紙。

「二八五。」會計人員說完就走了。

那數字，是他過去一年往來的投資銀行家數。如果他這麼做是想給我下馬威，他的確達到目的了。我聽到那數字後瞠目結舌，嚥了一下口水，我沒想到世界上竟然有二百八十五家投資銀行。

「其實不只，」對方說：「實際上家數更多，只是他們都大同小異。」

換句話說，所羅門等少數幾家投資銀行根本無法主宰全球市場。發行債券和債券交易不再是單一公司的獨門生意，而是數百家公司一起競爭。很多新競爭對手不像所羅門那樣自視甚高，例如日本的野村、美國的摩根擔保公司、歐洲的瑞士信貸等等，都願意提供所羅門在歐洲提供的服務，而且收費更低。他們擁有的資訊和我們一樣，如今資訊和通訊費愈來愈便宜且容易取得，低價的外國競爭者逐漸把我們擠出市場，就像以前美國的鋼鐵業和汽車業一樣。

我們的管理高層積弱不振，卻背負著不可能的任務。紐約總部下達的命令和市場上的實際運作完全脫節。所羅門的倫敦分公司是由古弗蘭和史特勞斯負責監管，他們在這裡執行錯誤的策略，一心只想著稱霸全球的美夢，只會責怪屬下執行不力，從不質疑自己的策略有問題。倫敦分公司的部屬只會齊聲高喊：「不是我的錯，我才來不久！」

那倒是實話，倫敦分公司的管理者就像我們這些菜鳥一樣，才剛來不久，對市場很陌生，也不會質疑公司的策略。倫敦分公司的執行長麥爾斯．史雷特（Miles Slater）是四十三歲的美國人，一九八六年六月才到職，比我晚來六個月。分公司的業務主管布魯斯．柯普根（Bruce Koepgen）是三十四歲的美國人，一九八五年首度到倫敦，只比我早來六個月。分公司的董事長查理．麥可維（Charlie McVeigh）是四十五歲的美國人，經驗相當豐富，但他主要擔任公司的門面，不負責經營管理。倫敦分公司從來沒有一位常董會說英語以外的語言。

你們為什麼要把錢浪費在這種事情上？

一九八六年十一月，倫敦分公司從金融區的甜甜圈型辦公室，搬到維多利亞車站上的寬敞辦公室（如今已改名為維多利亞廣場）。新辦公室幾乎和車站一樣大，反映出我們對未來前景的樂觀，但根本不是因為實際業務的需要。創辦人之子威廉．所羅門說：「我看到新開張的倫敦辦公室時，發現交易廳的面積是紐約總部的兩倍，真是浪費到極點了。」

我們的新辦公室沿著白金漢宮路走一小段，就可以抵達皇太后的皇宮。一長條的手扶梯從馬路一直延伸，穿過鋁合金和鑲鏡子的走道，直達高聳的交易廳。手扶梯的盡頭不是交易室，因為那樣設計就太寒酸了。手扶梯的盡頭是一大片空間，就像五星級飯店的迎賓大廳那樣，裡面擺著沙發、植物，還有一座巨大的青銅雕，是一隻奔跑的兔子雕像，感覺很突兀，和周遭一切完全不搭調。這隻兔子並未展現一家華爾街公司勇敢開拓未來的氣勢，反而比較像在逃避艾爾摩．法德（Elmer Fudd，一個拿著槍追捕邦尼兔，可是每次都被耍的小老頭）追殺的迪士尼邦尼兔。耶誕節時，交易員會在兔子的尾巴掛上銀色彩球，後來再掛傘（像不像兔子的生殖器？）。

顯然他們在設計新辦公室時，花在外觀設計上的時間和功能性的考量一樣多。充滿太空感的手扶梯和走廊上外露的金屬管線，緊接著的卻是螺旋狀的木造樓梯和年代久遠的名家版畫，整個辦公室彷彿是好萊塢在更換布景，從《二〇〇一年太空漫遊》的場景走進《亂世佳人》的場景。

對來訪的英國客戶來說，這個辦公室充滿了搞笑的美國風格。他們會彼此竊竊私語，說這裡像他們在紐約看過的低俗設計。更何況他們還沒看到後面還有毛絮狀的壁紙，那種壁紙會讓紐約人聯想到泰德牛排館（Tad's Steak House），讓倫敦人聯想到城裡上千家的印度餐廳。

有一天，當初那位買下奧林匹亞約克公司債的法國客戶來辦公室找我（他後來小賺了一筆，但一直沒原諒我害他接下那些燙手山芋），我們約好一起用餐。他摸著樓梯的橡木雕花扶欄，打量著旁邊紅白相間的壁紙，感覺像是盯著一大片青春痘一樣，然後他問：「這些應該都是我們出的錢吧？」他那口吻似乎不是在怪我們收費太貴，而是怪我們為什麼會把錢浪費在那樣的裝潢上。

倫敦的新交易室，是紐約總部四十一樓的兩倍大，裡面裝滿了最新奇的玩意兒。即使四個人在裡面踢美式足球也綽綽有餘，而且還真的有人踢過。

但空間太大也很麻煩，就像穿上大了五號的鞋子一樣，這地方完全沒有紐約交易室那種緊繃的氣氛，我們即使打起精神，那些能量也會在偌大的空間裡揮發殆盡。辦公室的寂靜讓我們更加懶散，也讓我們有地方可躲，大家打混不做生意時，就會找個地方藏身。我老是有股衝動，想走到交易室的中央大喊：「Allalliincomefree！」（玩躲貓貓結束時，當鬼的人在抓到人後所喊的話，意思是叫大家可以出來了，我想看看有誰來上班？）

新辦公室的空蕩感，也讓管理高層很傷腦筋。他們來倫敦以前都在紐約待過好幾年，習慣交易室那種鬧哄哄的感覺，覺得氣氛熱鬧才表示公司賺錢，氣氛死寂則表示公司賠錢。

發獎金日的三種心情：鬆一口氣、興奮、生氣

「快！趁公司還有錢，快分給我！」

這是一九八六年底，公司同事之間共同的想法。我們搬到維多利亞廣場時，紐約總部的一群常董正在開會討論紅利分發。紅利是在十二月二十一日發放，那段期間大家滿腦子、開口閉口都是紅利，畢竟每年就等這麼一天。

依照古弗蘭的規定，到職一、兩年的員工不管業績如何，每年都會設一個紅利的上下區間，所以每年新人都會揣測今年的區間會不會提高。一九八六年的最後六週，我大多時間都是在接聽或打電話給同期學員，大家如今分散在所羅門不同單位。我們除了聊紅利區間外，別無其他話題。

通常對話有兩種。第一種是討論紅利區間，因為這適用在每個人身上。「去年是六萬五千到八萬五千。」

有人會說。「我聽說是五萬五到九萬。」

「第一年的區間不可能那麼大。」

「不然他們要怎麼獎勵那些賺錢的人？」

「你以為他們在乎賺錢的人嗎？他們只想盡量幫自己多撈一點吧。」

「沒錯，你說得對，啊，得掛電話了。」

「再聊。」

第二種是討論適用於個人的區間。

「如果他們不給我八萬，我就跳槽到高盛。」有人會說。

「他們會給你八萬，你是我們班上替公司賺最多錢的人。媽的，他們根本是在剝削你。」

「高盛保證至少有十八萬，這些人真的在剝削我們。」

「沒錯。」

「對。」

「就是這樣！」

「對！」

「得掛電話了。」

「再聊。」

發紅利這天終於來了，我可以開心地暫時放下每天的例行工作，不和投資人聊天及進出市場。看著別人從老闆辦公室走出來的表情，比聽一千場談金錢意義的演講還值得。

得知自己年終紅利的數字時，大夥兒通常會有三種反應：鬆一口氣、興奮、生氣。多數人的感覺是同時混合這三種感受，也有人是依序產生這三種感受——得知數字時，先鬆一口氣；想到自己能買的東西時，感到興奮；聽到別人的紅利更多時，憤恨不平。

不過，無論他們的紅利是多少，他們的表情都一樣——都像胃痛，彷彿吃了太多的巧克力派。對很多人來說，領紅利是件苦差事。因為到了一九八七年一月一日，一九八六年的一切就從記憶裡完全消除，只剩下一個數字——你的紅利，那金額就是公司對你的最後論斷。大家辛苦打拚了一年後，情緒難免都有很大起伏，腸胃當然翻動得厲害。

更糟的是，他們還得隱藏這些情緒，繼續工作。如果得知紅利不錯就得意洋洋，那有失厚道。如果得知紅利不好就馬上變臉，那未免太丟臉。

這時，覺得鬆了一口氣的人最容易掩飾心情，他們獲得的紅利和預期的差不多，沒有意外，也就沒有太多反應。很好，這樣比較容易裝出無所謂的樣子，一切都過去了。

連食人王也沒這麼優秀！天啊

發紅利那天，很晚才輪到我和老闆見面。我是和直屬老闆威利克及倫敦業務主管柯普根談的，我們在《亂世佳人》風格的用餐室裡會面。威利克不發一語，他只是面帶微笑地聆聽，由柯普根代表公司發言。據說柯普根會成為所羅門裡的大人物。

我很想告訴你，我當時的表情就像職業殺手在執行完任務後，冷靜又謹慎地面對黑手黨教父一樣。可惜事實不然，我比原本預期的還要緊張。我和大家一樣，只想知道自己的紅利是多少。但我必須先聽完老闆的長篇大論後才知道，一開始我還不知道為什麼會講那麼久，後來我才曉得原因。

常董整理了一下面前的文件，接著開口說：「我看過很多人來來去去，第一年的表現相當出色。」接著他列舉了幾位年輕的常董為例證，「但我從來沒看過有人有你這樣的表現。」他又舉了一些人，「比爾、瑞奇、喬都不像你這樣，」他說，「甚至連食人王也沒這麼優秀。」

「連食人王也沒這麼優秀？」

「除了恭喜你以外，我還能說什麼呢？」他說。

他講了五分鐘，達到他想要的效果。他說完後，原本我打算為了自己能在所羅門工作表示感謝。我以為我很懂得推銷，沒想到老闆比我還厲害，他完全掌握了我的死穴，被他這樣一說，我對公司原有的不滿全都煙消雲散，對公司、無數的長官、古弗蘭、AT&T的交易員、所有和所羅門有關的人（或許滑頭副總除外），都打從心裡推崇。我不在乎鈔票，只希望眼前這個人肯定我的表現，我開始了解公司發紅利前為什麼要先講一段話了。

所羅門帝國的發薪人就像牧師一樣，依循著一套源遠流長的儀式。紅利似乎是後來才追加的東西，而且你必須想辦法破解公司的謎題。「去年你賺了九萬美元。」他最後說。

我的薪水是四萬五千美元，所以紅利是四萬五千美元。「明年你的薪水是六萬美元，現在我跟你解釋一下這些數字。」

他在向我解釋我是同屆學員中所得最高的人時（後來我才發現，還有三位學員的所得和我一樣），我在心裡把九萬美元轉換為英鎊（約為五萬六千英鎊），以便了解那個數字的意義。

老闆也愛我，我真開心……等等，我不愛了！

理論上，這個金額確實比我的身價還高，也比我對社會的貢獻還高。老天！如果要以社會貢獻度作為衡量的標準，我應該還要倒貼。我的所得比我父親二十六歲時的薪水更高，甚至比算進通貨膨脹後更高，也比我認識的其他同齡人士還高。哈！我有錢了，我愛我的老闆，老闆也愛我，我真開心。

後來轉身想想，這時我又覺得我沒那麼開心了。

很怪吧？別忘了，這裡是所羅門，他們讓我用AT&T的公司債塞爆客戶，當然也可以用對付客戶的那一套來對付我。我為他們幹了一整年的下流勾當，結果才多賺幾千美元。我賺進來的錢，都跑到這些稱讚我的傢伙口袋裡了。他比我清楚這點，讚美別人又不用花錢，他也懂這個道理。

後來，我認定自己上當了——直到今天我還是這麼認為。我不確定我為所羅門賺了多少錢，但是再怎麼算，我的身價都不只九萬美元。以所羅門壟斷市場的標準來看，年收入九萬美元簡直像在領救濟金。

我覺得自己被騙了，真的很火大。我環顧四周，看到很多對公司營收毫無貢獻的人薪水都比我高，你要我做何感想？

我私下向亞歷山大抱怨，他說：「你在這一行是無法致富的，你賺再多錢和別人比都還是窮人。你以為古弗蘭會覺得自己是有錢人嗎？我敢打賭，他絕對不是那麼想。」亞歷山大真的很有智慧，他研究佛學，喜歡從佛學角度詮釋他的超然觀點。但另一方面，他已經脫離培訓課程三年了，不再受到紅利區間的限制，公司才剛給他優厚的紅利，他當然可以說得那麼輕鬆。

不過，亞歷山大的這番話，倒是點出了所羅門和華爾街其他公司的實況——成功者都貪得無厭。這種貪念有很多種形式，有些貪念有益於所羅門的發展。最有害的貪念是現在就想要更多——也就是短期的貪念，而非長期的貪念。

心有短期貪念的人，對公司往往缺乏忠誠度。一九八六年，所羅門的員工都想立刻就拿到錢，因為那時公司看起來似乎正邁入險境，誰知道一九八七年會變成什麼樣子？

發完紅利後不久，倫敦的交易員和業務員開始跳槽，轉往待遇更好的公司（就像紐約總部藍尼爾里旗下的員工一樣）。當時其他公司仍開出優厚的保證條件，吸引所羅門的交易員和業務員。年資較久的員工領到他們該得的紅利後都很失望，他們原本預期可領八十萬美元，卻只拿到四十五萬。公司那年業績不好，並沒有足夠的收益分發紅利；但儘管公司業績不好，每個人卻都照樣覺得自己表現優異。

我來倫敦一年，發覺周遭比我資深的人只剩十五人。當初讓倫敦辦公室形成一股悠閒步調的二十位資深歐洲同仁中，只剩三人沒跳槽（他們每天午餐都習慣喝兩瓶酒）。每走一位資深的同仁，都會馬上補進六位菜鳥，所以人才雖然不斷地流失，但公司仍持續擴張。

我到倫敦政經學院演講，主題是……債券！

找人手遞補一點都不難，一九八六年底，英國也出現美國大學生擠進投資銀行的熱潮。英國學生也認為，除了投資銀行以外其他地方都不值得去上班。那年年底，我受邀到倫敦政經學院「保守黨學生會」演講。如果這世上有個地方能抵擋「保守黨學生會」和所羅門的誘惑，那非倫敦政經學院莫屬了，因為它一向是栽培左派思想的溫床。

我演講的主題是債券市場，我原本以為這主題會讓學生退避三舍，因為和債市有關的話題都很冗長沈悶。結果居然有一百多位學生到場，會場後方有個穿著破舊的人一邊喝著啤酒，一邊大罵我是寄生蟲，結果被聽眾噓了下去。演講完後大家把我包圍起來，他們不是過來罵我，也不是來問債市的問題，而是問我如何進入所羅門工作。一位激動的年輕人宣稱，他把巨人隊的先發名單背得滾瓜爛熟，因為他聽說所羅門的人事主管是紐約巨人隊球迷（的確是）。另一位說《經濟學人》報導，所羅門的人不會從背後捅你一刀，而是當面拿斧頭砍你，他問我這是不是真的，他想知道如何表現積極的態度最好？會不會過猶不及，還是應該盡量積極？

一九八七年年中是倫敦分公司的顛峰期。維多利亞廣場的辦公室共有九百名員工，就像一家托兒所，而不像所羅門全球帝國的旗艦店。講話向來很貼切的瑞普洛有一天說：「只剩下常董和小鬼。」不過，他還沒有說之前我就已經明白他的意思了，我是他肚子裡的蛔蟲。倫敦分公司裡，員工的平均年資從六年迅速下滑至不到兩年。以前的平均年齡是三十多歲，現在約二十五歲。

一九八七年年初，公司裡流傳著一個笑話，交易廳的出口很快就會貼出一塊告示：最後一位離開的同仁，別忘了關燈。接著又傳出另一個新笑話（至少對我來說是新的），只是後來笑話變成了事實。英國公債部門一位首席交易員請辭，高盛以高薪挖角，他要趁身價還好的時候趕快跳槽。倫敦分公司的常董幾乎跪下來求他別走，他們說他是公司的台柱。他說，台柱個屁，他只是待價而沽的交易員，他們還期望什麼？他們說，他們期望他能暫時忘了交易，想想對公司忠誠的重要。

你猜他怎麼回應？他說：「你們要忠誠的話，去找隻哈巴狗吧！」

| 第10章 |

怎樣才能讓你更開心？

我們的運作逐漸發展出一種模式。每個月初，我們會分析部門的績效；每週開分公司會議；每天我們會打電話給可能進場交易的投資人。

至於瑞普洛，他每天早上至少都比我早一個小時進辦公室，他一直覺得，萬一老闆發現他不在電話旁可能會扣他的年終紅利。他錯了，老闆只關心我們從客戶身上榨了多少錢，才不管我們花多少時間壓榨客戶。不過，瑞普洛對於我每天敢在七點四十五分後才進公司感到很驚訝。有時候他會在擴音機上宣布我來上班了：「我想感謝麥可．路易士今天來上班，請各位熱烈地鼓掌歡迎。」

電視新聞傳來消息，公司賣掉的那一天

當我們不是在談他的前途、如何打敗市場、所羅門的未來、如何指導手下三位菜鳥時，我們會像退休

老人一樣，有一搭沒一搭地聊天。

瑞普洛：今天在蘇富比看到一幅畫，可能會買下來。

我：你那套西裝哪裡買的？

瑞普洛：日圓價位多少？

我：可以借看一下你的《大西洋月刊》嗎？

瑞普洛：我在香港買的，四百美元，這裡賣八百美元。

我：畫家是誰？

瑞普洛：好，不過要記得還我，否則你就死定了。

我：今年底會發錢嗎？

瑞普洛：麥可，你看過他們年底發錢嗎？

一九八七年九月二十四日，就在我進公司快滿兩年的時候，這種相處模式意外地終止了。沒錯，普洛還是像往常一樣躲在桌子底下講電話，沒錯，我也照樣在等著他忙完手邊的交易後，跟他說一個有關總裁的低級笑話。但這回我沒機會了，因為就在這時有人大喊：「我們中標了！」瑞普洛當時手指塞住耳朵，全神貫注地推銷債券，完全沒聽到喊叫聲。我立刻低頭看了一下桌上的電腦螢幕，真不敢相信這是真的：螢幕上的最新消息顯示，身高一六二公分、惡名昭彰的惡性併購大王、一位紐約八卦專欄作家的老公、最近才買下露華濃公司的雷諾・佩里曼（Ronald O. Perelman），大量買進所羅門的股份。他背後的金主是德崇證券，顧問是第一波士頓的約瑟夫・佩雷拉（Joseph Perella）和布魯斯・華瑟斯坦（Bruce Wasserstein）。這是華爾街史上，首度發生投資銀行遭同業惡性併購的事件。

緊接著，我的電話螢幕不停地閃爍。客戶紛紛打電話進來，對於所羅門即將遭到掠奪者的攻擊和殘害表達哀悼之意。

當然，他們都在虛情假意，他們只是想看熱鬧，就像車禍現場圍觀的群眾那樣，旁觀扭曲的金屬碎片和發抖的受害者。很多人心裡正幸災樂禍——邪惡又強勢的所羅門，終於在市場上遇到更邪惡更強勢的力量了，而且居然還是一家賣化妝品的！

我那位法國客戶反應很快，他還氣定神閒地對我說：「搞不好你們接下來會推出每買一百萬美元以上債券就送一條口紅的優惠方案，看來我以後可能會有很多條口紅。」

每個人的自尊，都有一個價格

一家賣口紅的公司，為什麼會想買我們的股權？最耐人尋味的答案是：他們其實不想買。真正發動這場併購的人，是佩里曼背後的金主——德崇證券的垃圾債券大王米爾肯（Michael Milken）。

米爾肯常會報復那些過去曾經對他不好的人，其中一位就是古弗蘭。一九八五年初，米爾肯來所羅門找古弗蘭共進早餐，但古弗蘭一直瞧不起米爾肯，兩人互相開罵，最後米爾肯被警衛架著離開，古弗蘭隨後就切斷了德崇和所羅門的所有債券交易。

後來德崇成為SEC歷年來最大宗調查案的主角，所羅門有位常董不僅沒有表達關切，還落井下石，把三位客戶控告米爾肯的法律文件影本（勒索和詐騙的指控）寄給米爾肯的其他客戶。一九八七年九月，所羅門和德崇可說是華爾街上最水火不容的死對頭。

古弗蘭被米爾肯嚇壞了。古弗蘭雖有征服全球的野心，但其實他非常保守。例如，他從來不讓非美國人管理倫敦分公司。我們這群人不是那種很有野心的企業家，因此沒有趁公司最強盛的時候大舉擴張版圖，除了買賣債券以外我們什麼都不懂。公司裡沒人真正開發過什麼了不起的新事業，除了藍尼爾里以外，但他最後也深陷麻煩。相反的，米爾肯在華爾街上打造出最大的新事業，性質和我們相近，他的目標就是取代所羅門在債券市場上的地位。

一位比我更接近古弗蘭的同事說：「無論古弗蘭說什麼，他永遠認定只有一家公司能摧毀所羅門，接收我們的事業，那就是德崇。他不擔心摩根士丹利那些白人，因為他覺得我們的企圖心比他們強。但是德崇不一樣，德崇和所羅門一樣強悍。而且考夫曼也預言美國企業的信用品質長期會持續惡化，那些公司債都會變成垃圾債券，也就是說，所羅門的客戶會流向德崇。」

事實上，所羅門流失的不僅是客戶，連員工也以驚人的速度流向德崇。米爾肯在加州比佛利山的垃圾債券交易部，共有八十五名員工，其中至少十二人是以前在所羅門任職的交易員和業務員，還有更多人在紐約的德崇總部工作。所羅門每個月都有一位債券交易員、業務員或分析師，走出紐約的交易室，告訴管理高層他要跳槽到德崇。所羅門的高層怎麼反應呢？有人說：「他們會叫你馬上滾，連回交易室拿西裝都不行。」

跳槽到德崇的風潮持續不止，這一點也不令人意外。去德崇可領高薪的消息不斷傳回所羅門，大家都聽得非常心動。一九八六年，所羅門有位中階主管跳槽到德崇的比佛利山分公司。他到職第三個月，就發現週薪增加十萬美元，他知道當時不是發紅利的時間，還以為是會計部弄錯了，於是他告訴米爾肯這件事。

米爾肯說：「這數字沒錯，我們只是要告訴你，我們很滿意你的表現。」

另一位跳槽到德崇的所羅門前員工，也記得他第一次領紅利的情況。米爾肯給他的紅利比他預期的多了好幾百萬美元。過去在所羅門，紅利鮮少高於他的預期，但這回他收到的紅利比古弗蘭給他的一整年收入還高，他瞪大眼睛坐在椅子上，一動也不動，就像電視劇《百萬富翁》的主角一樣。有人剛給了他一筆足以退休的錢，他不知道該如何表達他的感謝。米爾肯看著他，問道：「你開心嗎？」那位員工點點頭，米爾肯傾身向前問他：「怎樣才能讓你更開心？」

米爾肯大方狂撒鈔票的傳奇故事，讓很多所羅門員工都希望馬上接到米爾肯的電話。米爾肯這種獎賞方式，讓比佛利山交易室對他忠心耿耿，感覺就像在搞教派一樣。一位德崇的交易員告訴作家康妮．布魯克（Connie Bruck，著有《金融掠奪者的盛會：德崇的內幕和垃圾債券大王的崛起》）：「我們把這一切都歸功於一個人，就是米爾肯，他讓我們放下了自尊。」

每個人的自尊都有一個價格。一位和我同屆的學員後來到德崇工作，他告訴我，比佛利山共有八十五位員工，「其中身價超過一千萬美元的有二、三十人，另外還有五、六位身價超過一億美元。」

最大的錯誤，不是做錯了什麼事，而是沒做該做的事

每次報紙估算米爾肯的所得時，比佛利山分公司的人都會噗哧而笑，因為那金額實在太低了。為米爾肯效勞的一些朋友告訴我，米爾肯的身價一定超過十億美元。不過，我們並不知道，到底是賺十億美元讓他比較開心，還是看到佩里曼攻擊所羅門、使古弗蘭坐立難安讓他比較開心。當時才剛被古弗蘭開除兩個月的藍尼爾里說：「我認識米爾肯，也很喜歡他。他的墓誌銘應該會這麼寫——他從不背叛朋友，從不對敵人善罷甘休。」

佩里曼出價購買所羅門的股份，也可以說是所羅門管理階層的報應。瑞普洛和我都覺得，所羅門被併購不是什麼壞事，不過也沒人在乎我們的看法。佩里曼是口紅大亨、恃強凌弱的惡霸，我們

知道他完全不懂怎麼經營投資銀行。但我們知道，如果他真的成功推翻古弗蘭，他做的第一件事會是以生意的角度、而非帝國的角度檢視所羅門，這是經營所羅門的新方法。當然，很多企業併購案都是以併購當幌子，併購者宣稱他們要趕走懶惰、愚昧的管理者，其實他們只想變賣公司資產。

但併購所羅門則是例外，因為所羅門的資產就是人才，我們沒有土地、沒有過度膨脹的退休金計畫，也沒有可掠奪的品牌。

在華爾街上，比所羅門目前的計畫還要糟糕的計畫，往往是所羅門對自己未來幾個月的計畫。所羅門的性格和頭腦，就像黎巴嫩的計程車司機一樣——腳要不是踩著油門，就是踩煞車。我們完全不懂中庸之道，毫無判斷力。當我們覺得紐約總部的空間不夠時，我們像一般人那樣低調地到對街找更大的辦公室嗎？不是，我們找來地產大亨莫特・祖克曼（Mort Zuckerman），開始大興土木，打造曼哈頓有史以來最大、最貴的地產專案「哥倫布圓環」。古弗蘭的太太還訂製了一箱玻璃菸灰缸，把未來總部的外型刻印在缸底，後來我們退出這項專案，賠了一・〇七億美元，古弗蘭的太太自己留下了那些菸灰缸。

我們為了稱霸全球的金融市場，也在倫敦火車站樓上蓋了全球最大的交易廳。如今倫敦的榮景已成泡影，亟需整頓，估計將損失一億美元，英國媒體戲稱我們是「幻影所羅門」。我們成立了規模龐大又強大的抵押債券部門，卻放任一半員工流失，再開除剩餘的員工。藍尼爾和他的獨門生意瓦解，所羅門至少損失好幾億美元。我們又放任一些全世界最自大的傢伙在四十一樓爭權奪利，現在紐約總部成了互相殘殺的戰場，這個錯誤可能因此葬送整家公司。公司要不是上、就是下，要不是買、就是賣，要不是進場、就是出場，小人物才會一成不變，但所羅門可不是小人物。

所羅門最大的錯誤，不是做錯了什麼事，而是沒做該做的事。一九八七年的投資銀行業並不是不賺錢，相反的，那年比以往都賺錢。隨便打開報紙就可以看到投資銀行在短短幾週進帳五千萬美元以上的收益。多年來，這是首次出現其他公司大賺、所羅門卻沒賺到錢的情況。

諷刺的是，那些新贏家正好都是這回幫佩里曼併購所羅門的要角——米爾肯、佩雷拉、華瑟斯坦。一九八六年，德崇在米爾肯的領導下，取代所羅門成為華爾街獲利最好的公司，營收四十億美元，盈餘超過五億美元，比所羅門全盛時期還多。

他們發現，投資人其實很在乎面子

德崇靠著垃圾債券大發利市，看在所羅門眼中很不是滋味，照理說應該是我們賺大錢才對，但我們的管理高層看不出垃圾債券的重要性，他們認為垃圾債券是一時的流行，終究會過氣。結果他們看走眼，成了這輩子最嚴重的失誤——垃圾債券不僅加速美國企業的變革，促成華爾街令人頭昏眼花的混戰，也導致所羅門遭到併購。

這裡我們值得暫停下來，說明一下垃圾債券這東西。

垃圾債券一種是企業發行的債券，被穆迪和標準普爾評定可能無法償債。「垃圾」兩字雖然武斷，卻是很重要的區分。企業債信分很多級，從最好的IBM到最差的貝魯特棉花貿易公司，這中間還有一些不好不壞的等級。有時候，企業發行的債券不能算是投資標的，而是一種賭博的工具。垃圾債券可說是一九八〇年代爭議最大的金融工具，經常出現在新聞裡。

不過，這裡必須強調的是，垃圾債券並不是新玩意兒，它們由來已久。企業和個人一樣，向來會舉債購買他們沒錢可買的東西。他們選擇舉債還有另一個原因：至少在美國，這是最有效率的融資方式，償債的利息還可以抵稅，營運不穩的企業都想用這方法借錢。二十世紀初，強盜大亨們（robber baron，指洛克菲勒、卡內基、摩根等鉅富）靠著大舉發行有價證券打造企業帝國，投資人瘋狂投入。相較之下，今天的投資人更瘋，使得垃圾債券市場規模龐大許多。如今營運不好又舉債的公司，可說是五花八門，願意拿錢冒險（或許也放棄投資原則）的人更是不計其數。

德崇的米爾肯創造了這個市場，他說服投資人相信這是一門好投資——手法就像當初藍尼爾里說服投資人買抵押債券一樣。從一九七〇年代末到八〇年代初期，米爾肯在全美各地穿梭，在各式各樣的場合宣揚他的理念，直到有人開始相信他為止。

抵押債券和垃圾債券的發明，讓原本很難獲得貸款的個人和企業更易於取得資金。換句話說，這兩種新債券讓投資人可以直接把資金借給不太有錢的購屋族和經營不穩的企業。投資人借出的資金愈多，其他人舉債的金額愈多，由此衍生的財務槓桿，是那個金融年代最顯著的特色。布魯克在

《金融掠奪者的盛會》（*The Predators' Ball*）一書中，說明德崇證券垃圾債券部崛起的始末（據說米爾肯曾想收買作者，希望她不要出版這本書）。布魯克從一九七〇年開始說起，當時米爾肯在賓州大學華頓商學院研究債券。他有不落俗套的想法，所以能跳脫中產階級的傳統思維。

米爾肯在華頓求學期間，鑽研所謂「墮落天使」（fallen angel），亦即原是績優企業、後來營運陷入困難的企業所發行的公司債。當時，這種公司債是市場上僅有的垃圾債券，米爾肯發現，即使把額外的風險都納入考量，投資這些垃圾債券的報酬還是優於投資績優公司的債券。根據米爾肯的分析，「墮落天使」投資組合的報酬，幾乎都比績優企業公司債的投資組合好。

然而，許多投資人都愛面子，怕被別人說自己亂投一通，因此往往刻意迴避「墮落天使」。米爾肯和亞歷山大一樣，他們都發現**投資人很在乎面子問題，寧可把可以賺錢的機會，拱手讓給不在乎別人怎麼看的人**。

有能力推翻傳統的人，具備什麼特質？

一九七〇年，米爾肯進入德崇證券後台工作，努力往交易室發展，後來擔任債券的交易員。他戴著一片假髮，連朋友都覺得那假髮很假，他的競爭對手更嘲笑他，說那片假髮看起來像一隻小動物死在他頭上。

米爾肯和藍尼爾里有很多相似之處，他們做人都不夠圓滑、個性莽撞，但都信心十足，勇於特立獨行。米爾肯在交易室的角落開拓市場，沒什麼人理他，直到他賺了太多錢，只好自己當老闆。他和藍尼爾里一樣，栽培出一群對他死忠的員工。

米爾肯和藍尼爾里都對事業充滿熱情，一位德崇前高階主管告訴布魯克：「米爾肯的問題在於，他沒耐性聆聽別的觀點，他自大到了極點，他總認為自己已經解決問題，可以勇往直前。他在委員會裡毫無用處，在需要集體決定的場合上也是一意孤行。他只想證明真理，如果米爾肯沒進證券業，他應該可以去參與宗教運動。」

米爾肯是猶太人。他加入德崇時，德崇還是一家由上流社會白人主導的老派投資銀行，他覺得公司有點反猶太人的傾向。米爾肯覺得自己在公司裡是外人，不過這點正好對他有利。一九七九年，如果有人想預測未來十年誰會掀起金融革命，最好的方法是去華爾街最沒人氣的角落，剔除那些穿著「布魯克斯兄弟牌」西服的人、剔除屬於或宣稱自己隸屬某個高級俱樂部的人、剔除來自上流社會白人家族的人之後，剩下的就是了。這些人包括米爾肯、藍尼爾里，以及第一波士頓的佩雷拉和華瑟斯坦，後兩者是企業併購專家，正好也是協助佩里曼併購所羅門的顧問。

以上是米爾肯和藍尼爾里的相似處。他倆的不同之處在於：米爾肯完全掌控了公司，把垃圾債券部從紐約搬到比佛利山，最後自己爭取到五．五億美元的年薪，是藍尼爾里顛峰期的一八〇倍。米爾肯在比佛利山的威夏爾大道上成立分公司時（由他個人所有），把自己的名字掛在門上，而不掛德崇證券，以便讓人知道這裡是誰當家。他在這裡營造的工作環境，和所羅門有一個最大的差異點：你有多成功，完全看你帶進多少生意，而不是看你手下有幾個員工、是否當上公司董事，或你上過幾次八卦專欄。

有能力推翻傳統的人，究竟具備什麼特質？其實很難說，在米爾肯身上更難以斷定。他行事神秘低調，想為他立傳的人幾乎都無法洞悉他有什麼明顯的人格特質。我的看法是，在米爾肯全盛時期，他結合了兩種互斥的特質，一是債券交易的才能，一是對理念的專一。一九八〇年代初期，所羅門裡沒有人同時擁有這兩種特質。

當時的米爾肯可說是化不可能為可能。在交易室裡工作，缺乏專注力是一大風險，瑞普洛就是很典型的例子。看瑞普洛工作，就像看音樂錄影帶一樣，感覺雜亂無章。例如，瑞普洛有時會悶悶不樂，生意不好時，他會重重摔下話筒，告訴我總有一天他會退出投資銀行業，重返校園進修。他打算埋首書堆幾年，然後當個歷史教授或作家。但在我看來，要瑞普洛關起門來安靜沈思，哪怕只是五分鐘，我都覺得不太可能。當我把這想法告訴他時，他又不想聽了，因為他已經厭倦了這個話題，想聊點別的。他會說：「我又不是說現在就要回學校唸書，我是說，等我三十五歲，銀行戶頭裡有幾百萬美元以後。」說得好像賣了幾年債券，銀行多了幾百萬美元後，他就會變得更專注似的。

結果瑞普洛賣了三年債券還是無法專心，安度情緒低潮的時刻。他只要開始悶悶不樂，就會警告交易員：「別惹我，我心情不好。」但轉眼間，他又不知怎的忘得一乾二淨，賣出幾百萬美元的公債，心情又好轉了，「耶！麥可！」他一邊寫著銷售單，一邊大喊：「日本佬愛死我了，我怎麼剝削他們都無所謂，喔耶！」他幾乎滿腦子都在想下一筆交易在哪裡，馬不停蹄地找樂子，交易就是讓他快樂的方式。

漏洞中有個大商機，卻沒人發現……

米爾肯剛入行時也和瑞普洛差不多，但他後來決定創業，而不是永無止境地做交易。他願意暫時抽離交易的螢幕，思考未來幾年的前景。例如，某家微晶片公司能不能屹立二十年，按時償還應繳的半年息？美國鋼鐵業能安度難關嗎？後來擔任德崇證券執行長的弗瑞德・約瑟夫聽了米爾肯暢談企業後，覺得他是「全美最了解信貸的人」，米爾肯也因此逐漸了解企業的運作。

企業一向是商業銀行以及投資銀行企業金融部和股票部負責的範疇，本來債券交易員很少關注這個領域。前面提過，在所羅門裡，股票部是冷門單位，很多債券交易員覺得企業金融部的人不過是行政助理，甚至戲稱他們是「影印部」。即使所羅門裡有人曾和米爾肯一樣看出企業的前景，他也爬不到高位，無法開創那個業務。這實在很可惜，因為對所羅門來說，這個商機近在眼前、唾手可得，卻沒人發現。

米爾肯從債券交易員的角度思考，重新評估美國企業，他發現兩件事。第一，很多看似可靠的大型企業以低利向銀行貸款，但是他們的債信只可能下滑，不可能提升。銀行為什麼要放款給他們？沒道理啊，做這種生意太蠢了——因為獲利空間很小，但虧損可能很大。很多公司原本活力十足，是企業的典範，後來卻破產了，天底下沒有零風險的放款。即使是企業龍頭，也可能因為整個產業垮了而跟著一蹶不振，美國鋼鐵業就是一例。

第二，新成立的小公司和營運有問題的老字號大企業，很難說服商業銀行和基金經理人借錢給他們。基金經理人仰賴信評公司告訴他們哪些公司可以安心地投資（或者也可以說，他們需要信評公司認可他們的投資，以免給人投資不謹慎的感覺）。但信評公司和商業銀行一樣，他們在評估投資風險時，幾乎都是根據過去的資料（企業資產負債表和過往記錄）。對於新成立的小公司，或者營運不穩的老字號大企業，這都不是理想的評估方法。比較好的方法，是深入了解管理階層的人格特質和該產業的前景。例如，ＭＣＩ通訊公司的成長幾乎都是靠發行垃圾債券籌資，如果投資人能預見長途電話服務業的前景，了解ＭＣＩ管理高層的素質，借錢給ＭＣＩ（買它的公司債）是很精明的投資。以極高利率借錢給克萊斯勒也是一例，只要克萊斯勒有充裕的現金流量能償還利息，同樣不失為一種聰明的投資。

米爾肯常到商學院演講，為了讓學生印象深刻，他喜歡舉例證明為什麼一家大企業要破產其實很難。他表示，讓一家大公司繼續營運的力量，通常遠大於想看這家公司倒閉的力量，他會提出以下的模擬情境：首先，我們把工廠設於地震帶。第二，我們來激怒一下工會（例如一邊砍工資，一邊給管理高層的肥貓高薪）。第三，我們選一家瀕臨破產的公司，不過這家公司供應一種不可或缺的零組件。第四，如果政府有意在我們營運困難時紓困，我們再去賄賂幾個不肖外國官員。

米爾肯最後指出，一九七〇年代末期的洛克希德公司（Lockheed）完全符合上述條件。米爾肯在洛克希德看似要破產之際，買進它的公司債，後來公司在外力協助下免於倒閉，米爾肯因此小賺了一票。他的手法就像亞歷山大在大家都看壞農民信用公司時逢低承接債券，最後反賺一筆一樣。米爾肯所要強調的是：**美國的信評機制有漏洞，這套機制只看企業的過去、只在意虛假的安全感，但它其實應該著眼於未來的前景**。

米爾肯就是要從這個大漏洞中找賺錢機會。他不愛《財星》百大企業，偏愛毫無信評的公司。這些垃圾債券是以高利率彌補投資人承擔的高風險，有時利率比績優公司的債券高出四到六個百分點。如果這些公司日後營運的獲利足以提前償債，他們也會付給投資人一大筆費用。所以，只要這些公司營運賺錢，他們的垃圾債券大漲，投資人就可以獲得暴利。相反的，如果公司繼續賠錢，投資人會擔心公司可能無法償債，他們的垃圾債券也會重挫。總之，垃圾債券的漲跌比較像股票，而非傳統的公司債。

於是，這裡蘊藏了一個米爾肯不為人知的祕密。德崇的研究部和這些發行債券的公司，有著密切關係，能掌握公司內部原始資料，這些都是所羅門無從得知的資訊。米爾肯買賣垃圾債券時，等於是掌握了內線情報。

利用內線情報交易「股票」顯然是違法的，這點從德崇以前的客戶伊凡．波斯基（Ivan Boesky）的例子即可見得。但是利用內線情報買賣「債券」，則無法可管，當初立法時，誰會料到未來會出現那麼多性質類似股票的債券？

在所羅門的債券交易員心中，債券和股票天差地遠。但在德崇的債券交易員眼裡，兩者的差異並不大。擁有一家艱困公司的債券，等於擁有這家公司的主導權，因為這家公司一旦無法償還利息，債券持有人就可以取得公司的資產，進行清算。一九七〇年代末期，米爾肯和捷美公司（Rapid-American Corporation）的業主梅須朗．芮克里斯（Meshulam Riklis）共進早餐時，曾以更簡單扼要的方式，解釋垃圾債券的優點。米爾肯告訴對方，現在掌控捷美公司的是德崇和它的客戶，而非芮克里斯。芮克里斯很驚訝：「怎麼可能？我擁有捷美公司四成的股權。」

「我們持有貴公司一億美元的公司債。」米爾肯說：「只要你們無法償還任何一期的利息，我們就可以接收公司。」

像我這種債券業務員在推銷債券時，總是擔心自己成了坑殺投資人的幫兇，米爾肯這番話無疑對我們的良心帶來了莫大的安慰——只要你們無法償還一期的利息，我們就可以接收公司！瑞普洛說：「米爾肯徹底顛覆了這一行，他幫投資人修理了這些企業。」這些急需資金的企業求助無門，只能靠米爾肯幫他們籌資。米爾肯提供他們向投資人借錢的管道，投資人和米爾肯都可以因此獲利。米爾肯推銷垃圾債券的主要說辭是：建立龐大的垃圾債券組合，即使裡頭有幾檔債券無法償債也無所謂，拿其他檔債券的高收益來補貼這些虧損還綽綽有餘。

米爾肯對投資法人說，德崇準備放手一搏這些企業的前途，大家一起來投資美國的未來吧，我們會因為這些有成長前景的小公司而偉大。這番說辭頗能打動人心，早期投資垃圾債券的人，就像投資抵押債券的人一樣，他們不僅能因此獲利，也為自己的投資感到自豪。德崇一位紐約的高階主管說：「你應該去聽聽米爾肯每年在比佛利山垃圾債券說明會上的演講（這個說明會就是所謂的「金融掠奪者的盛會」，因為佩里曼之類的併購者都會出席），會讓你激動得熱淚盈眶。」

受邀參加晚宴，卻發現自己是桌上的一道菜

在米爾肯的鼓吹下，究竟有多少資金轉進垃圾債券，我們不可能算得出來。很多投資人乾脆把投資組合都交給他操作。哥倫比亞儲貸銀行的湯姆．史畢爾格（Tom Spiegel）在聽完米爾肯鼓吹後，就把資產負債表從三．七億美元擴充為一〇四億美元，其中大部分都是垃圾債券。理論上，儲貸銀行應該放款給買屋者，現在他們卻拿上億美元的存款去買垃圾債券。一九八一年以前，儲貸銀行的存款的確幾乎都借給購屋族。由於存戶的存款有聯邦政府的擔保（給予儲貸銀行低廉的資金），聯邦當局限制儲貸業者的投資標的。

但到了一九八一年，儲貸業開始搖搖欲墜，美國國會決定開放儲貸銀行投機，讓他們自尋生路，這也意味著儲貸銀行可拿政府的資金去買垃圾債券。史畢爾格投資垃圾債券賺了不少錢，還用部分獲利上電視打廣告，宣傳哥倫比亞儲貸銀行是一家很可靠的金融機構。廣告裡有一位穿著藍色西裝的人，爬在長條圖上，顯示哥倫比亞儲貸銀行的資產正迅速成長。

一九八六年，哥倫比亞儲貸銀行成了德崇最大客戶，史畢爾格的年薪高達一千萬美元，高居全美三二六四位儲貸銀行總經理的年收入榜首。其他儲貸銀行的總經理都覺得他是投資天才，紛紛跟進。一位在所羅門和我一起培訓的朋友興奮地搓著手對我說：「現在全美持有垃圾債券的儲貸銀行不計其數。」這位朋友是一九八七年離開所羅門的，他和所羅門很多債券專家一樣，跳槽到米爾肯的比佛利山分公司。

一九八〇年代初期垃圾債券市場開始崛起，或後來大放異彩時，所羅門為什麼都沒有積極投入？仔細探究，其實真正的原因很可笑。

在所羅門裡，整個儲貸業都是藍尼爾里的死忠客戶，要是所羅門成為垃圾債券的主要經紀商，所羅門公司債部門的主管比爾．弗特（Bill Voute）一定會來分一杯羹。藍尼爾里擔心這樣一來，自己會失去對儲貸銀行客戶的掌控。所以一九八一年弗特剛成立垃圾債券部時，藍尼爾里就想了一些辦法從中作梗。

一九八四年，所羅門抵押債券部邀請垃圾債券部的人（該部門只有兩人）在所羅門舉辦的研討會上，向數百位儲貸銀行的經理演講。他們做了三小時的簡報後，藍尼爾里起身為研討會做總結。前面提過，這些客戶都把藍尼爾里當成救命恩人，他們都仔細聆聽他講的每句話。藍尼爾里說：「有兩件事，大家千萬別做，第一就是購買垃圾債券，垃圾債券非常危險。」當然他可能真的這麼想，不過儲貸銀行最終並沒有聽信他的話。藍尼爾里否定垃圾債券，不僅有損所羅門垃圾債券部的信譽，也把儲貸業者推進了德崇的懷抱。弗特的手下對於自己在重要潛在客戶面前受到這樣的侮辱，感到相當憤怒。一位曾在所羅門垃圾債券部任職的員工表示：「這就好像你受邀參加晚宴，卻發現自己是桌上的一道菜。」

這兩位垃圾債券部專員花了六個月跑遍美國，逐一向各地儲貸銀行經理做簡報。其中一位說：「簡報相當成功，我們收到很大的迴響，但沒有人來電購買。」他們原本以為在巡迴說明會後，垃圾債券的買單會馬上湧入，但是自始至終都沒有儲貸銀行的經理打電話來。「後來我們有一位同事辭職跳槽到德崇，我們才終於知道原因何在。客戶告訴他，我們的巡迴說明會結束後，藍尼爾里的業務員緊接在我們身後，告訴這些儲貸銀行千萬別相信我們。」由此可見四十一樓缺乏強而有力的領導團隊，才會放任抵押債券部搞這種小動作。不過，這的確是當時所羅門內部的實況。

本來以為垃圾債券沒人敢買，結果賣到供不應求

在此同時，這個新市場呈現爆炸性的成長。我們從垃圾債券的新發行量，可以看出米爾肯在這方面的成就。從一九七〇年代幾乎是零開始，一九八一年新發行的垃圾債券是八．三九億美元，一九八五年達八十五億美元，一九八七年更高達一二〇億美元。這時，垃圾債券已占公司債市場的二十五％。ＩＤＤ情報服務的資料顯示，一九八〇到一九八七年間，共有五三〇億美元的垃圾債券上市。

不過，這只是部分市場而已，因為這還沒有把數十億美元新增的「墮落天使」算進去。米爾肯還發明一種方法，把穩健公司的債券變成垃圾債券——融資併購。

一九八五年，米爾肯已經吸引數百億美元資金進入垃圾債券市場，這時他面臨的問題是資金多到無處可投資。他想必也覺得這種情況很尷尬，他找不到夠多的成長性小公司，也找不到夠多的「墮落天使」吸收這些不斷湧入的資金，他必須創造新的垃圾債券以因應這些需求。

米爾肯原本預設的前提，是投資人不敢買進，所以垃圾債券特別便宜。但如今這前提已不復見，需求遠超過自然的供給。美國各地都有大型基金大舉投資這類高風險標的。

米爾肯和德崇的同事意外想到一個點子，就是用垃圾債券籌措來的資金，去搶購價值被低估的企業股票，奪取公司，然後把這些公司名下的資產，作為垃圾債券買家的擔保（這就好像買一幢房

子，把房子作為房貸的抵押品一樣）。像這樣惡性併購一家大企業，可創造數十億美元的垃圾債券，這樣一來不僅可發行更多新的垃圾債券，原先這家績優企業發行的公司債，也因為槓桿比率提高，而淪為垃圾債券。

不過，想去併購企業，米爾肯需要一些打手。

對於沒有經營企業經驗、但超想賺大錢的人來說，搶下別人的公司是一項很誘人的任務。過去知名的企業併購者，幾乎都曾接受米爾肯的資助——佩里曼、布恩．皮肯斯（Boone Pickens）、卡爾．艾康（Carl Icahn）、馬文．戴維斯（Marvin Davis）、艾文．雅各布（Irwin Jacobs）、詹姆斯．高德斯密（James Goldsmith）、尼爾森．裴爾茲（Nelson Peltz）、山謬．海曼（Samuel Heyman）、紹爾．史坦伯格（Saul Steinberg）及艾雪．艾德曼（Asher Edelman）。其中一位說：「既然我繼承不到這家企業，就只好借錢來買。」

他們大多都是透過德崇銷售垃圾債券籌措資金，去併購那些經營良好的企業，例如露華濃、菲利普石油（Philips Petroleum）、加州聯合石油（Unocal）、環球航空（TWA）、迪士尼、ＡＦＣ、冠澤紙業（Crown Zellerbach）、全國製罐（National Can）、聯合永備（Union Carbide）等。這種手法的誕生，不僅為併購者注入新資金，對米爾肯來說更是始料未及的機會。一九七〇年他想像垃圾債券市場時，肯定沒料到垃圾債券還可以用來併購企業，那時根本沒人想到企業的市值會被低估。

我在倫敦政經學院念研究所時學到，股市是個效率市場，和企業有關的一切資訊，都會反映在股價上。也就是說，股價都是合理的。一連串的文獻也讓學生相信了這說法，例如研究顯示，股市營業員和分析師雖然掌握了最佳資訊，但他們在選股方面，不見得比猴子隨意抽籤，或一般人朝《華爾街日報》股票行情版射飛鏢高明到哪去。所謂的效率市場理論，開宗明義就是告訴我們：除非靠內線消息，否則無法從股市中致富。

但米爾肯不認同這種說法。他們認為，市場或許可以迅速消化企業的盈餘資料，但是在衡量企業擁有的土地或退休金帳戶價值上，卻很沒有效率。

這道理不容易解說，華爾街也沒人浪費時間解釋過。對華爾街一些小型併購部門的人來說，米爾肯是老天賜給他們的禮物，證明他們當初沒有入錯行。一九七三年，第一波士頓的佩雷拉設立併購部門，一九七八年聘請華瑟斯坦加入，他表示他們把資源投入併購時「全憑直覺」。佩雷拉說：「這個龐大的商機近在眼前，埋在沙裡。市場上有許多資產價值低估的公司，但缺少買家。想買這些企業的人沒錢行動，這時出現一個人——米爾肯——他撥開了表面的沙土，現在只要有一張二十二美分的郵票，任何人都可以出價收購企業。」

佩雷拉、華瑟斯坦，以及德崇以外的許多人都恭逢了這個契機，大撈了一筆。每筆併購案至少需要兩名顧問：一位是企業併購者的顧問，另一位是被併購者的顧問，所以德崇無法完全包下這些業務。多數併購案需要四位以上的投資銀行家，因為競標的買家不只一個。企業併購者就像投入平靜水池的石頭，激起陣陣漣漪，擴及全美企業界。

後來甚至演變成一種專業，上市公司的經理人眼看公司的資產太便宜，想向股東買回公司的股份，自己當家，這就是歐洲人所謂的「管理階層併購」（management buyout，簡稱 MBO），美國人稱之為「融資併購」（leveraged buyout，簡稱 LBO）。原本市場上只有米爾肯悄悄在做這件事，後來華爾街的投資銀行家也紛紛跟進。既然這些公司的資產那麼便宜，為什麼要放著這些利益讓別人賺？所以這些併購顧問業突然間出現了利益衝突，和我每天推銷債券時面對的利益衝突一樣——如果是有利可圖的案子，這些銀行家會把好處留給自己；如果是沒什麼賺頭的案子，他們就會設法推銷給客戶。

換句話說，市場上充滿了買賣的機會。一九八〇年代中期，華爾街上的併購部門如雨後春筍般湧現，盛況就像幾年前的債券交易部一樣，這兩者之間有深厚的金融關聯——兩者的崛起都靠著投資人想投機債券的意願，也都利用有人願意以超出自己償債能力的規模舉債。

總之，這都是因為大家對「債」有了全新的認知。佩雷拉說：「每家公司多多少少都有一些冗員，當公司的負債壓力變大，他們就會裁掉這些米蟲。」

併購專家對舉債的態度，就像波斯基對貪婪的看法一樣。他們覺得舉債是好事，舉債可以幫公司解決問題。債券交易和併購之間也有很深的行為關聯——兩者都是由一群強勢推銷的新金融家所推動。對許多在華爾街謀生的老派金融家來說，這些人的居心不良，他們讓人以為每件併購案都投入了大量的心力和智慧，其實不然。華爾街的併購業務員和債券業務員沒什麼兩樣，他們花在設計策略以便說服客戶的時間，比思考這案子是否該做的時間還多。基本上他們認為，能讓他們賺錢的案子，一定都對世界有益。併購市場人士的典型特徵是這樣的：二十六歲，充滿活力、野心勃勃的年輕人，在美國大型投資銀行上班，整天堆滿了笑臉，忙著打電話給企業。

從併購對社區、勞工、股東、管理階層的影響來看，併購的過程可以說簡單到了極點。一位二十六歲的年輕人某天晚上在紐約或倫敦端詳電腦上的資料時，發現俄勒岡州有一家造紙廠似乎很便宜。他立刻用電報把他的估價傳給對造紙業，或是對俄勒岡、對購買便宜公司可能有點興趣的人。他就像為未婚女子舉辦社交舞會的人一樣，手上握有一份資料，記載誰對誰感興趣。但他在發送舞會邀請函時，並沒有刻意篩選對象。因為任何人都可以發行垃圾債券籌資，任何人都有能力買進這些企業，所以俄勒岡州這家造紙廠，就這樣成了被併購的目標。

隔天，這家造紙廠會在《華爾街日報》的「華爾街傳聞」專欄上，看到關於自己的消息。公司股價出現劇烈震盪，因為波斯基之類的套利者開始買進他們的股票，以期轉賣給企業併購者。造紙廠一慌，連忙找一家投資銀行來捍衛股權，或許還剛好找上推他入火坑的年輕人所屬的投資銀行也說不定。另外五家投資銀行的五位年輕人在得知消息後，開始到市場上尋找潛在買主。一旦找到買主，這家造紙廠就正式「中標」了。

在此同時，這些積極的年輕人也會檢查電腦裡的資料，尋找美國各地是否還有便宜的造紙廠。不久之後，美國的造紙業都成了併購的目標。投資銀行可以從捍衛與攻擊大型公司的過程中，賺取大量費用。相形之下，債券交易的獲利大為失色。德崇負責一樁併購案，就可以淨賺一億美元以上。一九八七年，華瑟斯坦和佩雷拉為第一波士頓賺進三．八五億美元的手續費。

高盛、摩根士丹利、協利及其他投資銀行，都搖身變成併購顧問，儘管它們的籌資能力不如所羅門，但它們都賺了不少錢。所羅門慢了半拍才了解併購業，幾乎沒涉足垃圾債券市場，因此錯過了這次獲利的商機。這主要是因為所羅門只鎖定債券交易市場，不願跨出那個領域。其實所羅門有得天獨厚的優勢可以跨入併購業，我們有接觸全美各地投資人的管道，應該可以輕易躍升為併購融資業的龍頭才對。

當然，對此所羅門一定有藉口。錯失這麼大的商機，一定要找個藉口替自己申辯才行。所羅門的藉口是：垃圾債券是邪惡的東西！

考夫曼一再公開宣稱，美國企業舉債過度，垃圾債券狂潮將會帶來毀滅。他的論點或許沒錯，但那不是所羅門沒投入垃圾債券市場的原因。所羅門沒承銷垃圾債券，只是因為管理高層不懂垃圾債券，再加上四十一樓派系鬥爭，大家根本沒時間、也沒精力去研究垃圾債券。

古弗蘭可以推託，他迴避這項業務是因為他不認同這項事業所衍生的後果——也就是助長企業的財務槓桿過度使用。但是當他後來像神風特攻隊那樣，同樣一頭鑽進槓桿過度的企業，不僅拖垮所羅門也拖累一些客戶時，這些託辭全都不攻自破。（況且，他和考夫曼表面上主張企業應該謹慎融資，私底下都以個人帳戶大買垃圾債券。）

總之，無論所羅門是否參與這個市場，當時每家公司在米爾肯資助的企業併購者眼中，都成了潛在的併購目標，連所羅門自己，也淪為人家瞄準的目標。這就是佩里曼出價收購所羅門最諷刺之處，所羅門因為沒跨足併購業，也沒以垃圾債券資助併購者，反而淪為別人以垃圾債券融資併購的目標。

巴菲特先生，請救救我

佩里曼出價收購所羅門的消息一曝光，古弗蘭馬上對員工發表演說，表示他不接受敵意併購，會抵抗佩里曼的攻擊，但除此之外，一如既往，員工只能臆測，得不到任何訊息。我們只能靠《紐約時報》的記者詹姆斯．史登高（James Sterngold）和《華爾街日報》的調查報導，才能了解整個過程。

根據報導，事情是這樣發生的：

九月十九日週六早上，在消息曝光的前幾天，所羅門高層就已經接獲噩耗。當天早上，古弗蘭在家中接到律師友人李普頓來電（兩個月前，他才借用李普頓的辦公室開除藍尼爾里）。李普頓知道，所羅門最大股東米洛高礦業公司已找到買主，承接它十四%的所羅門持股，不過買家身分不詳。古弗蘭一定很懊惱，因為他好幾個月前就知道米洛高想賣持股，卻一直擱著沒處理，這真是嚴重的誤判，他失去了掌控先機。米洛高受夠了古弗蘭，不願再拖下去，直接找上華爾街其他銀行兜售所羅門股權。

九月二十三日星期三，古弗蘭從米洛高總裁的口中得知買主是露華濃公司，這顯然是併購策略的第一步。露華濃的佩里曼宣稱，他除了買下米洛高的股權外，還打算再買進十一％的所羅門股權，這樣他的總持股就達到二十五％。一旦佩里曼成功，古弗蘭就會失去一手掌控所羅門的權力。

古弗蘭急忙幫米洛高尋找其他買家，於是他打電話給精明的友人、投資大師巴菲特。巴菲特當然不會平白搭救，古弗蘭開出非常優厚的條件請他出馬。古弗蘭提議，巴菲特不需要直接買進所羅門的股權，只要借錢給所羅門就行了，我們自己可以買回這些股票，只是需要八．〇九億美元。最後，巴菲特同意出資七億美元，也就是買下所羅門的債券。這樣就夠了，古弗蘭可以動用公司一．〇九億美元的資金，湊足剩下的金額。

全球投資人都對巴菲特豔羨不已，因為他佔盡了便宜，這筆生意穩賺不賠。首先，他向所羅門購買的債券（亦即可轉換優先債），利息是九％，本身就有不錯的投資報酬率。其次，他還可以在一九九六年以前，以每股三十八美元的價格把這些公司債轉換成所羅門的普通股。換句話說，未來九年內，巴菲特不必擔心所羅門的股價。如果所羅門下跌，巴菲特每年仍可開心地領九％的投資報酬率。如果所羅門重振雄風，巴菲特可以把公司債轉換成股票。何況，佩里曼現在買進大批所羅門的股票，等於是押注所羅門的未來，巴菲特的賭注也更安穩，只要所羅門不破產，他都有錢賺。

這樣的安排衍生了兩種結果：一，保住了古弗蘭的飯碗，二，代價由公司買單，或更確切地說，由股東買單。畢竟古弗蘭送巴菲特的大禮，是由股東支付的。巴菲特以一百元的面額買進所羅門的公司債，我隨手用計算機按了幾個數字後發現（而且是保守估計），巴菲特可以馬上以一一八元轉手出售。一百和一一八的價差——一八%的獲利——根本是暴利，相當於一．二六億美元。所羅門的股東——還有員工，理論上部分資金是用我們的紅利支付的——為什麼要出錢拯救這群未善盡管理職責的高層？這是我和許多常董心裡第一個想到的問題。

古弗蘭的解釋是，這是為了所羅門好。古弗蘭提及佩里曼的出價時表示：「我嚇了一大跳，佩里曼對我來說只是個人名，但是我覺得就客戶的關係和信任來說，萬一所羅門落入惡意併購者手中就慘了。」

除了第一句以外，他這番話從頭到尾都很假。我們從最後一句開始解讀。首先，公司本來就有個南非股東，如果這樣都不影響我們的客戶關係了，今天換成併購者為什麼會慘？我並不是要探討南非的種族隔離政策和惡意併購哪個比較不道德，但公司和前者掛勾，至少與跟後者有所牽扯一樣危險。或許被惡意併購之後，對所羅門反而有好處也說不定。

何況，企業都怕這些併購者，當他們發現所羅門的老闆就是併購者時，搞不好還會和我們保持更密切關係——就像他們聘請德崇當顧問一樣，有點像在付保護費。佩里曼成為所羅門的大股東後，我們至少可以保證他（和他的朋友）不會瞄準我們的客戶。我相信，佩里曼打算買進一家投資銀行的股權時，應該很清楚這個綜效。

再者，古弗蘭身為華爾街的一員，在一九八七年九月居然說佩里曼「對我來說只是個人名」，這實在太扯。拜託，連我還沒進所羅門以前都知道佩里曼這號人物。他從白手起家，累積出五億美元的資產，完全是靠著借錢併購企業，然後再開除管理不善的高層，古弗蘭肯定很清楚，萬一佩里曼拿下所羅門的掌控權，他自己也差不多快滾蛋了。

就算他真的沒料到這點，九月二十六日他在紐約雅典娜廣場飯店和佩里曼見面時，他也應該很快就明白了。所羅門四十二樓的常董用餐室裡，盛傳著一個驚人的傳聞，說華瑟斯坦可能接替古弗蘭的位子。以當時的情況來看，古弗蘭說服所羅門董事會請出巴菲特出馬，這招的確相當精明。九月二十八日，古弗蘭告訴董事會，如果董事會接受了佩里曼入主所羅門，勞斯等人就會辭職。古弗蘭後來告訴《紐約時報》的記者史登高：「我不是在威脅董事會，只是在陳述事實。」

古弗蘭厲害的地方在於，他能以冠冕堂皇的理由包裝他自己的利益——這兩者有時候還真的難以區分，要說我在華爾街學到了什麼，那就是投資銀行家開始大談原則時，通常也是在捍衛自己的權益。要不是他看到潛藏利益，他鮮少搬出大道理。古弗蘭很敏感，情感豐富，他一定是用傳教士的口吻向董事會表達他的想法，非常有說服力。

不過，揚言辭職其實對古弗蘭來說毫無風險，反正佩里曼入主所羅門後也會開除他。早在幾年前一個類似的情況下，他也是揚言辭職。一九七〇年代中期，當時威廉．西蒙（William Simon）和古弗蘭都是接替威廉．所羅門、擔任董事長的熱門人選。在一次合夥人的會議上，西蒙提議合夥人賣出持股，把所羅門變成上市公司。

但威廉．所羅門認為，合夥制是公司穩健經營的關鍵，也是確保員工忠誠度的唯一機制。他說：「合夥制把大家緊密地結合在一起，像家人一樣。」古弗蘭起身呼應老闆的看法，他說如果賣出股權，合夥人乾脆辭職算了，他自己就會辭職，因為所羅門成功的關鍵就是合夥制。威廉．所羅門說：「那是我後來選他當接班人的主因，因為他說他深信合夥制。」

結果，當古弗蘭一掌權、持有公司最多股權後，他就變卦了。一九八一年十月，也就是他上台三年後，他以五．五四億美元把公司賣給大宗物資交易商菲利普兄弟。當時因為他是董事長，從這筆交易中獲利最多，約賺進四千萬美元。古弗蘭的理由是公司需要資金，但威廉．所羅門並不苟同，他說：「公司的資金相當充裕，古弗蘭的唯利是圖，令人做噁。」如今，古弗蘭算是自食惡果，當初所羅門要是維持合夥制，現在就不會面臨被惡意併購的威脅了。

不過，古弗蘭揚言辭職，的確左右了所羅門董事會的決策，原本他們比較想接受佩里曼的出價，古佛蘭的威脅一攪局，迫使他們必須思考所羅門的社會責任。此外，多數董事都是由古弗蘭任命的，也都是他的朋友。經過二小時的討論，董事會決定接受古弗蘭的建議，由巴菲特出資，古弗蘭因此保住了飯碗，佩里曼功敗垂成。一九八四年，公司的控制權又回到古弗蘭手裡，他說服董事會開除菲利普的執行長譚德勒，接著他從所羅門兄弟（Salomon Brothers）執行長升任為母公司菲利普所羅門（Phibro Salomon）執行長，菲利普所羅門公司後來改名為所羅門公司（Salomon Inc.）。

就這樣，所羅門又大致恢復了原來的平靜。不過，平靜只維持了幾週。

大家都知道所羅門管理不善，但是否真的爛到連佩里曼這種大盜也覺得可以趁虛而入？事實上，所羅門四十一樓的大尾人物們可能心裡想的是另一個問題。這些長久以來以金錢衡量成敗的人，肯定都很羨慕佩里曼還有華瑟斯坦、佩雷拉、米爾肯等人輔佐，尤其是米爾肯。當時四十一樓的人都在問：為什麼米爾肯能賺十億元，我卻不能？

這個問題，一舉點出過去幾年美國金融業的關鍵發展。那幾年，最大的交易是出自米爾肯之手，而不是所羅門。所謂的交易，當然是指買賣美國企業。我們這一行的核心，也從交易債券變成交易企業，所羅門完全錯失了良機。

第11章
富人倒楣時

我家鄉路易斯安那州前州長艾德溫・愛德華（Edwin Edwards），是我欣賞的惡人之一。他常說：「地獄裡最熾熱的火焰，是用來燒偽君子的。」老天，我還真希望這不是真的。

佩里曼宣布他有意併購所羅門才不到兩週，我就被告知——不，應該說是接獲指令——垃圾債券將是所羅門最優先推銷的商品。

而且我們居然有產品可賣！一九八七年七月，旗下擁有全美各地 7-Eleven 便利商店的南方公司（Southland Corporation）管理層，借款四十九億美元買下公司，這筆錢來自所羅門和高盛的短期放款，亦即所謂的「過渡期融資」（bridge loan），就像所有過渡期融資，這筆錢來自南方發行的垃圾債券。現在，這些垃圾債券必須賣給投資人，所得的資金用來償還我們的放款。

問題是，不知道為什麼，居然沒有人願意買這些垃圾債券，公司還怪我們這些業務員推銷不力。

就算這批債券是爛貨，也沒人敢說

瑞普洛很聰明，他早就跟老闆說他的客戶只買美國公債，所以他可以置身事外。他因為有先見之明，所以公司也不期望他推銷垃圾債券。

我則是被盯得滿頭包，就像捐了一百萬元給慈善機構後，卻接到更多捐款要求一樣。我賣出奧林匹亞約克的公司債已經是一年多前的事了，但那筆交易和其他類似交易卻像惡夢般纏著我。公司認為，既然我能騙客戶吃下八千六百萬美元的奧林匹亞約克公司債，一定也可以把南方公司債脫手。也就是說，我正在為過去的行為付出代價，那代價就是把我後悔的事情再做一次。

但我根本沒有能力評估南方公司債的好壞，不過話說回來，既然以前不懂也照樣賣，現在不懂應該也無所謂才對。

所羅門的垃圾債券部堅稱，南方公司債是不錯的投資標的。他們當然會這樣說，這個案子成功的話，他們可以淨賺三千萬美元，萬一失敗了，他們可能會被炒魷魚。就算這批債券是爛貨，也沒人敢說出來。我猜想所羅門根本不懂垃圾債券，所以覺得我們承銷的垃圾債券沒問題。他們犯了新手都會犯的錯誤：跳進一個擁擠狂亂的市場，看到什麼就亂買。

此刻，我除了靠自己的直覺別無選擇，因為所羅門裡沒有一個我信得過的人了解南方公司。而我的直覺告訴我：這批公司債鐵定會出事。

我曾經許下新年新希望，決心不再賣給客戶他們不該買的金融商品，但沒多久我就破戒了。就算客戶本來就該「買者自行當心」，我還是覺得自己在資本市場上扮演的渺小角色很不正派。

不只我有這種想法，瑞普洛的正義感比我更強烈。每次有人硬塞債券給客戶時，他就大叫：「你這個騙子！」不過話雖如此，他自己也會設法硬塞一些債券給客戶。更慘的是，每次我硬塞債券給客戶後，他們就會像以前那個德國佬賀曼一樣，每天早上氣沖沖地打電話來挖苦我：「麥可啊，你還有其他更『耗』的點子嗎？」我晚上常睡不好，早上常跌下床，猜想應該是歐洲客戶拿著我的人偶作法。

要如何幫客戶避開南方公司債這個陷阱？

想「不賣」商品給客戶，其實比「賣」更難

這說得容易，實際上不然。想「不賣」債券給客戶，其實比「賣」債券給客戶更難。就像和老闆玩壁球一樣，你得裝出想贏的樣子，又得故意放水讓老闆贏。古弗蘭想藉南方公司債證明所羅門在垃圾債券市場上也有一席之地，因此特別重視。我就接到紐約幾位經理的電話，因為他們也受到

古弗蘭的施壓。他們問我賣得如何，我騙他們說我已經使盡吃奶力氣推銷了，但其實我一通電話也沒打。

也許我說謊的技巧還需要加強，要不就是別的業務員比我還會扯——我客戶去度假還沒回來、我客戶死了。一位垃圾債券部的傢伙，還堅持要親眼看我打電話給我最大的客戶，也就是那位法國佬。還好他沒堅持聽我的通話內容，他只想親眼看到我撥電話——他坐我旁邊，看著我打那通電話。

「喂。」法國客戶說。

「嗨，是我。」我說。

「不然還有誰？」

「我手上有一檔債券，你應該看一下。」我仔細斟酌每個字：「在美國市場相當熱門，美國的投資人搶著買。」這位法國客戶向來對熱門金融商品沒興趣。

「那就讓他們買個夠吧。」他說，顯然聽懂我的暗示了。

「我旁邊就坐著一位高收益的債券專家，他覺得南方的公司債很便宜。」我接著說。

「但是你不這麼認為。」他說，笑了出來。

「沒錯。」我說，接著開始滔滔不絕地推銷，讓所羅門垃圾債券部的人和我的客戶都聽得很樂，不過他們樂的理由不一樣。

「我不需要，謝謝。」最後這位法國客戶說。

垃圾債券部的人稱讚我做得很好，不過他很快就會明白，南方公司很快就完蛋了。

一九八七年十月中旬，所羅門還沒從佩里曼事件中回神過來，就經歷了公司有史以來最密集的連串打擊。在短短八天內，事件接踵而來，彷彿在遊樂園內接連玩了太多種驚險的遊戲一樣。我眼看著公司遭到接二連三的打擊，一次比一次更令人不解，更讓人不知所措。在有如雪崩般的災難過後，數百位不盡然是無辜的受害者都葬送其中。

第一天——一九八七年十月十二日星期一

顛覆所羅門的八天動盪，就從這一天展開，起因看來是公司高層的局勢誤判。

上週末，所羅門一位不具名的董事告訴《紐約時報》記者，公司打算遣散一千名員工。這消息讓大家非常意外，因為公司曾經承諾，絕對不會波及任何人的飯碗。要不是管理高層在說謊，就是他們根本對公司的狀況一無所知，我也不知道究竟該相信哪一種說法。

這天早上，倫敦分公司的高層召集大家到禮堂開會（這禮堂才啟用不到一年，現在員工已經多到禮堂不夠大了），他說人事方面「還沒有決定」，意思是說還沒有人會被開除。

不過，紐約總部倒是飛快地做了決定。因為當天稍後，四十一樓有兩個部門就被裁撤了——市政債券和貨幣市場部門，共約五百人。貨幣市場部主管是個講話溫和的好人，早上八點半他走到部屬面前說：「各位，看來我們得走人了。」接著他的老闆，也就是負責四十一樓所有業務部的大尾人物衝了過來，站在他旁邊大喊：「他媽的，大家都留著，不准動，誰也不許走，沒人被開除。」於是貨幣市場部的人全都坐回位子。但他們才剛坐定，報價機上就跑出一則內部備忘錄：「你們已經被開除了，有意繼續留在所羅門工作的人，請告訴我們，或許我們可以保持聯絡，但別寄望太多。」

市政債券和貨幣市場部門都不賺錢，但就該完全裁撤嗎？公司只要花一點錢，就可以在兩個市場中各留一些人手，繼續服務這兩個市場的客戶。但如今整個部門裁撤，把客戶都得罪光了。況且，誰說日後這兩個市場不會反轉，為什麼要裁撤整個部門？為什麼不把最優秀的員工留下來，讓他們負責其他工作？

市政債券部的超級業務員在轉戰政府公債部以後，都可以很快上手，表現出色。所羅門是美國最大的市政債券承銷商，也是貨幣市場上的領導者，這兩個部門的員工都非等閒之輩（市政債券部的員工後來大多轉戰添惠公司，添惠後來還把自家員工開除）。公司高層決定裁撤這些部門，是犯了「用下半身思考」的老毛病，也就是說他們根本沒在思考，只知道交易。西蒙曾對旗下年輕的交易員大吼：「你們這些傢伙要不是在這裡交易債券，可能是在開卡車。在市場上別自作聰明，好好地完成交易就對了。」

不過，還有一點更令人難以接受，那就是古弗蘭的裁員藉口。他告訴公司和媒體，他原本打算好好地篩選過後再裁員，但在外力的逼迫下，他不得不快刀斬亂麻。他說，消息一見報，他就必須立刻採取行動。換句話說，是《紐約時報》的報導，改變了所羅門的決策。這番說法讓整起神祕事件看起來又更加離奇了：是誰洩露消息給媒體？

所羅門的員工從受訓第一天到最後成為大尾人物為止，都知道對媒體通風報信是滔天大罪。所羅門的員工一般都會遠離媒體，所以公司內部的事情很少上報。我實在很難相信這次洩密只是一時疏忽，這顯然是刻意放話所造成的。但會是誰呢？我們只知道消息是一位董事走漏的，董事會的成員包括古弗蘭、史特勞斯、弗特、麥錫、霍洛維茲、史雷特、梅利韋勒，以及十幾位比較沒那麼重要的成員。據說，高層正急著找出這個「深喉嚨」。

起初，我覺得應該從裁員後損失最大的人開始找起，這就簡單了。例如市政債券部的負責人霍洛維茲，裁員後他就成了毫無實權的人了。但如果他洩密的動機，是為了挽救市政債券部，這麼做顯然弄巧成拙——就像古弗蘭所說的，消息曝光反而導致裁員人數比預定還多。相反的，如果洩密者的目的就是要公司裁撤這些部門呢？誰可以從洩密中獲利？我想來想去，除非他的動機是為了報復霍洛維茲，否則沒有人能從中獲利，況且被抓到洩密的風險太大了，可能賠上自己的飯碗，如果只是為了報復，這個動機太過薄弱。

其實董事會成員若要洩密，心中一定充滿恐懼，因為萬一被古弗蘭發現，一定會被狠狠修理一番。恐懼，或許是解開謎題的關鍵：誰最不怕古弗蘭？這簡單，只有古弗蘭不怕古弗蘭。

我知道，這聽起來很像陰謀論。所以當一位所羅門的同事告訴我，是古弗蘭自己洩密以便加速裁員時，我還笑了出來。不過從此以後，這想法一直在我腦海中揮之不去，因為我發現古弗蘭一直以洩密作為裁員的藉口，洩密成了他的救生筏。等我們從報上得知裁員的消息時，裁員感覺已經勢在必行。他可以說：「你看，《紐約時報》都已經報導了，那個洩密的傢伙真該死。」但這種假設也很薄弱，因為古弗蘭一定知道，這種洩密終究會損及他的信譽。

無論是誰洩密，結果都導致整個董事會成了代罪羔羊，因為公司裡人人都認為董事會有個「深喉嚨」。只要有董事會成員在場，一些不屬於董事會的常董都拒絕討論任何敏感話題。公司高層失和的情況，如今在我們這些基層員工的眼裡日益明顯。一位大膽的常董告訴董事會成員：「抱歉，在我們找出是誰洩密以前，我們無法信任你們之中的任一人。」深喉嚨一直沒被揪出來，據我所知，直到一九八八年十月，公司還在追查到底是誰洩密。

我內心充滿了挫折感，除了旁觀以外，我無能為力。所羅門高層曾為了他們或部屬的行為負起任何責任嗎？大家的榮譽感都蕩然無存了嗎？英國政府要是爆發類似的洩密醜聞，很多人會引咎辭職。但所羅門的高層似乎不管犯了什麼錯，都安然無恙。每次出事，他們就會搬出似是而非的理論，說事情既然發生了，就算追究責任（例如他們辭職）也於事無補，公司禁不起又一次的打擊。當年年底，所羅門沒有半個管理高層請辭。史特勞斯領了二百二十四萬美元，弗特領了二百一十六萬美元，或許最令人驚訝的是霍洛維茲，他的部門都被裁了，他又是哥倫比亞圓環案的負責人，結果還領到一百六十萬美元。古弗蘭倒是真的放棄紅利，只領三十萬美元的薪水和八十萬美元的遞延酬勞。他沒領紅利，但獲得三十萬股的選擇權，在我撰寫本書之際，那些選擇權價值超過三百萬美元。

或許最令大家不滿的是，公司未履行當初對所有新進員工的承諾。當初被分派到市政債券部和貨幣市場部門的人，大多對自己的分發單位毫無發言權。麥錫告訴每一屆的學員，放心，讓公司幫你們決定分發的部門就好，只要表現優異，都會受到獎勵，很多人都信了他的話。我很慶幸，當初沒相信他的話，這次裁員可說是讓公司的誠信蕩然無存。

可怕的週一結束時，驚惶不安的人數和早上一樣多，尤其是倫敦分公司。「深喉嚨」告訴《紐約時報》，所羅門打算開除一千名員工。如今已經開除了五百人，顯然裁員還沒結束，但接下來會輪到誰呢？

第三天——一九八七年十月十四日星期三

總裁史特勞斯飛到倫敦告訴我們，公司評定倫敦是最需要被裁員的分公司。一個月前，倫敦一位常董到總部向業務檢討委員會做簡報時，無法為倫敦的業務辯護，當時總部就決定倫敦分公司需要裁員了。這位常董沒替我們的人力需要或規畫做辯解，反倒花時間解釋倫敦業務不佳不是他的錯。當時，他這樣的態度惹火了古弗蘭，不過我們是現在才知道這件事。業務檢討委員會認為倫敦分公司很糟糕，其實這也不能怪他們，我們的確表現不好。

等待結果是最難熬的。大家都知道，債券部應該有多達三分之一的員工會被開除。我開始思考：萬一我被開除，我要做什麼？接著我又想：如果我沒被開除，我要做什麼？突然之間，我覺得所羅門好像也沒那麼值得留戀。

每位部門主管都提交了一份名單，按順序列出對他最值得留下的部屬。倫敦分公司的常董都集中到一間《亂世佳人》風格的用餐室裡，坐在一幅仿卡那雷托（Canaletto）的畫作下開會，從每份名單由下往上挑出要開除的人選。

第五天——一九八七年十月十六日星期五

當天凌晨，百年來第一個颶風席捲倫敦，大樹折斷，電線吹倒，窗戶碎裂，風災從凌晨二點肆虐到清晨。上班的過程非常詭異，街上幾乎空無一人，平常營業的店家都釘上了木板，大門深鎖。維多利亞車站的雨篷下擠著一群人，無處可去，列車都停駛了。那景象好像美國ABC電視台的迷你影集描述核子冬天的場景，或莎翁名劇《暴風雨》（*The Tempest*）裡的布景，劇中的怪物奴隸卡力班（Caliban）恐怕找不到比這一天更適合發威的日子。

這天對我們辦公室裡一七〇位員工來說，是個不祥的日子。大家好不容易跨過攤倒的路樹、危險的街道，冒著風雨進辦公室，結果卻發現自己被開除了。有些人經歷了百般折騰，在黑暗中等候好幾個小時，才知道自己失業了。暴風雨吹斷了電路，交易室一片昏暗，多數人待在桌邊不知如何是好。常董打電話過來，逐一通知大家噩耗。

其實大家最在意的還不是失業，而是被點名出局的難堪。我們都以為自己的表現很好，覺得自己不但重要，簡直就像台柱。而一旦被點名開除，似乎代表著你根本是不夠好的瑕疵品，旁人看了都會替你感到惋惜。有些人認清這個局面，在等候通知時就已經開始打電話給人力仲介公司。有些人更精明，他們聽說公司只裁債券部的員工（這點後來證實是真的，股票部的主管史丹利．夏普空勇敢地站出來反抗古弗蘭，他說他寧願自己辭職，也不會開除員工），於是爭取加入股票部——股票部終於有揚眉吐氣的一天了！但也就只有一天，這些人必須和時間賽跑，趕在被開除以前讓股票部錄取，否則一旦被開除，就不能留在交易室了，警衛會來拿走他們的通行證，請他們馬上離開大樓。

剛開始，是資歷較淺的員工被開除，但是漸漸地你會感覺就像是濫殺無辜的大屠殺一樣。我之所以倖免於難，部分原因是公司居然覺得我還算資深，當然也因為我在高層有足夠的朋友，再加上我是公司裡業績最好的員工之一。

女性員工被開除的比率較高，她們後來彼此聊起才發現，業務部主管對她們說的話一模一樣。他吞吞吐吐地對她們每個人說：「妳是個聰明的女孩，裁員並不表示妳能力不好……」但這些女同事不喜歡被稱為「女孩」——死老頭，你叫誰「女孩」啊？

警衛向她們索取通行證時，有些女同事還會要他滾開（他也真的滾開了）。這些受害者被開除後回到交易室，與同事相互痛哭擁抱。這實在是難得一見的景象，從來沒有人在交易室裡哭過，從來沒有人在這裡顯露出軟弱、脆弱、需要被安慰的一面。我進來公司後不久，亞歷山大就教過我展現堅強的重要性。他說：「在這裡展現脆弱的一面沒什麼好處，當你早上六點半進公司，前一晚整夜沒睡，你最好的朋友在車禍中死掉，這時一位大尾人物走過來，拍拍你的背說：你還好吧？你絕不能說：我很累，很難過。你應該說：很好啊，你呢？」

這天倒是有一件可喜的消息。倫敦分公司只剩少數幾位資深的歐洲同事，其他的早就另謀高就了。有一位還留在所羅門的歐洲人是我的朋友，他從早上八點就站在他的桌邊直到中午。他像耶誕節前夕的小孩子一樣跳來跳去，盼望公司開除他，因為他已經找到更好的工作。本來週一就打算辭職，但一想到被公司資遣還可以領一筆遣散費，他一直忍著沒提辭呈。

遣散費的確很優厚，而且是按年資計算。這位朋友已經在所羅門工作七年了，如果被資遣，他可以領數十萬美元。我為他加油，也覺得他應該走，但我擔心管理階層可能不願開除年資這麼久的員工。幸好，公司夠無情，還是裁掉他。管理高層叫到他的名字時，大家紛紛向他道賀，交易室裡傳出笑聲，他終於解脫了。

這天快結束時，有位交易員在男廁貼了一張告示。男廁一向是我們拍賣中古車的地方，以往常有人脫手BMW或賓士車，但這位交易員要賣的是富豪汽車（Volvo）——看來不是個好兆頭。

第六天——一九八七年十月十七日星期六

我為了兩件事飛到紐約。一是數個月前，我答應去培訓中心上一堂銷售技巧的課，課程排在十月二十日星期二。看來這是個吃力不討好的任務，因為這班有二五〇名學員，是歷來最大的一班，如今能保住工作的機率十分渺茫。

第二件事是去遊說紐約總部的常董，希望他們能給我比較好的紅利。這種到上司面前阿諛奉承幾句的做法，是倫敦分公司的人常做的事。每年到了年底，倫敦分公司的業務員和交易員大多會找時間造訪紐約，巧妙地為自己爭取較多的紅利。大家的手法都差不多，先是大聲祝福老闆佳節愉快，等老闆問起你的近況時，再裝出一副可憐兮兮的樣子。

第七天——一九八七年十月十九日星期一

我的課排在週二，所以週一我有時間到總部的四十一樓晃一圈。我平常很不喜歡到四十一樓，雖然我在公司已經站穩，證明了自己的能力，但每次到四十一樓還是會渾身不自在。

今天不一樣，整個交易室死氣沈沈的，彷如博物館或鬼城，以前喧鬧的場景都不見了。古弗蘭的桌子四周空出了一大塊，以前那是貨幣市場部的位子。過去鬧哄哄的地方，現在靜的出奇，就像是上週五暴風雨來襲時的倫敦街頭。

貨幣市場的員工顯然走得很倉卒，他們的空桌上還掛著激勵人心的標語，例如「把壓力當早餐」。男友的照片、私人留言還貼在交易桌上，一位遭裁員的女業務在椅子上寫道：「喜歡喊女人甜心、寶貝或蜜糖的男人都應該閹掉。」

紐約總部和倫敦分公司一樣，女性遭裁員的比例異常偏高。不知道什麼原因，從培訓中心結業的女性通常都被分派到營運虧損的單位。這幾年，虧損最大的單位之一就是貨幣市場部。交易室的專業人士中，約有一成是女性，但貨幣市場的業務員中有近半數是女性，所以女性被裁員的比率很高。

我在紐約的師父和他的徒弟們，現在搬到貨幣市場部空出來的位子。每次我回紐約都會坐在我師父旁邊，通常在他旁邊可以讓我鬆一口氣。但這次我卻覺得不寒而慄，我心想，他們會不會搬得太快了，就好像前任購屋族才剛躺在棺材裡被抬出去不久，現任購屋族就迫不及待搬進來一樣。我一想到以前坐那位子的人所遭遇的事，就覺得毛毛的。還好，現場還有其他事情讓我分心。

我師父升官了，他現在的座位就在古弗蘭旁邊，所以我一股腦地坐上董事長旁邊的位置，坐上了死亡列車的前座。一九八一年所羅門兄弟公司賣給菲利普兄弟公司的公告，就放在古弗蘭的桌上，旁邊擱著一根點燃的雪茄，這就像預兆一樣，象徵著塵歸塵、土歸土。我就在這個高處，目睹了一九八七年的股市大崩盤。

股市的確崩盤了。而且那崩盤的樣子前所未見——先重挫，停一會兒，再繼續下探。我在四十一樓和四十樓的股票部之間跑來跑去，因為股市崩盤會衍生龐大的財富重分配效應，而四十一樓和四十樓的反應會截然不同。

股票部有位幸運兒，上週五才放空標準普爾股價指數的期貨（亦即他大賭股市會跌），週一他有機會結算部位時，指數期貨下跌了六三點，為他賺進二千七百萬美元。他是少數的幸運兒，股票部的其他人則哀鴻遍野。早上我剛進公司時我聽到十幾位男同事在喊：「呦，喬伊！」「嘿，艾爾飛！」「梅爾，你在幹嘛！」「喬治．巴杜希，你可以用一半價錢買進二萬五千股AT&T的股票。」但後來交易量逐漸萎縮——那是股市即將停滯的徵兆，投資人像是被車頭燈照到的鹿一樣僵住不動。他們眼睜睜看著心愛的市場奄奄一息，卻束手無策。

我的歐洲客戶當然賠得很慘，但我也愛莫能助。我多次感謝財神的眷顧，幸好我只是仲介者。我的客戶全都選擇低調，等候這場風暴結束。

相反的，債市則一飛沖天，很多債券交易員都難掩興奮之情。股市重挫幾百點後，投資人會開始考慮到真正的大崩盤對總體經濟的衝擊。一般來說是這樣的：當股市下挫，投資人的財富縮水，大家會開始削減開支，景氣逐漸低迷，通貨膨脹開始縮小，甚至出現經濟衰退和通貨緊縮，利率會下滑，最後債券價格會上漲。結果的確是如此。

一位債券交易員看空債券，賭債市下跌，現在站起來對著自由女神像大喊：「幹！幹！幹！幹！我放空美國公債，結果反倒被婊了！算了，願賭服輸，幹……」不過其他人則是做多，而且持續加碼，債券交易員都乘機撈了一票，這一天賺的錢抵得過大半年的收入。股市崩盤，所羅門四十一樓卻歡聲雷動。

很多人質疑：上週公司大裁員，會不會操之過急了？全球金融圈開始大動盪，資金殺出股市，轉進安全的投資標的。傳統上，資金的避風港是黃金，但這是非常時期，連金價都迅速下跌。對於金價的重挫，交易室裡流傳著兩種創新的論點。第一種解釋是，投資人被迫出售黃金，以補繳股市的保證金。第二種解釋是，股市崩盤後經濟衰退，投資人不需要擔心通貨膨脹，既然持有黃金的主要目的是對抗通貨膨脹，所以黃金的需求就少了。

無論是哪個原因，資金都湧入了貨幣市場，亦即短期存款。如果所羅門還保留貨幣市場部門，正好可以把握機會大賺一票，但我們沒有，也不可能做到了。股市崩盤後，業績衰退主要發生在股票部門。但哪個部門是唯一沒裁半個員工的？答案是股票部——如今冗員最多的地方，當時卻沒裁半個人。

另外也有人質疑：先前公司跨入垃圾債券市場，是明智之舉嗎？股市崩盤後，垃圾債券市場因為和企業資產價值息息相關，也跟著暫時停擺。股市變化無常，今天美國企業的資產價值是一·二兆美元，明天可能只剩八千億美元。垃圾債券的投資人看到作為擔保品的公司資產價值大幅波動，紛紛拋售手中的垃圾債券。十月十九日，南方公司的垃圾債券也同步重挫。股市崩盤後，7-Eleven的市值縮水，以7-Eleven資產作為擔保的垃圾債券，自然也跟著下挫。我從交易室打電話給歐洲的客戶，那個法國人還謝謝我沒把垃圾賣給他。諷刺的是，我後來得知南方公司應該是一樁非常成功的案子，最後止跌回升了。但儘管如此，我覺得所羅門不善經營垃圾債券市場並非毫無根據。一九八八年中，華爾街資助的第一樁融資併購案（價值數十億）以破產收場。雷佛柯連鎖藥局（Revco）的管理高層以所羅門發行的垃圾債券籌資，買下公司的所有權，後來也宣告破產。

股市崩盤期間，外界大多對所羅門這種大公司的內部情況一無所知，不過有件重要的事倒是全天下皆知：所羅門——還有華爾街其他業者——曾經聯手承銷並吃下英國政府手中高達三一．五%的英國石油股權。股市崩盤時，所羅門持有不少英國石油的股份，單單那些持股的損失就超過一億美元。誰會想到所羅門最大的股票承銷案，竟然會碰上股市有史以來最大的股災？誰會想到所羅門發行的第一檔垃圾債券，竟然也撞上垃圾債券市場的崩盤？

面對這種金融風暴，沒想到我們幾乎毫無招架之力，但偏偏我們還愛抽大雪茄、滿口髒話，積極營造那種一切盡在我們掌握之中的形象。

股市崩盤期間，古弗蘭似乎相當怡然自得。多年來他終於再次重操舊業，下達交易指令。看著一個人青春重現的感覺還滿有意思，他幾乎都不在位子上，而是在交易室裡走來走去，和首席交易員不時地商討對策。有時候，他會注意到個人投資組合的淨值，他以個人帳戶買進三十萬股的所羅門股票。我聽到他買進自家公司股票的第一個反應是：他利用內線情報交易。

我第二個反應是：只要不犯法，我也應該買進。很貪心吧？不過，這麼做是有道理的。這段期間所有券商的股票都重挫，因為投資人無法像我們一樣掌握證券公司受創的程度，只好做最壞的打算，其中所羅門的股價跌得比大盤還快，外界可以看到所羅門因英國石油和南方公司這兩個案子而虧損。但古弗蘭知道，我們的損失沒表面上看起來那麼大，我們的證券部已經賺進二千七百萬美元，債券部門也賺翻了。稍微計算一下就知道，所羅門的股價遠低於淨值。

我請教過法律部門，確保自己不會步上波斯基因內線交易被捕的後塵後，也用辛苦爭取的紅利買進好幾張所羅門股票。許多交易室同仁也開始跟進，古弗蘭後來說，員工此刻買進所羅門的股票，可見大家都對公司很有信心，他覺得非常欣慰。

或許吧，但我買所羅門的股票，並不是對公司有信心，純粹是聞到有賺錢的機會。幾個月內，所羅門的股價就從十六美元的低點，反彈回二十六美元。

第八天——一九八七年十月二十日星期二

事後檢討開始。授信委員會緊急在紐約召開會議。

股市崩盤後，一些公司已經破產，例如股票經紀公司賀頓（E. F. Hutton）和整個股票套利客的圈子，這次會議的目的，是評估所羅門對這些機構的授信風險。

但會議的前半個小時，委員吵成一團。委員會的成員只有一位英國人，其餘都是美國人，英國那位委員是特地從倫敦飛來開會的，卻淪為美國人的出氣筒，因為大家認定這次股市崩盤的罪魁禍首是英國政府。英國人為什麼要堅持出售國營的英國石油？交易員幾乎只從短期的市場力量分析思考，他們覺得，股市根本無法承受數十億美元的英國石油股票所帶來的壓力。這些新股的發行讓整個股市驚慌失措，不知如何承接。更何況美國政府的預算赤字高達一兆美元，美元匯價又不穩，股市漲跌邏輯難以捉摸。委員會裡一些美國人指著這位英國人，要他為英國政府的行為負責。有人甚至輕蔑地說：「你們在戰後也幹過類似的勾當。」

這會議原本該分析市場，結果卻成了國家利益之爭。授信委員會的成員理論上是同一陣線的，但他們的行為卻不是如此。這種排外情緒不只出現在所羅門，高盛也因為持有英國石油的股票而虧損一億美元。他們有一位美國合夥人打電話給所羅門一位英籍主管，把問題都怪到這位英籍主管的頭上。但他為什麼會這樣做？因為他沒有把這位所羅門主管當成所羅門的代表，而是把他當成英國人的代表。他大吼：「你們英國人最好撤回英國石油的案子，當年二戰要不是美國人幫忙，你們現在都得說德文。」

比較精明的人，此刻不是找怪罪的對象，而是尋找解決之道：如何避免在英國石油的股票上虧損一億美元？或者，更明確地說：如何說服英國政府以當初賣給我們的價格，買回英國石油的股票？

倫敦一位常董正好在紐約，他把我拉到一旁，練習一套他打算用來說服英格蘭銀行的說辭。他已經算出承銷英國石油的股票，讓各承銷銀行損失總計約七億美元。他說，全球金融體系無法承受這麼龐大的資金流失，可能會引發另一次的恐慌，對吧？

真是的，他一心只想擺脫虧損，我看他連自己掰的謊話都信了。不過我還是回答他，聽起來不錯，可以試試看。基本上，這都是老把戲了。我老闆只是想嚇唬英國政府，騙他們收回英國石油的股票。不過這招並未奏效，古弗蘭在一九八七年的所羅門年報中對股東解釋：「為了信守對客戶的承諾，我們在股市崩盤後完成英國石油的承銷案，因此衍生了七千九百萬美元的稅前虧損。」

當天稍後，我到培訓中心對著二五〇名學員講課。這也是我能清楚回憶的所羅門生涯最後一天。學員一臉絕望，現場彷彿我曾讀過的十四世紀黑死病肆虐情景。他們已經不抱任何希望，既然一定會被裁員，他們乾脆我行我素，全都成了後排學員。我走進教室時，先躲過一個紙團，講課時現場反應更是冷漠，應該只有美國諧星羅尼．丹傑菲爾德（Rodney Dangerfield）會喜歡這種聽眾。

他們根本不在乎我講的主題「如何對歐洲人推銷」，他們比較想知道的是倫敦分公司是否還有職缺，以及我知不知道公司何時會開除他們。他們覺得自己是公司裡唯一不知道公司現況的人。他們最氣、最不滿的是麥錫，麥錫也對他們講過用來激勵我們為公司賣命的那番話，但現在連來露個臉做做樣子都沒有，他們不知道自己究竟還算不算是所羅門的員工。

不過，他們其實也只能再胡思亂想二個小時。我後面的講師講到一半，就被麥錫打斷了。麥錫帶著兩位狀似保鏢的人（其實是交易員）進入教室，來告知這二五〇名學員的命運。但在宣布決定之前，他長篇大論地說明，裁員對管理高層來說是多麼困難的決定，最終可讓公司的營運變得更好，以及這些決定有多痛苦等等。接著他說：「我們已經對培訓計畫做出決定……我們決定……（停頓很久）……維持原先的承諾。」你們可以留下來了！

麥錫一踏出教室，有些人馬上回到前排。不過，這決定實際上沒有聽起來那麼樂觀。交易室已經沒有空缺了，所有學員在結訓後大多變成後台的工作人員。

發放紅利日——一九八七年十二月十七日

這是個詭異又光榮的日子。所羅門破天荒打破了紅利區間的規定，這對我來說很有利。原本我的紅利頂多只有十四萬美元，結果我拿到二十二．五萬美元。高層告訴我，這是公司有史以來付給結訓兩年員工最高的紅利，我是我們那屆收入最高的學員。不過這意義不大，因為有半數以上的學員要不是辭職，就是被開除了。

我現在確定的是，假以時日，公司會讓我變成有錢人。以我目前的業績來算，明年我的紅利會是三十五萬美元，後年會是四十五萬美元，大後年會是五十二・五萬美元之類，依此類推，每年漲幅雖然縮小，但總收入持續增加，直到我當上常董為止。

不過，在所羅門有史以來業績最低迷的一年，打破發放紅利的慣例，付給特定員工超出區間限制的紅利，其實很悲哀，也很可笑。所羅門的資本額是三十五億美元，當年獲利只有一・四二億美元，少的可憐。如果再考慮到當年大部分時間裡公司的規模是三年前的兩倍，這數字看起來又更寒酸了。為什麼公司淪落成這副德行，才給我特別高的紅利？

我想到一個原因。業務部的主管告知我紅利數字時，他希望我了解這是公司特別給我的大禮，還叮嚀我不要告訴任何人。我從他眼神中可以看出這份大禮是出於什麼心情：恐慌。所羅門基本上為每位員工的存在價值都訂出一個價格，他們向來把員工當成交易看待。如今流失許多員工後，他們無法再像以前那樣泰然自若地看待員工。

有件事是確定的：公司付我較高的薪資，並不因為他們覺得這是正確、合宜的。所羅門高層的確有一些正派的人，行事正確合宜，包括我師父在內，但多數人只是做他們覺得該做的事。公司付我高薪，是因為他們覺得這麼做會讓我留在公司，他們是在收買我的忠誠。

但我的忠誠早就另有所屬了，我對瑞普洛、亞歷山大、我的叢林嚮導、我師父都很忠心。但是一家公司混雜了大大小小的欺瞞，充滿了紛爭和不滿，叫我如何對它忠誠？既然你已經無法擠出一點忠誠，又何必費心嘗試？

顯然這個金錢遊戲，是獎勵不忠的人，有些人頻頻跳槽，在過程中獲得愈來愈高的保證底薪，他們的待遇遠比忠心耿耿死守一家公司的人好太多了。

所羅門的管理高層從來沒試過用錢收買員工的忠心，他們不是很擅長這一套。如果他們是玩「老千騙局」的高手，以玩那種遊戲的眼光來看我，他們就會知道，我不是那種會為了鈔票離開或留在所羅門的人。我不會為了更高的待遇而跳槽，但我會因為別的因素而離開。

而我真的離開了。

後記

這是人生，不是交易

一九八八年年初我離開所羅門，沒什麼特殊的原因。我不覺得所羅門完了，也不覺得華爾街會垮。我也不是患了什麼自我膨脹的妄想症（曾經一度的確有，不過後來停了）。雖然有許多聽起來冠冕堂皇的理由可以用來解釋我為什麼離開所羅門，但我覺得自己之所以離開，只是因為我覺得沒必要再待下去而已。

我父親那一輩，從小抱持著一些信念長大，例如他們覺得一個人的財富多寡，多多少少與這個人對社會的貢獻大小有關。我從小到大和父親非常親，每天傍晚我在前院打完棒球後，會滿身大汗地坐到他旁邊的椅子上，聽他暢談人生道理，什麼是對的，什麼是錯的。有一點他一再強調的是，世界上能賺大錢的，都是非常了不起的人物，就像霍瑞修．愛爾傑（Horatio Alger）筆下的角色那樣。結果他兒子工作兩年，二十七歲，就有二十二．五萬美元的年薪，完全顛覆了他對金錢的看法，直到最近，他才從震驚中恢復過來。

倒是我自己還沒恢復過來。如果你像我一樣，曾經身處在這個史上最荒謬的金錢遊戲核心，賺進的鈔票遠多於你對社會的貢獻（雖然我也很想說這一切都是我努力付出所得來的，但這畢竟不是事實），當你看到周遭和你一樣不配賺那麼多錢的人，都以驚人的速度撈錢時，你的金錢觀會有什麼改變？嗯，很難說。有些人會更加相信錢就該這樣賺，儘管這些錢得來全不費功夫，但他們認為是靠他們努力而來，賺得心安理得。他們也漸漸相信，能靠著打電話賺大錢，應該是因為自己具備某種了不起的能耐。你或許會覺得，這種人終有一天會自食惡果，但其實不會，他們只會變得更有錢，我相信他們當中絕大多數會白白胖胖、開開心心地終老。

然而，對我來說，過去對賺錢的信仰徹底崩毀了。以前我認為「賺得愈多、日子過得愈好」，但如今現實生活中有太多證據顯示：正好相反。一旦這信仰崩毀，我發現自己不再需要賺那麼多錢了。有趣的是，也就是在打破這種金錢觀以後，我才意識到自己過去深深被這種金錢觀影響而不自知。

這不算什麼了不起的啟示，卻是我在所羅門工作期間學到最實用的一件事。我學到的其他東西幾乎都已經忘了，我可以輕鬆操作幾億美元的資金，卻還是不懂得如何善用幾千美元的開支。我在培訓期間學到了謙卑，但事後常忘得一乾二淨。我學到人會因為組織而腐化，但我還是願意加入組織，甚至某種程度上也願意跟著他們稍稍腐化。我也不知道能從這些經驗獲得什麼實質啟示，總之，我似乎沒學到多少實用的價值觀。

或許所羅門的未來精采可期，我太早離開了也說不定。但既然我已經覺得那地方沒必要久留了，我發現自己需要離開。我的工作到後來只是每天早上進公司，做一些已經做過的事，只是報酬比以前更高而已。我不喜歡沒有挑戰的工作，你可以說，我離開所羅門是為了冒險，這可能是我在財務上做過最愚蠢的決定。在金融市場裡，冒險一定是為了獲得扎實的報酬，這點即使在就業市場上也是很管用的原則，我卻刻意打破它。我現在的收入比待在交易室時更少，面對的風險更大。

乍看之下，我的辭職決定猶如自尋死路，就像那些自己送上所羅門菜鳥業務員手裡的客戶一樣。我知道，我放棄了最容易晉升百萬富翁的機會。沒錯，所羅門是面臨困境，但對優秀的交易員來說，還是有很多油水可撈，這原就是金錢遊戲的本質。如果所羅門重振雄風，資金更容易滾滾而來，事實上，我手上仍持有所羅門股票，因為我相信它終究會走出困境。所羅門的實力，靠的是梅利韋勒這種「老千騙局」高手的直覺。擁有這種直覺的人（包括梅利韋勒和他部門的人）現在仍為所羅門交易債券，所羅門已跌到谷底，不可能再壞了。這段期間以來，無論船長再怎麼惡搞，這艘船依舊浮在水面，並未沉沒。我其實還滿確定，選擇離職就像投資新手常會犯的錯誤——賣在最低點，將來只能靠買些所羅門的股票來彌補損失。

但如果說我這麼做是一筆糟糕的交易，我想那是因為我並沒有把它當作交易看待。我決定離職以後，有機會停下來思考，也許這麼做並不像表面上看起來那麼愚蠢。在惜別餐會上，亞歷山大一再提到，我做了很棒的決定。他說，他這輩子做過最好的決定，都是打破常規、出人意料的。

他還說，這種出人意料、打破常規決定的結果都很不錯。在這個重視生涯規劃的年代，能聽到這種說法還真新鮮。

如果真的可以如此，那該有多好。

國家圖書館出版品預行編目（CIP）資料

老千騙局：我在銀行的上班日常 / 麥可 . 路易士
(Michael Lewis) 著；洪慧芳譯 . -- 初版 . -- 臺北市：
早安財經文化, 2019.12
面； 公分 . -- (早安財經講堂 089)
譯自：Liar's Poker：Rising Through TheWreckage
on Wall Street
ISBN 978-986-98005-4-9(平裝)

1. 路易士 Michael Lewis 2. 證券經紀商
3. 傳記 4. 證券 5. 美國

172.1 107004248

早安財經講堂 089

老千騙局

我在銀行的上班日常

Liar's Poker

Rising Through TheWreckage on Wall Street

作　　者：麥可・路易士 Michael Lewis
譯　　者：洪慧芳
封面設計：許晉維
責任編輯：沈博思
行銷企畫：楊佩珍、游荏涵

發 行 人：沈雲驄
發行人特助：戴志靜、黃靜怡
出版發行：早安財經文化有限公司
台北市郵政 30-178 號信箱
電話：(02) 2368-6840　傳真：(02) 2368-7115
早安財經網站：www.goodmorningnet.com
早安財經粉絲專頁：http://www.facebook.com/gmpress

郵撥帳號：19708033　戶名：早安財經文化有限公司
讀者服務專線：(02)2368-6840　服務時間：週一至週五 10:00~18:00
24 小時傳真服務：(02)2368-7115
讀者服務信箱：service@morningnet.com.tw

總 經 銷：大和書報圖書股份有限公司
電話：(02)8990-2588
製版印刷：漾格科技股份有限公司
初版 1 刷：2019 年 12 月
初版 8 刷：2023 年 11 月

定　　價：420 元
I S B N：978-986-98005-4-9（平裝）

Liar's Poker：Rising Through The Wreckage on Wall Street
Copyright © 1989 by Michael Lewis
Complex Chinese translation copyright © 2019 by Good Morning Press
Published by arrangement with Writers House.LLC through Bardon-Chinese Media Agency.
博達著作權代理有限公司
ALL RIGHTS RESERVED

版權所有・翻印必究
缺頁或破損請寄回更換